Schriftenreihe

Wirtschaftspolitik in Forschung und Praxis

Band 4

ISSN 1619-8867

In der Schriftenreihe
Wirtschaftspolitik in Forschung und Praxis
werden neue wissenschaftliche Arbeiten zur Wirtschaftspolitik veröffentlicht.

Verlag Dr. Kovač

Petra Stellmach

Offizielle Arbeitslosigkeit versus Arbeitslosigkeit im ökonomischen Sinn

Eine theoretische und empirische Analyse der Diskrepanzen und ihre Implikation für das politisch-ökonomische System

Verlag Dr. Kovač

VERLAG DR. KOVAČ

Arnoldstraße 49 · 22763 Hamburg · Tel. 040 - 39 88 80-0 · Fax 040 - 39 88 80-55

E-mail vdk@debitel.net · Internet www.verlagdrkovac.de

Die Deutsche Bibliothek - CIP-Einheitsaufnahme

Stellmach, Petra:
Offizielle Arbeitslosigkeit versus Arbeitslosigkeit im ökonomischen Sinn : eine theoretische und empirische Analyse der Diskrepanzen und ihre Implikation für das politisch-ökonomische System / Petra Stellmach. – Hamburg : Kovač, 2002
  (Wirtschaftspolitik in Forschung und Praxis ; Bd. 4)
  Zugl.: Freiburg (Breisgau), Univ., Diss., 2002

ISSN 1619-8867
ISBN 3-8300-0740-X

© VERLAG DR. KOVAČ in Hamburg 2002

Umschlaggestaltung: Tia Thomas

Printed in Germany
Alle Rechte vorbehalten. Nachdruck, fotomechanische Wiedergabe, Aufnahme in Online-Dienste und Internet sowie Vervielfältigung auf Datenträgern wie CD-ROM etc. nur nach schriftlicher Zustimmung des Verlages.

Gedruckt auf holz-, chlor- und säurefreiem Papier Alster Digital. Alster Digital ist alterungsbeständig und erfüllt die Normen für Archivbeständigkeit ANSI 3948 und ISO 9706.

Inhaltsverzeichnis

Abbildungsverzeichnis VIII

Tabellenverzeichnis X

Abkürzungsverzeichnis XIII

Symbol- und Variablenverzeichnis XVI

1. Statistisch oder wirklich arbeitslos? 1

2. Arbeitsmarkttheorie und Arbeitsmarktstatistik 5
   2.1. Der Arbeitsmarkt in der Theorie 5
   2.2. Die Angebotsseite der Arbeitsmarktstatistik 7
      2.2.1. Zur Lage auf dem deutschen Arbeitsmarkt 7
      2.2.2. Institutionelle Anbieter 9
      2.2.3. Die Bundesanstalt für Arbeit 11
         2.2.3.1. Das Arbeitsangebot in der Definition der Bundesanstalt für Arbeit 11
         2.2.3.2. Die Größen der Arbeitsmarktbilanz des IAB 13
      2.2.4. Das Arbeitsangebot in der Definition des Statistischen Bundesamts 18
      2.2.5. Konzeptionsvergleich 19
      2.2.6. Die internationale Definition des Arbeitsangebots 21
   2.3. Eine erste Bewertung der Datenbasis 26

3. Der Begriff „Arbeitslosigkeit" und die Bewertung der verschiedenen Meßkonzepte 27
   3.1. Arbeitslosigkeit historisch betrachtet: Von der Empirie zur Theorie 27
   3.2. Die Messung der Arbeitslosigkeit heute 28

3.2.1. Von der Theorie zur Empirie 28
3.2.2. Analyse der gängigen Meßkonzepte zur Arbeitslosigkeit 29
    3.2.2.1. Unterschiedliche Erhebungsmethoden 30
    3.2.2.2. Verfügbarkeit 31
    3.2.2.3. Aktive Arbeitsuche 32
    3.2.2.4. Nebenerwerbstätigkeit 32
    3.2.2.5. Zusammenfassung 32
3.2.3. Kritiken und Anregungen zur Messung der Arbeitslosigkeit 33
3.3. Schlußfolgerungen 38

4. Der Begriff der „Arbeitslosigkeit im ökonomischen Sinn" ... 40

4.1. Strategie 40
4.2. Ableitung und Definition der Arbeitslosigkeit im
ökonomischen Sinn 40
4.3. Fazit 43

5. Bestimmung der Korrekturfaktoren 45

5.1. Von der registrierten Arbeitslosigkeit zur Arbeitslosigkeit im
ökonomischen Sinn 45
5.2. Korrekturfaktor 1: Verdeckte Arbeitslosigkeit 48
  5.2.1. Verdeckte Arbeitslosigkeit 48
  5.2.2. Beschäftigungschaffende Maßnahmen 49
    5.2.2.1. Förderung von Arbeitsbeschaffungsmaßnahmen 50
    5.2.2.2. Entlastungseffekt durch Arbeitsbeschaffungsmaßnahmen 50
    5.2.2.3. Verdeckte Arbeitslosigkeit durch
    Arbeitsbeschaffungsmaßnahmen 53
    5.2.2.4. Förderung von Strukturanpassungsmaßnahmen 54
    5.2.2.5. Verdeckte Arbeitslosigkeit durch
    Strukturanpassungsmaßnahmen 55

5.2.3. Förderung der beruflichen Weiterbildung 56
    5.2.3.1. Berufliche Fortbildung und Umschulung 56
    5.2.3.2. Entlastungseffekt durch die Förderung der beruflichen Weiterbildung 57
    5.2.3.3. Verdeckte Arbeitslosigkeit durch Maßnahmen zur Förderung der beruflichen Weiterbildung 58
5.2.4. Teilnehmer an Deutsch-Sprachlehrgängen 60
    5.2.4.1. Deutsch-Sprachlehrgänge 60
    5.2.4.2. Entlastungseffekt und verdeckte Arbeitslosigkeit durch Deutsch-Sprachlehrgänge 60
5.2.5. Berufliche Rehabilitation 61
    5.2.5.1. Maßnahmen zur beruflichen Rehabilitation 61
    5.2.5.2. Entlastungseffekt und verdeckte Arbeitslosigkeit durch Maßnahmen zur beruflichen Rehabilitation 62
5.2.6. Altersübergangsregelungen 64
    5.2.6.1. Vorruhestandsgeld und Altersübergangsgeld 64
    5.2.6.2. Entlastungseffekt und verdeckte Arbeitslosigkeit durch Altersübergangsregelungen 65
5.2.7. Jugendsofortprogramm 67
    5.2.7.1. Sofortprogramm zum Abbau der Jugendarbeitslosigkeit ... 67
    5.2.7.2. Entlastungseffekt und verdeckte Arbeitslosigkeit durch das Jugendsofortprogramm 67
5.2.8. Regelungen der §§ 125, 126 und 428 SGB III 69
    5.2.8.1. Leistungsanspruch trotz fehlender Verfügbarkeit 69
    5.2.8.2. Entlastungswirkung und verdeckte Arbeitslosigkeit durch § 125 SGB III 69
    5.2.8.3. Entlastungswirkung und verdeckte Arbeitslosigkeit durch § 126 SGB III 70

5.2.8.4. Entlastungswirkung und verdeckte Arbeitslosigkeit
durch § 428 SGB III 71

5.2.9. Verdeckte Arbeitslosigkeit durch arbeitsmarktpolitische
Maßnahmen 73

5.3. Korrekturfaktor 2: Ruhende Arbeitslosigkeit 75

5.3.1. Ruhende Arbeitslosigkeit 75

5.3.2. Kurzarbeit 76

5.3.2.1. Kurzarbeitergeld 76

5.3.2.2. Entlastungswirkung durch Kurzarbeit 77

5.3.2.3. Ruhende Arbeitslosigkeit durch Kurzarbeit 78

5.3.3. Winterausfallgeld bzw. Schlechtwettergeld 80

5.3.3.1. Förderung der ganzjährigen Beschäftigung in der
Bauwirtschaft 80

5.3.3.2. Entlastung der Arbeitslosigkeit durch Winterausfallgeld
bzw. Schlechtwettergeld 81

5.3.3.3. Ruhende Arbeitslosigkeit durch Winterausfallgeld bzw.
Schlechtwettergeld 82

5.3.4. Altersteilzeitarbeit 84

5.3.4.1. Das Altersteilzeitgesetz 84

5.3.4.2. Entlastung der Arbeitslosigkeit durch Altersteilzeitarbeit . 85

5.3.4.3. Ruhende Arbeitslosigkeit durch Altersteilzeitarbeit 85

5.3.5. Akzeptierte Teilzeitarbeit 87

5.3.6. Eingliederungszuschüsse 88

5.3.7. Subventionierte Arbeitsplätze in Krisenbranchen 88

5.3.8. Ruhende Arbeitslosigkeit durch Maßnahmen der
Beschäftigungssicherung und -förderung 90

5.4. Korrekturfaktor 3: Unsichtbare Arbeitslosigkeit 92

5.4.1. Unsichtbare Arbeitslosigkeit und der Begriff der
„Stillen Reserve" 92

5.4.2. Ansätze zur Quantifizierung der Stillen Reserve 93

5.4.3. Die empirische Ermittlung der Stillen Reserve 95

    5.4.3.1. Die Stillen Reserve in der Konzeption des IAB 95

    5.4.3.2. Die Kritik an diesem Ansatz 97

    5.4.3.3. Zusammensetzung der Stillen Reserve im engeren Sinn . 100

5.4.4. Unsichtbare Arbeitslosigkeit durch die Stille Reserve 103

5.5. Korrekturfaktor 4: Unechte Arbeitslosigkeit 105

    5.5.1. Vermittlungsferne und unechte Arbeitslosigkeit 105

    5.5.2. Übergangsarbeitslosigkeit 107

    5.5.3. Handikaparbeitslosigkeit 109

        5.5.3.1. Vermittlungshemmnisse 109

        5.5.3.2. Langzeitarbeitslosigkeit 109

    5.5.4. Teilzeitarbeitslosigkeit 110

        5.5.4.1. Geringe Mobilität der Arbeitsuchenden 110

        5.5.4.2. Förderung der Teilzeitarbeit 110

    5.5.5. Sozialrechtsarbeitslosigkeit 112

        5.5.5.1. Wahrung von sozialen Ansprüchen 112

        5.5.5.2. Anwartschaftsarbeitslosigkeit 113

        5.5.5.3. Sozialhilfearbeitslosigkeit 113

        5.5.5.4. Kindergeldarbeitslosigkeit 116

        5.5.5.5. Unechte Arbeitslosigkeit durch Trittbrettfahrer des

                sozialen Sicherungssystems 117

    5.5.6. Zweckmäßigkeitsarbeitslosigkeit 118

        5.5.6.1. Scheidung, Überschuldung, Mißbrauch 118

        5.5.6.2. Scheidungsarbeitslosigkeit 119

        5.5.6.3. Überschuldungsarbeitslosigkeit 119

        5.5.6.4. Mißbrauchsarbeitslosigkeit 120

    5.5.7. Sperrzeiten 121

        5.5.7.1. Ruhender Leistungsanspruch durch Sperrzeiten 121

5.5.7.2. Freiwillige Arbeitslosigkeit ... 122
5.5.8. Säumniszeiten ... 123
    5.5.8.1. Mißachtung der Meldepflicht ... 123
    5.5.8.2. Erfassungsfehler durch Säumniszeiten ... 124
5.5.9. Unechte Arbeitslosigkeit ... 124
5.6. Grenzen bei der Erfassung der Arbeitslosigkeit im ökonomischen Sinn ... 125
5.7. Zusammenfassung ... 126

6. Die Arbeitslosigkeit im ökonomischen Sinn ... 127

6.1. Bestimmung und Analyse der Arbeitslosigkeit im ökonomischen Sinn ... 127
    6.1.1. Korrekturfaktor 1: Verdeckte Arbeitslosigkeit ... 127
    6.1.2. Korrekturfaktor 2: Ruhende Arbeitslosigkeit ... 130
    6.1.3. Korrekturfaktor 3: Unsichtbare Arbeitslosigkeit ... 133
    6.1.4. Korrekturfaktor 4: Unechte Arbeitslosigkeit ... 134
    6.1.5. Vom saldierten Korrekturfaktor zur Arbeitslosigkeit im ökonomischen Sinn ... 135
6.2. Arbeitslosigkeit im ökonomischen Sinn versus amtliche Statistik ... 139
6.3. Wieviel Arbeitslosigkeit verträgt eigentlich die Demokratie? ... 140

7. Arbeitsmarktpolitik als wahlpolitisches Instrument? ... 143

7.1. Politik und Arbeitslosigkeit ... 143
7.2. Politische Konjunkturzyklen: Das Nordhaus Modell ... 145
7.3. Empirische Untersuchung ... 148
    7.3.1. Der Phillips-Kurven-Zusammenhang ... 148
        7.3.1.1. Ein erster Ansatz ... 148
        7.3.1.2. Von der Kritik zu einem modifizierter Ansatz ... 154
    7.3.2. Arbeitslosigkeit und Inflation im Wahlzyklus ... 159

7.3.3. Arbeitsmarktpolitik und Wahlen 164

    7.3.3.1. Verdeckte Arbeitslosigkeit 164

    7.3.3.2. Ruhende Arbeitslosigkeit 166

    7.3.3.3. Unsichtbare Arbeitslosigkeit 168

7.4. Beurteilung der Ergebnisse **172**

8. Zusammenfassung und Ausblick **176**

Anhang **180**

A1. Charakterisierung des Datenmaterials **180**

A2. Berechnung der tariflichen Jahresarbeitszeit **181**

A3. Berechnung der Anteilsätze zum Winterausfallgeld **182**

    a.)   Zahlen für Deutschland 182

    b.)   Zahlen für Westdeutschland 182

A4. Bundestagswahlen in Deutschland **183**

A5. Komponenten des 1. Korrekturfaktors und Wahlen **184**

A6. Komponenten des 2. Korrekturfaktors und Wahlen **185**

A7. Datenbank **186**

Literaturverzeichnis **187**

Abbildungsverzeichnis

Abbildung 2.1: Arbeitsmarktmodell. 6
Abbildung 2.2: Das Arbeitsangebot in der Theorie. 7
Abbildung 2.3: Arbeitslosigkeit in Deutschland 8
Abbildung 2.4: Arbeitslose und Erwerbslose. 10
Abbildung 2.5: Bestände und Ströme auf dem offiziellen Arbeitsmarkt. 12
Abbildung 2.6: Erwerbspersonenpotential-Konzept des IAB. 12
Abbildung 2.7: Arbeitslose und Stille Reserve in Deutschland. 14
Abbildung 2.8: Der Rechtsbegriff der Arbeitslosigkeit im SGB III 15
Abbildung 2.9: Stille Reserve in Deutschland. 16
Abbildung 2.10: Bestände und Ströme auf dem Arbeitsmarkt in der Konzeption des IAB. 17
Abbildung 2.11: Erwerbskonzept des Statistischen Bundesamts. 18
Abbildung 2.12: Labour Force Konzept der ILO. 21
Abbildung 3.1: Offene und verdeckte Arbeitslosigkeit. 34
Abbildung 3.2: Arbeitslosenquoten des Bureau of Labor Statistics 37
Abbildung 3.3: U1 bis U7 für Westdeutschland. 38
Abbildung 5.1: Bestimmung der Korrekturfaktoren 46
Abbildung 5.2: Von der registrierten Arbeitslosigkeit zur Arbeitslosigkeit im ökonomischen Sinn. 47
Abbildung 5.3: Die Stille Reserve in Maßnahmen (i. w. S.). 48
Abbildung 5.4: Verdeckte Arbeitslosigkeit durch ABM. 54
Abbildung 5.5: Verdeckte Arbeitslosigkeit durch SAM. 55
Abbildung 5.6: Registrierte Arbeitslose und Kurzarbeiter. 76
Abbildung 5.7: Schätzungen zur Stillen Reserve i. e. S.. 99
Abbildung 5.8: Erwerbsquoten 1997 für Westdeutschland. 100
Abbildung 5.9: Rentenneuzugänge in Deutschland. 102
Abbildung 5.10: Vermittlungsnähe der registrierten Arbeitslosen. 106

Abbildungsverzeichnis IX

Abbildung 6.1: Registrierte und verdeckte Arbeitslosigkeit (K^1)............... 128
Abbildung 6.2: Korrekturfaktor 1: Verdeckte Arbeitslosigkeit in Deutschland. 129
Abbildung 6.3: Korrekturfaktor 2: Ruhende Arbeitslosigkeit in Westdeutschland. 131
Abbildung 6.4: Registriert und ruhende Arbeitslosigkeit (K^2)..................... 132
Abbildung 6.5: Registrierte und unsichtbare Arbeitslosigkeit (K^3)............... 133
Abbildung 6.6: Zusammensetzung des saldierten Korrekturfaktors. 136
Abbildung 6.7: Die Arbeitslosigkeit im ökonomischen Sinn. 138
Abbildung 6.8: Unterbeschäftigung in Deutschland..................................... 139
Abbildung 7.1: Ein politisch-ökonomisches Modell für die Bundesrepublik Deutschland. 143
Abbildung 7.2: Modifizierte Phillips-Kurve.. 146
Abbildung 7.3: Der politische Konjunkturzyklus.. 147
Abbildung 7.4: Arbeitslosenquoten 150
Abbildung 7.5: Modifizierte Phillips-Kurve für Deutschland....................... 155
Abbildung 7.6: Schätzanpassung für die Inflationsrate................................. 158
Abbildung 7.7: Wachstumsrate der Arbeitslosigkeit..................................... 160
Abbildung 7.8: Verlauf der Mittelwerte im Wahlzyklus................................ 162
Abbildung 7.9: Wachstumsrate 1. Korrekturfaktor und registrierte Arbeitslosigkeit... 165
Abbildung 7.10: Wachstumsrate 2. Korrekturfaktor und registrierte Arbeitslosigkeit... 167
Abbildung 7.11: Wachstumsrate 3. Korrekturfaktor und registrierte Arbeitslosigkeit... 169
Abbildung 7.12: Schätzanpassung für die Stille Reserve i. e. S..................... 171
Abbildung 7.13: Wachstumsrate saldierter Korrekturfaktor und registrierte Arbeitslosigkeit... 172

Tabellenverzeichnis

Tabelle 2.1:	Unterschiede zwischen Arbeitslosigkeit und Erwerbslosigkeit.	20
Tabelle 2.2:	Zahlen zur Arbeitslosigkeit und Erwerbslosigkeit im Vergleich.	21
Tabelle 2.3:	Nationale und internationale Arbeitslosenquoten im Vergleich.	25
Tabelle 3.1:	Unterschiede in den Definitionen zum freien Arbeitsangebot.	33
Tabelle 4.1:	Personen im erwerbsfähigen Alter.	41
Tabelle 4.2:	Abgrenzung der Arbeitslosigkeit im ökonomischen Sinn.	44
Tabelle 5.1:	Entlastung der Arbeitslosenzahlen durch ABM in den alten Bundesländern.	51
Tabelle 5.2:	Entlastung der Arbeitslosenzahlen durch ABM in den neuen Bundesländern.	52
Tabelle 5.3:	Entlastung der Arbeitslosenzahlen durch Maßnahmen zur Förderung der beruflichen Weiterbildung.	58
Tabelle 5.4:	Verdeckte Arbeitslosigkeit durch Maßnahmen zur Förderung der beruflichen Weiterbildung.	59
Tabelle 5.5:	Verdeckte Arbeitslosigkeit durch Sprachlehrgänge.	61
Tabelle 5.6:	Arbeitslose in Maßnahmen der beruflichen Rehabilitation.	64
Tabelle 5.7:	Verdeckte Arbeitslosigkeit durch Vorruhestandsgeld und Altersübergangsgeld.	66
Tabelle 5.8:	Verdeckte Arbeitslosigkeit durch JUMP.	69
Tabelle 5.9:	Verdeckte Arbeitslosigkeit durch § 126 SGB III.	71
Tabelle 5.10:	Verdeckte Arbeitslosigkeit durch § 428 SGB III.	72
Tabelle 5.11:	Bestimmung des 1. Korrekturfaktors: Verdeckte Arbeitslosigkeit.	74

Tabellenverzeichnis

Tabelle 5.12:	Ruhende Arbeitslosigkeit durch Kurzarbeit.	79
Tabelle 5.13:	Ruhende Arbeitslosigkeit durch Winterausfallgeld bzw. Schlechtwettergeld.	83
Tabelle 5.14:	Verdeckte Arbeitslosigkeit durch Altersteilzeitarbeit.	87
Tabelle 5.15:	Bestimmung des 2. Korrekturfaktors: Ruhende Arbeitslosigkeit.	91
Tabelle 5.16:	Bestimmung des 3. Korrekturfaktors: Unsichtbare Arbeitslosigkeit.	103
Tabelle 5.17:	Kategorien vermittlungsferner Arbeitslosigkeit.	106
Tabelle 5.18:	Teilzeitbeschäftigung und Teilzeitarbeitslosigkeit.	111
Tabelle 5.19:	Sozialrechtsarbeitslosigkeit im September 1997 in Deutschland.	112
Tabelle 5.20:	Schätzung des Arbeitskräftepotentials der Sozialhilfeempfänger/-innen in Deutschland.	115
Tabelle 5.21:	Zweckmäßigkeitsarbeitslosigkeit.	118
Tabelle 5.22:	Spezifische Erwerbslosenquoten.	119
Tabelle 6.1:	Der 1. Korrekturfaktor und die registrierte Arbeitslosigkeit.	130
Tabelle 6.2:	Der 2. Korrekturfaktor und die registrierte Arbeitslosigkeit.	132
Tabelle 6.3:	Der 3. Korrekturfaktor und die registrierte Arbeitslosigkeit.	134
Tabelle 6.4:	Der saldierte Korrekturfaktor.	137
Tabelle 6.5:	Bestimmung der Arbeitslosigkeit im ökonomischen Sinn	138
Tabelle 7.1:	Augmented-Dickey-Fuller-Test auf Integration (1).	152
Tabelle 7.2:	Schätzergebnisse für den Phillips-Kurven-Zusammenhang.	153
Tabelle 7.3:	Schätzergebnisse für den modifizierten Phillips-Kurven-Zusammenhang.	157
Tabelle 7.4:	Arbeitslosigkeit und Inflation im Wahlzyklus.	161
Tabelle 7.5:	Der 1. Korrekturfaktor im Wahlzyklus.	166
Tabelle 7.6:	Der 2. Korrekturfaktor im Wahlzyklus.	168
Tabelle 7.7:	Der 3. Korrekturfaktor im Wahlzyklus.	170

Tabelle 7.8:	Augmented-Dickey-Fuller-Test auf Integration (2).	170
Tabelle 7.9:	Schätzergebnisse für die Stille Reserve i. e. S.	171
Tabelle A1:	Datenbasis.	180
Tabelle A2:	Durchschnittliche urlaubsbereinigte tarifliche Jahresarbeitszeit eines Arbeitnehmers.	181
Tabelle A3a:	Berechnung der Anteilsätze zum Winterausfallgeld / Schlechtwettergeld.	182
Tabelle A3b:	Berechnung der Anteilsätze zum Winterausfallgeld.	182
Tabelle A4:	Wahltermine zum Deutschen Bundestag.	183
Tabelle A5:	Komponenten des 1. Korrekturfaktors im Wahlzyklus.	184
Tabelle A6:	Komponenten des 2. Korrekturfaktor im Wahlzyklus.	185
Tabelle A7:	Datenbank.	186

Abkürzungsverzeichnis

ABM	Arbeitsbeschaffungsmaßnahmen
Abs.	Absatz
ADF	Augmented-Dickey-Fuller
AFG	Arbeitsförderungsgesetz
AFRG	Arbeitsförderungs-Reformgesetz
Alüg	Altersübergangsgeld
ANBA	Amtliche Nachrichten der Bundesanstalt für Arbeit
ArbN	Arbeitnehmer
ATG	Altersteilzeitgesetz
BA	Bundesanstalt für Arbeit, Nürnberg
BeitrAB	Beiträge aus der Arbeitsmarkt- und Berufsforschung
BLS	Bureau of Labor Statistics, Washington
BMA	Bundesministerium für Arbeit und Sozialordnung, Berlin
BRD	Bundesrepublik Deutschland
BSHG	Bundessozialhilfegesetz
BSM	Beschäftigungschaffende Maßnahmen
DDR	Deutsche Demokratische Republik
DM	Deutsche Mark
DW	Durbin-Watson
EU	Europäische Union
Eurostat	Statistisches Amt der Europäischen Union, Luxemburg
f	folgende
FbW	Förderung der beruflichen Weiterbildung
ff	fortfolgende
FuU	Berufliche Fortbildung und Umschulung
i. e. S.	im engeren Sinn
i. ö. S.	im ökonomischen Sinn

i. w. S.	im weiteren Sinn
IAB	Institut für Arbeitsmarkt- und Berufsforschung der BA, Nürnberg
IHK	Industrie- und Handelskammer
ILO	International Labour Organization
iw	Institut der Deutschen Wirtschaft, Köln
JArbSchG	Jugendarbeitsschutzgesetz
JD	Jahresdurchschnitt
JUMP	Sofortprogramm Jugend mit Perspektive
JuSoPro	Jugendsofortprogramm
KI	Konfidenzintervall
MittAB	Mitteilungen aus der Arbeitsmarkt- und Berufsforschung
Mrd.	Milliarden
NAIRU	Non Accelerating Inflation Rate of Unemployment
o. J.	ohne Jahr
o. V.	ohne Verfasser
OECD	Organization for Economic Co-operation and Development, Paris
reg.	registriert
Reha	Rehabilitation
S	Satz
S.	Seite
SAM	Strukturanpassungsmaßnahmen
SEE	Standard Error of Estimation
SGB	Sozialgesetzbuch
SOEP	Sozio-oekonomisches Panel
StabG	Stabilitäts- und Wachstumsgesetz („Gesetz zur Förderung der Stabilität und des Wachstums der Wirtschaft")
StBA	Statistisches Bundesamt, Wiesbaden

Abkürzungsverzeichnis

u. a.	und andere
U1 – U7	Arbeitslosenquoten des BLS
USA	United States of America
Vgl.	Vergleiche
Vog	Vorruhestandsgeld

Symbol- und Variablenverzeichnis

Großbuchstaben:

A	Arbeitskräfte
AL	Arbeitslose
$AL^{\S 126}$	Verdeckte Arbeitslosigkeit durch §126 SGB III
$AL^{\S 428}$	Verdeckte Arbeitslosigkeit durch §428 SGB III
AL^A	Ruhende Arbeitslosigkeit durch Altersteilzeitarbeit
AL^{ABM}	Verdeckte Arbeitslosigkeit durch ABM
$AL^{AÜ}$	Verdeckte Arbeitslosigkeit durch Altersübergangsregelungen
AL^{FbW}	Verdeckte Arbeitslosigkeit durch Maßnahmen zur FbW
$AL^{i.ö.S.}$	Arbeitslosigkeit im ökonomischen Sinn
AL^{JUMP}	Verdeckte Arbeitslosigkeit durch JUMP
AL^K	Ruhende Arbeitslosigkeit durch Kurzarbeit
ALQ	Arbeitslosenquote
$ALQ^{i.ö.S.}$	Quote der Arbeitslosigkeit im ökonomischen Sinn
AL^{reg}	Registrierte Arbeitslose
AL^{Reha}	Verdeckte Arbeitslosigkeit durch berufliche Reha
AL^S	Verdeckte Arbeitslosigkeit durch Sprachlehrgänge
AL^{SAM}	Verdeckte Arbeitslosigkeit durch SAM
AL^W	Ruhende Arbeitslosigkeit durch Winterausfallgeld
A^S	Arbeitsangebot
AÜ	Angebotsüberhang
$BÄ^K$	Beschäftigungsäquivalent Kurzarbeit
$BÄ^W$	Beschäftigungsäquivalent Winterausfallgeld / Schlechtwettergeld
BE	Beschäftigte
B	Bevölkerung
EL	Erwerbslose

Symbol- und Variablenverzeichnis

EP	Erwerbspersonen
EPP	Erwerbspersonenpotential
ET	Erwerbstätige
$I^{\S 126}$	Vorübergehend erkrankte arbeitslose Personen nach § 126 SGB III
$I^{\S 428}$	Arbeitslose Personen mit Regelung des §428 SGB III
I^A	Inanspruchnahme / Teilnehmer an der Altersteilzeitarbeit
I^{ABM}	Inanspruchnahme / Personen in ABM
$I^{Alüg}$	Inanspruchnahme / Empfänger von Altersübergangsgeld
I^{FbW}	Inanspruchnahme / Personen in Vollzeitmaßnahmen zur FbW
I^{JUMP}	Teilnehmer am JUMP
I^{Reha}	Inanspruchnahme / Personen in beruflicher Reha
I^S	Inanspruchnahme / Personen in Sprachlehrgängen
I^{SAM}	Inanspruchnahme / Personen in SAM
I^{Vog}	Inanspruchnahme / Empfänger von Vorruhestandsgeld
K	Saldierter Korrekturfaktor
$K^1, ..., K^4$	Korrekturfaktoren 1 bis 4
N	Anzahl der Beobachtungen
NEP	Nichterwerbspersonen
R^{Still}	Stille Reserve
$R^{Still\ i.e.S.}$	Stille Reserve im engeren Sinn
$R^{Still\ i.w.S.}$	Stille Reserve im weiteren Sinn / in Maßnahmen
T^{Jahr}	Durchschnittliche urlaubsbereinigte tarifliche Jahresarbeitszeit pro ArbN
Vol^K	Ausfallvolumen durch Kurzarbeit pro Jahr
Vol^{T+aT}	Ausfallvolumen durch Tarifauseinandersetzungen und akzeptierte Teilzeit pro Jahr
Vol^W	Ausfallvolumen durch Schlechtwetter pro Jahr

Vol^{W+T+aT} Ausfallvolumen durch Schlechtwetter, Tarifauseinandersetzungen und akzeptierte Teilzeit pro Jahr
WR Wachstumsrate

Kleinbuchstaben:

a Konjunkturindikator für den Arbeitsmarkt
a^* Arbeitsmarktindikator für die Hochkonjunktur
$\hat{e}$ Geschätzte effektive Erwerbsquote
$\hat{e}^p$ Geschätzte Potentialerwerbsquote
l Reallohnsatz
$\hat{r}$ Geschätzte Stille Reserve Erwerbsquote
u Störgröße
z Regressoren

Griechische Buchstaben:

$\alpha, \beta, \chi, ...$ Regressionskoeffizienten
$\hat{\alpha}, \hat{\beta}, \hat{\chi}, ...$ Geschätzte Regressionsparameter
π Inflationsrate
$\hat{\pi}$ Geschätzte Inflationsrate

Indizes:

* Index für eine Gleichgewichtsgröße
f Index für den Familienstand
g Index für das Geschlecht
i Laufindex
n Index für die Nationalität
t Index für die Zeit
x Index für das Alter

1. Statistisch oder wirklich arbeitslos?

Die Zahl der Arbeitslosen ist ein wichtiger Indikator für die Entwicklung einer Volkswirtschaft. Aus der Höhe und Veränderung dieser zentralen gesamtwirtschaftlichen Größe werden Aussagen über die konjunkturelle Lage abgeleitet, die direkt Einfluß auf andere wichtige Indikatoren der Wirtschaft nehmen. Durch Bewegungen auf dem Arbeitsmarkt können über den Konsum konjunkturelle Entwicklungen und über den Phillips-Kurven-Zusammenhang inflationäre Prozesse angestoßen werden.

Die Bedeutung der ausgewiesenen offiziellen Arbeitslosenzahlen für die wirtschaftliche Entwicklung rückt diesen Indikator, neben den dahinter stehenden Einzelschicksalen in das Zentrum des politischen Interesses: Wer mittels offizieller nationaler Statistiken als arbeitslos ausgewiesen wird, liegt zumindest teilweise in der Kompetenz der gesetzgebenden Organe. Im Jahr 2000 waren in der Bundesrepublik Deutschland[1] im Jahresdurchschnitt 3,9 Millionen Menschen arbeitslos, die Arbeitslosenquote lag bei 9,6% aller zivilen Erwerbspersonen.[2] Diese Zahlen wurden von der Bundesanstalt für Arbeit entsprechend der gesetzlichen Definition der Arbeitslosigkeit im Sozialgesetzbuch ermittelt:

„*(1) Arbeitslos ist ein Arbeitnehmer, der*
1. vorübergehend nicht in einem Beschäftigungsverhältnis steht (Beschäftigungslosigkeit) und
2. eine versicherungspflichtige, mindestens 15 Stunden wöchentlich umfassende Beschäftigung sucht (Beschäftigungssuche)."[3]

Der Begriff Arbeitslosigkeit ist damit an einen konkreten Zustand der Beschäftigungslosigkeit und an eine bestimmte Form der Beschäftigungssuche gekoppelt: Die betroffenen Personen müssen zwischen 15 und 65 Jahre alt sein, sofort eine Arbeit aufnehmen können und sich persönlich beim zuständigen Arbeitsamt

---

[1] Im folgenden beziehen sich Angaben für Deutschland auf den Gebietsstand der Bundesrepublik Deutschland nach dem 03.10.1990. Angaben für Westdeutschland betreffen die Bundesrepublik Deutschland einschließlich Berlin-West nach dem Gebietsstand bis zum 03.10.1990.
[2] Vgl. AUTORENGEMEINSCHAFT [2001], S. 6.
[3] § 118 Abs. 1 SGB III.

melden.⁴ Diese Kriterien können als objektiv gegenüber dem einzelnen Arbeitsuchenden aufgefaßt werden, aber sie können aus ökonomischer Perspektive in Frage gestellt werden. Die Bundesanstalt für Arbeit benötigt klar abgegrenzte Kriterien für den Zustand der Arbeitslosigkeit und die daraus resultierenden Ansprüche, doch erfaßt die Karteistatistik keineswegs alle Personen, die arbeitsuchend sind: Zur Diskussion stehen zum einen arbeitslose Personen, die sich nicht beim Arbeitsamt melden, so daß mit der Karteistatistik nicht alle Arbeitslosen erfaßt werden. Des weiteren wird von unechten und nicht vermittelbaren Arbeitslosen gesprochen, die zu einer Überzeichnung der Arbeitsmarktsituation durch die Karteistatistik führen. Außerdem werden alle Personen, die an arbeitsmarktpolitischen Maßnahmen der Bundesanstalt für Arbeit teilnehmen, nicht zu den offiziell ausgewiesenen Arbeitslosen gezählt.⁵

Ein **erstes Ziel dieser Arbeit** ist es, die Arbeitslosigkeit aus ökonomischer Sicht so vollständig wie möglich zu erfassen. Die Zahl der Arbeitslosen ist ein wichtiger Indikator. Die Qualität dieses Indikators steht und fällt mit der Antwort auf die Frage, wer „*[s]tatistisch oder wirklich arbeitslos*"⁶ ist. Nach einer Beschreibung der institutionellen Rahmenbedingungen in Deutschland sowie der praktizierten Konzepte zum Arbeitsangebot und der Arbeitsmarktlücke im 2. Kapitel werden die verschiedenen Meßkonzepte zur Erfassung der Arbeitslosigkeit im 3. Kapitel erörtert und unterschiedliche Kritiken und Anregungen zu diesem Thema diskutiert. Aufbauend auf den Schlußfolgerungen aus Kapitel 3 wird im 4. Kapitel der Begriff der Arbeitslosigkeit im ökonomischen Sinn definiert. Die Definition baut auf der von der Bundesanstalt für Arbeit ausgewiesenen Zahl der registrierten Arbeitslosen auf und wird um die verschiedenen Aspekte der verdeckten, der ruhenden, der unechten und der unsichtbaren Arbeitslosigkeit korrigiert. Als theoretischer Referenzpunkt für die Ableitung der Arbeitslosigkeit im ökonomischen Sinn dienen Ansätze der ökonomischen Theorie.

---

[4] Vgl. die §§ 117 Abs. 2, 122, 309 und 310 SGB III.
[5] Siehe dazu: „*Arbeitsmarkt. Arbeitslosigkeit - eine Frage der Statistik*", IW [09.04.1998]; „*Arbeitsmarktstatistik. Nicht die ganze Wahrheit*", IW [08.04.1999]; „*Arbeitsmarktstatistik. Die Qual der Zahl*", IW [13.05.1999]; „*Arbeitslosigkeit und Arbeitsmarktstatistik – sind unsere Arbeitslosenzahlen falsch?*", LEBEN, B. [1988] oder „*Arbeitslosigkeit und Unterbeschäftigung. Die Arbeitsmarktlücke ist größer als ausgewiesen.*", ADAMY, W. [1998 a].
[6] KRÄMER, W. [1994], S. 10.

Im 5. Kapitel erfolgt die praktische und empirische Umsetzung der Definition der Arbeitslosigkeit im ökonomischen Sinn. Dazu werden die Auswirkungen des Meßkonzepts und verschiedener arbeitsmarktpolitischer Maßnahmen auf die offiziell ausgewiesene Arbeitslosigkeit untersucht. Der konzeptionelle Anspruch, die Wirkung staatlicher Gesetzgebung und politischer Maßnahmen auf die offizielle Arbeitsmarktstatistik zu analysieren, wird anhand der aktuellen Arbeitsmarktpolitik nachvollzogen. Insbesondere steht dabei die Entwicklung in den Jahren 1991 bis 2000 im Vordergrund, um für diesen Meßzeitraum von 10 Jahren zu verdeutlichen, welche Dimensionen die Auswirkungen des Zählkonzepts und Markteingriffe in Zeiten relativ hoher Arbeitslosigkeit annehmen können. Nach der Diskussion und Quantifizierung der verschiedenen Formen der verdeckten, der ruhenden, der unechten und der unsichtbaren Arbeitslosigkeit im 5. Kapitel werden die Ergebnisse im 6. Kapitel zu vier Korrekturfaktoren zusammengefaßt und mit deren Hilfe die Arbeitslosigkeit im ökonomischen Sinn bestimmt. Es kommt zu einer Gegenüberstellung der Arbeitslosigkeit im ökonomischen Sinn mit der registrierten Arbeitslosigkeit und der Erwerbslosigkeit. Die Tatsache, daß sich der Umfang der in dieser Arbeit ermittelten **Arbeitslosigkeit im ökonomischen Sinn erheblich von der offiziellen Arbeitslosigkeit unterscheidet**, wirft Fragen auf. Es muß diskutiert werden, warum diese Diskrepanzen bestehen und welche Folgen sich daraus für das politisch-ökonomische System in Deutschland ergeben.

Der **zweite Schwerpunkt dieser Arbeit** ergibt sich aus den Folgen der Diskrepanz zwischen der offiziellen Arbeitslosigkeit und der Arbeitslosigkeit im ökonomischen Sinn. In der Tradition des **Public-Choice-Ansatzes** gehen die Vertreter der politischen Konjunkturtheorie davon aus, daß Politiker bei ihrem Handeln nicht das Gemeinwohl als oberstes Ziel, sondern opportunistische und ideologische Ziele verfolgen. Den größtmöglichen Nutzen erreichen Politiker in dem Modell von W. D. NORDHAUS [1975], einem der Begründer der **politischen Konjunkturtheorie**, indem sie den Trade-off der Phillips-Kurve nutzen, um die wirtschaftliche Lage vor der Wahl zu verbessern. Da die Wähler die Regierung an ihrem wirtschaftlichen Erfolg messen, lassen sich so die Stimmen maximieren.[7]

Im 7. Kapitel wird zuerst überprüft, ob der Phillips-Kurven-Zusammenhang gilt. Denn nur in diesem Fall können politische Konjunkturzyklen im Sinne des **Nordhaus Modells** vorliegen. Vor diesem Hintergrund interessiert auch die Tatsache, ob sich der Verlauf der **Phillips-Kurve** für die im Rahmen dieser Arbeit ermittelte Arbeitslosigkeit im ökonomischen Sinn grundlegend ändert. Denn auch Ökonomen erheben den Anspruch, theoretische Zusammenhänge mit wirklichkeitsnahen Daten zu überprüfen.[8] Anschließend werden die Inflationsrate, die offizielle Arbeitslosigkeit und die Arbeitslosigkeit im ökonomischen Sinn auf politische Konjunkturzyklen hin untersucht.

Im Verlauf dieser Arbeit wird außerdem die Frage aufgeworfen, in wieweit das gängige Konzept der Arbeitslosenstatistik Möglichkeiten für die Regierung birgt, die offizielle Arbeitslosigkeit über die Dosierung von Maßnahmen der aktiven Arbeitsmarktpolitik[9] zu beeinflussen.[10] Diese These wird anhand der in dieser Arbeit quantifizierten Differenz zwischen der offiziellen und der ökonomisch relevanten Arbeitslosigkeit für den Zeitraum von 1970 bis 2000 überprüft.[11] Die Arbeit schließt im 8. Kapitel mit einer Zusammenfassung der Ergebnisse.

---

[7] Vgl. SIEG, G. [2000], S. 4.
[8] Siehe z. B. KLEMMER, P. [1988].
[9] Der Begriff der Arbeitsmarktpolitik ist von dem der Beschäftigungspolitik zu unterscheiden: Arbeitsmarktpolitik ist auf die Beziehung zwischen Angebot und Nachfrage auf betriebsinternen und externen Arbeitsmärkten beschränkt. Beschäftigungspolitik umfaßt alle Maßnahmen, die für eine vollwertige Beschäftigung der Erwerbstätigen sorgen. Vgl. ENGELEN-KEFER, U. u. a. [1995], S. 61 ff.
[10] Aktuelle Beispiele stützen diese These: Am 13.05.2001 wurde in der Presse gemeldet, daß die Bundesregierung unter Bundeskanzler GERHARD SCHRÖDER Arbeitslose über 58 Jahre aus der Arbeitslosenstatistik herausnehmen will, um das Ziel zu erreichen, bis zum Jahr 2002, in dem sich die Bundesregierung der Wiederwahl stellen muß, die Zahl der Arbeitslosen auf 3,5 Millionen Personen zu reduzieren. Vgl. O. V. [13.05.2001].
[11] Bis zu Jahr 1966/67 gab es in Deutschland keine Konjunkturpolitik. Vgl. FREY, B. S. [1976], S. 102.

2. Arbeitsmarkttheorie und Arbeitsmarktstatistik

2.1. Der Arbeitsmarkt in der Theorie

Zu Beginn einer Untersuchung über den Arbeitsmarkt ist es sinnvoll, den Untersuchungsgegenstand theoretisch einzuordnen.

Einen sehr vereinfachten Überblick über die Größen auf dem Arbeitsmarkt bietet die **neoklassische Theorie**. In der ökonomischen Perspektive des Arbeitsmarkts treffen Angebot und Nachfrage aufeinander. Die Nachfrage nach Arbeitskräften wird durch die Unternehmerseite repräsentiert, das Angebot an Arbeitskräften setzt sich aus Teilen der Bevölkerung zusammen.

In der neoklassischen Theorie richten sich das Arbeitsangebot und die Arbeitsnachfrage nach dem Reallohnsatz. Je höher der Reallohnsatz, um so höher ist das Arbeitsangebot der Haushalte und um so geringer ist die Arbeitsnachfrage der Unternehmen. Es gibt einen Gleichgewichtslohnsatz (l*), bei dem der Arbeitsmarkt geräumt ist, weil sowohl jeder Arbeitswillige eine Beschäftigung findet, als auch jeder Unternehmer die von ihm angebotenen Stellen mit Arbeitnehmern besetzen kann (A*). Das Arbeitsmarktgleichgewicht[12] (A*, l*) liegt im Schnittpunkt der Angebots- und Nachfragefunktion und ist in Abbildung 2.1 dargestellt.[13] Wenn sich der Arbeitsmarkt im Gleichgewicht befindet, spricht man von Vollbeschäftigung[14].

Arbeitslosigkeit erklärt sich im neoklassischen Modell durch einen Überhang auf der Angebotsseite des Arbeitsmarkts. Wenn der Reallohn höher ist als der

---

[12] Die Diskussion zwischen Neoklassikern und Keynesianern darüber, wie, ob und wann sich der Arbeitsmarkt im Gleichgewicht befindet und welche Ursachen die Arbeitslosigkeit letztendlich hat, steht bei der einfachen Betrachtung der Angebotsseite des Arbeitsmarkts in dieser Arbeit außen vor. Siehe dazu: ROTHSCHILD, K. W. [1978] oder SESSELMEIER, W. und G. BLAUERMEL [1998].

[13] Vgl. LANDMANN, O. und J. JERGER [1999], S. 60 ff.

[14] Vollbeschäftigung ist eine Situation am Arbeitsmarkt, in der für jeden Staatsbürger, der seine Arbeitskraft anbietet, ein Arbeitsplatz vorhanden ist. Vgl. TICHY, G. [1999], S. 44. Zurückgeführt wird der Begriff der Vollbeschäftigung auf LORD BEVERIDGE. Er definiert Vollbeschäftigung als eine Arbeitsmarktsituation, in der die Arbeitslosigkeit nicht höher als 3% ist und das Angebot an offenen Stellen die Arbeitslosigkeit übersteigt. Vgl. BEVERIDGE, W. H. [1944], S. 18 – 21.

Gleichgewichtslohnsatz (l_0), dann wollen mehr Personen arbeiten, als zu diesem Lohnsatz in den Produktionsprozeß integriert und damit beschäftigt werden können (A_0). In Abbildung 2.1 ist eine Situation der Arbeitslosigkeit im neoklassischen Arbeitsmarktmodell dargestellt (A_0, l_0). Aus der Differenz zwischen dem Arbeitsangebot und der Arbeitsnachfrage ergibt sich der Angebotsüberhang, der unter dem Begriff der Arbeitslosigkeit diskutiert wird.[15]

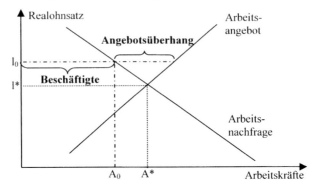

Abbildung 2.1: *Arbeitsmarktmodell.*

Quelle: Vgl. BLÜMLE, G. und W. PATZIG [1999], S. 329.

Arbeitslose im ökonomischen Sinn sind demnach Personen, die zum herrschenden Reallohn ihre Arbeitskraft auf dem Arbeitsmarkt anbieten, aber keine Arbeitsstelle finden.

Das Arbeitsmarktgleichgewicht im neoklassischen Modell ist stabil, weil es immer wieder durch Anpassungsprozesse erreicht wird, so daß Arbeitslosigkeit kein dauerhaftes Problem werden kann.[16] In der Praxis ist dies aufgrund der Lohnrigidität[17] nicht möglich. Daher kann im folgenden bei der Betrachtung des Arbeitsmarkts vom Lohnsatz abstrahiert werden.

---

[15] Vgl. BLÜMLE G. und W. PATZIG [1999], S. 329 f.
[16] Vgl. BLÜMLE G. und W. PATZIG [1999], S. 329 f.
[17] Erklärungsansätze zur Lohnstarrheit finden sich unter folgenden Schlagworten: Effizienzlohnmodelle, Kontrakttheorie und Insider-Outsider-Ansätze. Siehe dazu: FRANZ, W. [1999]; LANDMANN, O. und J. JERGER [1999] oder SESSELMEIER, W. und G. BLAUERMEL [1998].

Arbeitsmarkttheorie und Arbeitsmarktstatistik

Wichtig für das weitere Vorgehen ist die Definition des Arbeitsangebots in der Theorie, welches sich formal aus der Summe der Zahl der Beschäftigten und der Summe der Personen des Angebotsüberhangs zusammensetzt:

$$A^S = BE + AÜ$$

wobei: A^S Arbeitsangebot
        BE   Beschäftigte
        AÜ   Angebotsüberhang

Diese einfache Abgrenzung der Angebotsseite des Arbeitsmarkts soll im folgenden anhand der Zahlen der Arbeitsmarktstatistik für die BRD und aufbauend auf der Darstellung in Abbildung 2.2 konkretisiert werden.

Arbeitsangebot	
Zahl der Beschäftigten	Angebotsüberhang

Abbildung 2.2: Das Arbeitsangebot in der Theorie.

2.2. Die Angebotsseite der Arbeitsmarktstatistik

2.2.1. Zur Lage auf dem deutschen Arbeitsmarkt

An dieser Stelle soll zunächst ein kurzer Überblick über die Entwicklung des deutschen Arbeitsmarkts gegeben werden, bevor die institutionellen Anbieter der Arbeitsmarktstatistik im einzelnen vorgestellt werden. Abbildung 2.3 veranschaulicht die Entwicklung der Arbeitslosigkeit in Deutschland seit 1963.

In den 60er Jahren befand sich der Arbeitsmarkt der Bundesrepublik Deutschland zum letzten Mal in einem Zustand der Vollbeschäftigung[18]. Anschließend wurde die Arbeitslosigkeit in drei Phasen zu einem immer größeren Problem. Die Krisen Mitte der 70er Jahre, Anfang der 80er und in den 90er Jahren waren vom Phänomen der **Hysterese** oder **Persistenz** gekennzeichnet.[19] Denn die Arbeitslosigkeit sank nach einer Phase der Depression nur allmählich und erreichte

---

[18] Vollbeschäftigung heißt nicht, daß es keine Arbeitslosigkeit gibt. Siehe dazu Fußnote 14.
[19] Die Begriffe „Persistenz" und „Hysterese" werden von W. SESSELMEIER und G. BLAUERMEL synonym verwendet. Vgl. SESSELMEIER, W. und G. BLAUERMEL [1998], S. 20 f.

anschließend nicht mehr das Ausgangsniveau, sondern verharrte mit einem höheren Anteil der **Sockelarbeitslosigkeit** über ihrem Ausgangswert.[20]

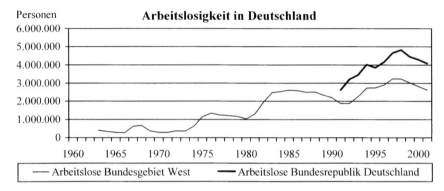

Abbildung 2.3:   Arbeitslosigkeit in Deutschland.
Bestand an Arbeitslosen am Ende des Berichtsmonats Januar.
Daten: BUNDESANSTALT FÜR ARBEIT [homepage], eigene Darstellung.

Zurückgeführt wird der Angebotsüberhang auf dem Arbeitsmarkt auf vier Formen der Arbeitslosigkeit: die friktionelle, die saisonale, die konjunkturelle und die strukturelle Arbeitslosigkeit. Die **friktionelle Arbeitslosigkeit** ist auch in Zeiten der Vollbeschäftigung unvermeidbar. Sie entsteht durch den Wechsel von Beschäftigungsverhältnissen, wenn die neue Beschäftigung sich nicht nahtlos an die alte anschließt und stellt damit einen reinen Anpassungsprozeß dar. Die friktionelle Arbeitslosigkeit wird auch unter dem Begriff der **Fluktuationsarbeitslosigkeit** diskutiert.[21]

Wenn die Jahreszeit die Arbeitsnachfrage beeinflußt, führt das zu **saisonaler Arbeitslosigkeit**. Diese tritt vor allem in der Bauwirtschaft, der Landwirtschaft und in der Tourismusbranche auf. Die **konjunkturelle Arbeitslosigkeit** steigt und sinkt mit der gesamtwirtschaftlichen Aktivität und stellt daher die klassische oder makroökonomische Arbeitslosigkeit dar. In der Depression ist die Arbeitsnachfrage geringer, so daß die Arbeitslosigkeit steigt. Die **strukturelle Arbeitslosigkeit** schließlich wird auf die fehlende qualitative Merkmalsüberein-

---

[20] Vgl. SESSELMEIER, W. und G. BLAUERMEL [1998], S. 13 und 20.
[21] Vgl. SESSELMEIER, W. und G. BLAUERMEL [1998], S. 15 f.

stimmung von Angebot und Nachfrage zurückgeführt. Die Heterogenität besteht häufig in der Qualifikation, dem Geschlecht oder Alter und im Standort. Diskutiert wird die strukturelle Arbeitslosigkeit daher auch unter dem Begriff der **Mismatch-Arbeitslosigkeit.**[22]

2.2.2. Institutionelle Anbieter

Orientierungsgrößen zur Überprüfung von arbeitsmarkttheoretischen Zusammenhängen bieten nationale und internationale Arbeitsmarktstatistiken an. „*The main objective of labour statistics is to provide accurate descriptions of the size, structure and characteristics of the various participants in the labour market, as well as changes taking place*".[23]

Die Träger der amtlichen Arbeitsmarktstatistik in Deutschland sind die **Bundesanstalt für Arbeit (BA)** in Nürnberg und das **Statistische Bundesamt (StBA)** in Wiesbaden. Die Bundesanstalt für Arbeit erhebt im Rahmen ihrer Tätigkeit, der Arbeitsförderung, sekundärstatistische Daten zur Arbeitsmarktlage und wertet sie aus.[24] Das Statistische Bundesamt führt regelmäßig primärstatistische Erhebungen durch, um auf diesem Weg einen aktuellen Einblick in die demographischen, wirtschaftlichen und sozialen Verhältnisse in Deutschland zu erhalten.

Da sich zwei nationale Institutionen mit Arbeitsmarktzahlen beschäftigen, steht eine **große Anzahl an Daten** zur Verfügung. Aber bereits bei der Suche nach Daten zum Angebotsüberhang auf dem Arbeitsmarkt führen Unterschiede in der Begrifflichkeit und in den veröffentlichten amtlichen Statistiken zur Verwirrung.

---

[22] Vgl. BLÜMLE G. und W. PATZIG [1999], S. 361 ff.
[23] MATA-GREENWOOD, A. [o. J.], S. 4.
[24] Vgl. § 1 Abs. 1 und die §§ 280 ff SGB III. Die Aufgabe der Bundesanstalt für Arbeit ist die Arbeitsförderung. Dazu zählen die Berufsberatung, die Arbeitsvermittlung, die Förderung der beruflichen Bildung, die Gewährung von Arbeitslosengeld, u. a. Die gesetzliche Grundlage für die Tätigkeit der Bundesanstalt für Arbeit bildet seit dem 01.01.1998 das dritte Buch des Sozialgesetzbuchs. Zum 01.01.1998 wurde das Arbeitsförderungsrecht (Arbeitsförderungsgesetz – AFG) in das Sozialgesetzbuch (SGB) als drittes Buch eingestellt. Grundlage ist das Gesetz zur Reform der Arbeitsförderung (Arbeitsförderungs-Reformgesetz – AFRG) vom 24.03.1997, mit dem die arbeitsförderungsrechtlichen Vorschriften grundlegend überarbeitet wurden. Vgl. SCHAUB, G. [2000], S. 133.

Die Bundesanstalt für Arbeit weist den Bestand[25] an **Arbeitslosen** aus, das Statistische Bundesamt hingegen spricht von der Zahl der **Erwerbslosen**. Beide Größen unterscheiden sich für das Jahr 1999 um rund 670.000 Personen, was einer Abweichung von fast 20% entspricht. Abbildung 2.4 verdeutlicht diesen Unterschied.

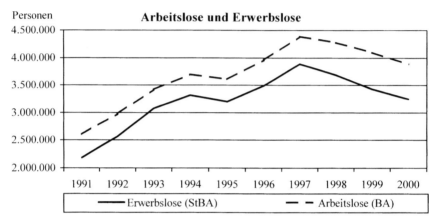

Abbildung 2.4: Arbeitslose und Erwerbslose.
Jahresdurchschnitt, Zahlen für Deutschland.
Daten: STATISTISCHES BUNDESAMT [2001], AUTORENGEMEINSCHAFT [1996], [2001], eigene Darstellung.

Zusätzlich weichen die international ermittelten Arbeitsmarktindikatoren von **Eurostat**, die die **OECD** übernimmt,[26] von den Zahlen der nationalen amtlichen Statistik ab. Die Arbeitslosenquote für Deutschland wird von der Bundesanstalt für Arbeit für das Jahr 1999 mit 10,5% angegeben,[27] Eurostat, das statistische Amt der Europäischen Union, weist dagegen nur 8,8% Arbeitslose aus.[28]

---

[25] Da die Ursachen der Arbeitslosigkeit oder die durchschnittliche Dauer der Arbeitslosigkeit nicht im Vordergrund dieser Arbeit stehen, werden im folgenden unter quantitativen Aspekten nur Arbeitslosenbeständen betrachtet. Zur Problematik der unterschiedlichen Strukturen von Bestands- und Bewegungsmassen siehe EGLE, F. und W. KARR [1977], S. 363 ff oder CRAMER, U. u. a. [1986], S. 411 ff.
[26] Vgl. OECD [2001].
[27] Vgl. AUTORENGEMEINSCHAFT [2000], S. 29.
[28] Vgl. EUROSTAT [2001], S. 14. Eine ausführlichere Betrachtung internationaler Arbeitsmarktindikatoren erfolgt in Kapitel 2.2.6.

Durch diese **Dichotomie** steht der Anwender der Arbeitsmarktstatistik vor einem Problem: Welche Daten sind zu verwenden, wenn der Angebotsüberhang auf dem Arbeitsmarkt dargestellt werden soll? Warum gibt es Differenzen und wie begründen sie sich? Diese Fragen können erst beantwortet werden, wenn die Konzepte der Institutionen zum Arbeitsangebot genauer untersucht werden, um auf diese Weise die Ursachen der Dichotomie aufzudecken.

2.2.3. Die Bundesanstalt für Arbeit

2.2.3.1. Das Arbeitsangebot in der Definition der Bundesanstalt für Arbeit

Die **Bundesanstalt für Arbeit** ist gesetzlich dazu verpflichtet, das im Rahmen ihrer Tätigkeit ermittelte sekundärstatistische Datenmaterial auszuwerten und die Ergebnisse zu veröffentlichen:

„Die Bundesanstalt hat Lage und Entwicklung der Beschäftigung und des Arbeitsmarktes im allgemeinen und nach Berufen, Wirtschaftszweigen und Regionen sowie die Wirkungen der aktiven Arbeitsförderung zu beobachten, zu untersuchen und auszuwerten, indem sie
1. Statistiken erstellt,
2. Arbeitsmarkt- und Berufsforschung betreibt und
3. Bericht erstattet."[29]

„Die Bundesanstalt hat aus den in ihrem Geschäftsbereich anfallenden Daten Statistiken, insbesondere über Beschäftigung und Arbeitslosigkeit der Arbeitnehmer und über die Leistungen der Arbeitsförderung, zu erstellen."[30]

Auf diesen Statistiken basieren die Fakten in den offiziellen Pressemitteilungen des Bundesarbeitsministers.[31] Im Vordergrund stehen dabei drei Größen: die Zahl der registrierten Arbeitslosen, die Zahl der Erwerbstätigen und die Ar-

---

[29] § 280 SGB III.
[30] § 281 S 1 SGB III.
[31] Siehe z. B. BMA [05.07.2001]: „Zur Arbeitsmarktentwicklung im Monat Juni 2001 erklärt der Bundesarbeitsminister Walter Riester: Erfreulicher Anstieg der Erwerbstätigen."

beitslosenquote. Durch diese Form der Datenveröffentlichung entsteht der Eindruck, daß sich das Arbeitsangebot der Bundesrepublik Deutschland analog zur Theorie ($A^S = BE + A\ddot{U}$) aus der Summe der Zahl der Erwerbstätigen, die den Beschäftigten entsprechen und der Zahl der registrierten Arbeitslosen, die den Angebotsüberhang darstellen, zusammensetzt. Abbildung 2.5 veranschaulicht dieses Bild von der Angebotsseite des Arbeitsmarkts.

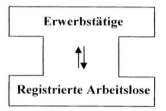

Abbildung 2.5: Bestände und Ströme auf dem offiziellen Arbeitsmarkt.

Das **Institut für Arbeitsmarkt- und Berufsforschung (IAB)** ist seit 1967 die Forschungsinstitution der Bundesanstalt für Arbeit, um die gesetzlichen Aufgaben im Rahmen der Arbeitsmarkt- und Berufsforschung zu erfüllen. Im Vordergrund steht dabei die Berichterstattung über die aktuelle Arbeitsmarktentwicklung, die Arbeitsmarktforschung, die Arbeitszeitforschung und die Berufsbildung.[32] Das Konzept des IAB zum Arbeitsangebot ist durch die Möglichkeiten der Karteistatistik geprägt, da das IAB auf die Daten der Bundesanstalt für Arbeit zurückgreift.[33] Das Arbeitsangebot ergibt sich in der **Arbeitsmarktbilanz** des IAB nach folgender Systematik:

Erwerbspersonenpotential (EPP) ≙ **Arbeitsangebot** (A^S)			
Erwerbstätige (ET)		Beim Arbeitsamt registrierte Arbeitslose (AL^{reg})	Stille Reserve (R^{Still})
Selbständige, mithelfende Familienangehörige	Abhängig Beschäftigte		

Abbildung 2.6: Erwerbspersonenpotential-Konzept des IAB.

Quelle: Vgl. WAGNER, TH. und E. J. JAHN [1997], S. 42.

Formal stellt sich das Arbeitsangebot in der Konzeption des IAB wie folgt dar:

---

[32] Vgl. IAB [homepage].
[33] Vgl. § 281 Abs. 2, S 1 SGB III.

$$A^S = EPP = ET + AL^{reg} + R^{Still}$$

wobei: A^S Arbeitsangebot
EPP Erwerbspersonenpotential
ET Erwerbstätige
Al^{reg} Registrierte Arbeitslose
R^{Still} Stille Reserve

Das **Erwerbspersonenpotential (EPP)** entspricht dem Arbeitsangebot der Volkswirtschaft. Es setzt sich aus den Erwerbstätigen (ET), den registrierten Arbeitslosen (Al^{reg}) und einer zusätzlichen Größe, der Stillen Reserve (R^{Still}) zusammen.[34]

Das Konzept des IAB läßt sich somit nur dann auf den einfachen theoretische Ansatz zum Arbeitsangebot ($A^S = BE + A\ddot{U}$) übertragen, wenn die nicht registrierte Arbeitslosigkeit in Form der Stille Reserve zusätzlich zur registrierten Arbeitslosigkeit bei der Bestimmung des Angebotsüberhangs berücksichtigt wird. Damit stellt sich die Frage warum die Stille Reserve existiert und wie sie statistisch erfaßt wird. Die Beantwortung dieser Fragen macht es notwendig, die einzelnen Größen des Erwerbspersonenpotentials genauer zu systematisieren.

2.2.3.2. Die Größen der Arbeitsmarktbilanz des IAB

Zum Arbeitsangebot in der Definition der IAB gehören die **Erwerbstätigen**. Die Zahlen zur Erwerbstätigkeit werden vom Statistischen Bundesamt ermittelt und vom IAB in die Arbeitsmarktbilanz übernommen.[35]

Die **Unterbeschäftigung** setzt sich in der Konzeption des IAB, wie in Abbildung 2.7 dargestellt, aus der Zahl der registrierten Arbeitslosen und der Stillen Reserve zusammen. Die registrierte Arbeitslosigkeit wird aus den amtlichen Statistiken der Bundesanstalt für Arbeit ermittelt.

---

[34] Vgl. BRINKMANN, CH. u. a. [1987], S. 387.
[35] Zur Erwerbstätigkeit siehe Kapital 2.2.4.

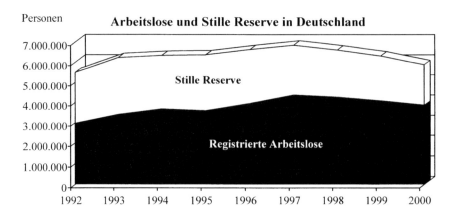

Abbildung 2.7: Arbeitslose und Stille Reserve in Deutschland.

Daten: AUTORENGEMEINSCHAFT [2001], eigene Darstellung.

Der Begriff der **Arbeitslosigkeit** und die Tatbestände, die erfüllt sein müssen, damit eine Person in der Arbeitslosenstatistik der Bundesanstalt für Arbeit ausgewiesen wird, ist im dritten Buch des Sozialgesetzbuchs (SGB III) festgelegt:

„*(1) Arbeitslos ist ein Arbeitnehmer, der*

1. vorübergehend nicht in einem Beschäftigungsverhältnis steht (Beschäftigungslosigkeit) und

2. eine versicherungspflichtige, mindestens 15 Stunden wöchentlich umfassende Beschäftigung sucht (Beschäftigungssuche)."[36]

Als Folge der gesetzlichen Fixierung des Begriffs der Arbeitslosigkeit zählen nur Personen ohne Arbeitsverhältnis zu den Arbeitslosen, die älter als 15 und jünger als 65 Jahre sind.[37] Da eine persönliche Meldung und Registrierung beim zuständigen Arbeitsamt gesetzlich vorgeschrieben ist, stellt die Arbeitslosenstatistik der Bundesanstalt für Arbeit eine reine **Karteistatistik** dar.[38]

Der Gesetzgeber legt außerdem fest, daß die von Arbeitslosigkeit betroffenen Personen ein versicherungspflichtiges, mindestens 15 Stunden wöchentlich und mehr als 7 Kalendertage umfassendes Beschäftigungsverhältnis suchen müssen,

---

[36] § 118 Abs. 1 SGB III.
[37] Vgl. § 117 Abs. 2 SGB III. Von einer geringfügigen Beschäftigung wird abgesehen.
[38] Vgl. die §§ 122, 309 und 310 SGB III und EGLE, F. u. a. [1976], S. 15 ff.

der Arbeitsvermittlung zur Verfügung stehen und nicht arbeitsunfähig erkrankt sind.[39] Damit können nur Personen ab einem bestimmten zeitlichen Arbeitsangebot zu den registrierten Arbeitslosen zählen. Der Begriff der „sofortigen" Verfügbarkeit wird vom Gesetzgeber nicht näher präzisiert. Abbildung 2.8 bietet einen Gesamtüberblick über den Rechtsbegriff der Arbeitslosigkeit im Sozialgesetzbuch:

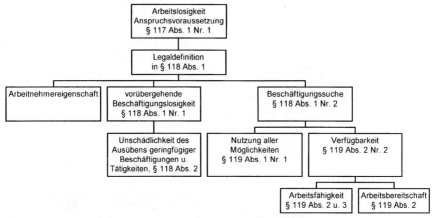

Abbildung 2.8: Der Rechtsbegriff der Arbeitslosigkeit im SGB III.

Quelle: Vgl. KLÖS, H.-P. [1998], S. 14.

Mit der **Stillen Reserve** taucht eine in der theoretischen Abgrenzung des Arbeitsangebots bisher unbekannte Größe auf. Die Stille Reserve umfaßt alle Personen, die keine Arbeit haben, eine Arbeit suchen, aber nicht zu den registrierten Arbeitslosen zählen. Begründet wird die Existenz der Stillen Reserve allein schon durch die Tatsache, daß die Bundesanstalt für Arbeit nur die Personen in ihren Statistiken führen kann, die einen Geschäftsgang auslösen, indem sie sich bei den Arbeitsämtern arbeitslos melden.[40]

Ermittelt wird die Stille Reserve in der Systematik des IAB als Residualgröße aus der Schätzung des Erwerbspersonenpotentials (EPP). Das Erwerbspersonenpotential entspricht der Zahl der Erwerbstätigen in der Hochkonjunktur und stellt damit eine Situation der Vollbeschäftigung dar. Die Stille Reserve ergibt

---

[39] Vgl. § 119 SGB III.
[40] Vgl. BRINKMANN, CH. und L. REYER [1985], S. 7.

sich nach Abzug der tatsächlichen Erwerbstätigen und der registrierten Arbeitslosen als Restgröße.[41]

$$R^{Still} = EPP - EP = EPP - ET - AL^{reg}$$

wobei: R^{Still} Stille Reserve
        EPP   Erwerbspersonenpotential
        EP   Erwerbspersonen
        ET   Erwerbstätige
        AL^{reg} Registrierte Arbeitslose

Wie in Abbildung 2.9 veranschaulicht, erfolgt die Aufschlüsselung der Stille Reserve in zwei Hauptgruppen: die Stille Reserve im engeren Sinn und die Stille Reserve im weiteren Sinn.

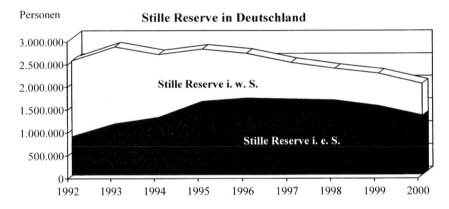

Abbildung 2.9: Stille Reserve in Deutschland.

Daten: AUTORENGEMEINSCHAFT [2001], eigene Darstellung.

Zur **Stille Reserve im engeren Sinn** gehören alle Personen, die eine Arbeit suchen, sich aber aus verschiedenen Gründen nicht beim Arbeitsamt arbeitslos melden.[42] Die betroffenen Personen sind Hausfrauen, Rentner, Studenten und Schüler. Der Umfang dieser Personengruppe kann von der Bundesanstalt für Arbeit statistisch nur unvollständig erfaßt werden, da die betroffenen Personen

---

[41] Eine ausführliche Erläuterung dieses Verfahrens erfolgt in Kapitel 5.4.3.1.
[42] Vgl. AUTORENGEMEINSCHAFT [1998], S. 12.

in keiner Kartei registriert sind. Die Stille Reserve im engeren Sinn muß daher indirekt über eine Schätzung bestimmt werden.[43] Der zweite Teil der Stillen Reserve umfaßt alle Personen, die sich zum jeweiligen Zeitpunkt in Maßnahmen der Bundesanstalt für Arbeit befinden.[44] Sie zählen zur **Stillen Reserve im weiteren Sinn**, weil sie für die Dauer der Maßnahme aus der Arbeitslosenstatistik ausgebucht werden und damit direkt zu einer Entlastung des Arbeitsmarkts führen.[45] Ohne die durchgeführten arbeitsmarktpolitischen Maßnahmen wären die betroffenen Personen weiterhin arbeitslos.[46] Abschließend wird in Abbildung 2.10 dargestellt, wie sich die offizielle Darstellung des Arbeitsmarkts aus Abbildung 2.5 in der Konzeption des IAB verwandelt:

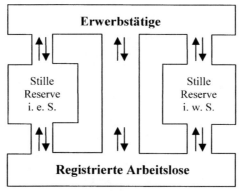

Abbildung 2.10: Bestände und Ströme auf dem Arbeitsmarkt in der Konzeption des IAB.

Quelle: Vgl. REYHER, L. und H.-U. BACH [1980], S. 500.

---

[43] Vgl. BRINKMANN, CH. u. a. [1987], S. 388.
[44] Vgl. AUTORENGEMEINSCHAFT [1998], S. 12.
[45] Eine genaue Analyse der Zusammensetzung der Stillen Reserve in Maßnahmen erfolgt in Kapitel 5.2.
[46] Vgl. ADAMY, W. [1998 a], S. 378.

2.2.4. Das Arbeitsangebot in der Definition des Statistischen Bundesamts

Das **Statistische Bundesamt** ermittelt seine Daten zur Entwicklung des Arbeitsmarkts im Rahmen des **Mikrozensus**, einem amtlichen Stichprobenverfahren, welches seit 1957 jährlich durchgeführt wird. In der letzten feiertagsfreien Woche im April wird eine 1%ige repräsentative Bevölkerungsstichprobe erhoben, um die demographischen, wirtschaftlichen und sozialen Verhältnisse in Deutschland zu erfassen. Die Ergebnisse werden vom Statistischen Bundesamt und den Statistischen Landesämtern regelmäßig veröffentlicht.[47]

Bei der Erhebung der Erwerbsbeteiligung nach dem Mikrozensus ordnen sich die Befragten der Haushaltsstichprobe analog zu der Darstellung in Abbildung 2.11 selbst in die drei Kategorien Erwerbstätige, Erwerbslose und Nichterwerbspersonen ein. Die Ergebnisse der Haushaltsstichprobe werden anschließend auf die Bevölkerung als Grundgesamtheit übertragen.[48]

Bevölkerung		
Nichterwerbspersonen (NEP)	Erwerbspersonen (EP) ≙ **Arbeitsangebot** (A^S)	
	Erwerbstätige (ET)	Erwerbslose (EL)

Abbildung 2.11: Erwerbskonzept des Statistischen Bundesamts.

Quelle: Vgl. WAGNER, TH. und E. J. JAHN [1997], S. 39.

Als **Nichterwerbspersonen** werden alle Personen bezeichnet, die jünger als 15 Jahre sind (Kinder, Schüler) und alle Personen älter als 15, die weder erwerbstätig noch erwerbslos sind (Schüler, Studenten, Hausfrauen, Rentner).[49]

Das **Arbeitsangebot** wird in der Konzeption des Statistischen Bundesamts durch die **Erwerbspersonen** dargestellt, die sich aus den Erwerbstätigen und den Erwerbslosen zusammensetzen. **Erwerbstätig** sind alle Personen ab dem 15. Lebensjahr, die in der Berichtswoche für mindestens eine Stunde einer bezahlten Arbeit nachgegangen sind. Dabei spielt die Höhe der Entlohnung oder die Regelmäßigkeit der Tätigkeit keine Rolle bei der Zuordnung.

---

[47] Vgl. ALLAFI, S. [1999], S. 163.
[48] Vgl. WAGNER, TH. und E. J. JAHN [1997], S. 39.
[49] Vgl. GREINER, U. [1996], S. 305.

Das Statistische Bundesamt definiert den Begriff des **Erwerbslosigkeit** nach der gleichen Systematik. Zu den Erwerbslosen zählen alle Personen, die in der Berichtswoche keinerlei Erwerbstätigkeit ausgeübt haben und sich unabhängig von einer Meldung beim Arbeitsamt innerhalb der letzten vier Wochen um eine Arbeitsstelle bemüht haben.[50]

Das Konzept des Statistischen Bundesamts läßt sich direkt auf die Theorie zum Arbeitsangebot $(A^S = BE + A\ddot{U})$ übertragen. Die Beschäftigten entsprechen den Erwerbstätigen und die Arbeitsmarktlücke wird durch die Erwerbslosen abgedeckt:

$$A^S = EP = ET + EL$$

wobei: A^S Arbeitsangebot
             EP   Erwerbspersonen
             ET   Erwerbstätige
             EL   Erwerbslose

2.2.5. Konzeptionsvergleich

Der Begriff der Erwerbslosigkeit unterscheidet sich per Definition in mehreren Punkten von dem der Arbeitslosigkeit. Die Abgrenzung der **Erwerbslosigkeit** nach dem **Mikrozensus** ist einerseits **umfassender**, weil auch nicht erwerbstätige Arbeitsuchende erfaßt werden, die ohne die Vermittlungstätigkeit des Arbeitsamts eine Tätigkeit suchen und sich daher nicht beim Arbeitsamt melden. Außerdem werden alle nicht erwerbstätigen Arbeitsuchenden zu den Erwerbslosen gezählt, die eine Beschäftigung unter 15 Stunden suchen oder eine auf weniger als 3 Monate befristete Tätigkeit. Damit sind Schüler und Studenten, die sich um einen Ferienjob bemühen, erwerbslos, aber nicht arbeitslos. Das Statistische Bundesamt nimmt keine Altersbeschränkung vor, so daß auch Personen über 65 Jahre, also Rentner, zu den Erwerbslosen gehören, wenn sie eine Tätigkeit suchen. Ebenfalls erwerbslos, aber nicht arbeitslos sind Schüler vor und nach der Schulentlassung, die auf der Suche nach einer Ausbildungsstelle sind. Andererseits ist die Definition der **offiziellen Arbeitslosigkeit umfassender**, weil alle Personen, die bei der Befragung angegeben haben, daß sie in der Berichtswoche eine einzige Stunde und mehr gearbeitet haben, nicht zu den Er-

---

[50] Vgl. ALLAFI, S. [1999], S. 164.

werbslosen zählen, obwohl sie in der Kartei des Arbeitsamts registriert sind.[51]
Tabelle 2.1 faßt die Unterschiede zwischen der Erwerbslosigkeit und der registrierten Arbeitslosigkeit zusammen.

	Registrierte Arbeitslosigkeit	Erwerbslosigkeit
Erfassungskriterium	Registrierung beim Arbeitsamt	Selbsteinstufung
Erfassungsmethode	Karteistatistik	Haushaltsstichprobe
Alter	15 bis 65 Jahre	15 Jahre und älter
Erwerbstätigkeit	Nicht mehr als 15 Stunden pro Woche erwerbstätig.	Weniger als eine Stunde in der Berichtswoche erwerbstätig.
Aktive Arbeitsuche	Suche nach versicherungspflichtiger Beschäftigung für mehr als 3 Monate und mehr als 15 Stunden pro Woche.	In den letzten 4 Wochen nach Beschäftigung gesucht.
Verfügbarkeit	Sofortige Verfügbarkeit, keine Erkrankung, nicht in schulischer Ausbildung.	Innerhalb von 2 Wochen für neue Arbeitsstelle verfügbar.

Tabelle 2.1:   Unterschiede zwischen Arbeitslosigkeit und Erwerbslosigkeit.

Die Zahl der **Erwerbstätigen** wird von den Institutionen einheitlich bezeichnet und ausgewiesen. Da die Bundesanstalt für Arbeit auf die Zahlen des Statistischen Bundesamts zurückgreift, ist ihre Abgrenzung aufgrund der oben erläuterten Unterschiede in den Konzepten unsauber: Geringfügig beschäftigte registrierte Arbeitslose zählen gleichzeitig zu den Erwerbstätigen und beschäftigte Personen über 65 Jahre sind erwerbstätig, ohne daß sie arbeitslos werden können.

Der Vergleich der Abgrenzungskriterien der beiden nationalen Anbieter von Arbeitsmarktstatistiken macht die Entscheidung für den Anwender nicht leichter, welche Daten besser dazu geeignet sind, den Angebotsüberhang auf dem Arbeitsmarkt zu quantifizieren. Die direkte Gegenüberstellung der Daten führt zu einer weiteren Verunsicherung, da die Zahl der registrierten Arbeitslosen größer ist als die Zahl der Erwerbslosen, ohne daß die Stille Reserve dabei überhaupt berücksichtigt wird.

---

[51] Vgl. MAYER, H.-L. [1990], S. 17 f.

Quartal / Jahr	Arbeitslose (BA)	Erwerbslose (StBA)	Differenz	Differenz in % der Erwerbslosen
1 / 1999	4.110.000	3.451.000	659.000	19,1
2 / 1999	4.105.000	3.430.000	675.000	19,7
3 / 1999	4.110.000	3.430.000	680.000	19,8
4 / 1999	4.067.000	3.385.000	682.000	20,1
1 / 2000	3.958.000	3.307.000	651.000	19,7
2 / 2000	3.919.000	3.270.000	649.000	19,8
3 / 2000	3.870.000	3.221.000	649.000	20,1
4 / 2000	3.803.000	3.170.000	633.000	20,0

Tabelle 2.2: Zahlen zur Arbeitslosigkeit und Erwerbslosigkeit im Vergleich.
Saisonbereinigt, Zahlen für Deutschland.
Daten: DEUTSCHE BUNDESBANK [2001], eigene Berechnungen.

Erschwerend kommt noch der Umstand hinzu, daß sich die von internationalen Institutionen ausgewiesenen Arbeitsmarktindikatoren für Deutschland sowohl von den Zahlen der Bundesanstalt für Arbeit als auch von denen des Statistischen Bundesamts unterscheiden.

2.2.6. Die internationale Definition des Arbeitsangebots

In internationalen Statistiken wird der Begriff der Arbeitslosigkeit nach einheitlichen Kriterien abgegrenzt, um eine Basis für Vergleiche zwischen unterschiedlichen Ländern zu schaffen. Die **International Labour Organization (ILO)** definierte auf ihrer 13. Konferenz 1982 in Genf die Größen der Arbeitsmarktstatistik nach folgender Systematik:

	Population	
Population not Economically Active	Currently Active Population = **Labour Force**	
	Employed	Unemployed

Abbildung 2.12: Labour Force Konzept der ILO.

Zur Gruppe der **Personen, die auf dem Arbeitsmarkt nicht aktiv sind**, gehören alle Kinder und Jugendlichen bis zu einer nicht genauer bestimmten Altersgrenze und alle Personen, die unabhängig vom Alter weder beschäftigt noch arbeitslos sind (Studenten, Hausfrauen, Rentner). Beschäftigte und Arbeitslose bilden zusammen die **Labour Force**, welche dem Arbeitsangebot entspricht. Die Gruppe der **Beschäftigten** hat im Befragungszeitraum gegen Bezahlung gearbeitet oder sie verfügt über einen Arbeitsvertrag. Personen zählen auch dann zu den Beschäftigten, wenn sie nur vorübergehend nicht an ihrem Arbeitsplatz erscheinen oder eine Tätigkeit als Selbständiger ausüben. Entsprechend zählen nach der internationalen Systematik alle Personen zu den **Arbeitslosen**, die an einem bestimmten Stichtag ohne Arbeit sind, innerhalb einer bestimmten Frist für eine Arbeitsaufnahme zur Verfügung stehen und aktiv eine Stelle suchen.[52]

Die Definition des ILO versteht sich dabei als **Richtlinie**, die in den entsprechenden Ländern konkretisiert werden muß. Die Resolution der ILO definiert nur den Tatbestand der Beschäftigung konkret: Alle Personen, die mehr als eine Stunde in der Berichtswoche gearbeitet haben, sind beschäftigt und damit nicht arbeitslos. Die Kriterien der Verfügbarkeit und der aktiven Arbeitsuche bieten hingegen beabsichtigte **Interpretationsspielräume** für nationale Besonderheiten, um eine Abstimmung mit den unterschiedlichen nationalen Erhebungsverfahren zu ermöglichen.[53]

Umgesetzt wird die Systematik der ILO von **Eurostat**, dem Statistisches Amt der Europäischen Union (EU) und von der **Organization for Economic Cooperation and Development** (OECD). Für die Länder der EU übernimmt die OECD die Daten von Eurostat.[54] Die Erhebung der Arbeitsmarktdaten erfolgt einmal jährlich in den beteiligten Ländern nach einheitlichen Kriterien in Form von Arbeitskräftestichproben.[55] Über das Jahr werden die Daten unter Berücksichtigung der Entwicklung der nationalen amtlichen Arbeitsmarktzahlen fortgeschrieben und mit den Ergebnissen der folgenden Arbeitskräftestichprobe korrigiert. Für Deutschland erfolgt die Erhebung der Daten im Rahmen des Mikrozensus.[56]

Die Forderung nach international vergleichbaren Arbeitsmarktindikatoren kann nur erfüllt werden, wenn statt Bestandsgrößen Quoten ausgewiesen werden. Da-

---

[52] Vgl. YPSILANTIS, J. N. [1983], S. IX f und Appendix.
[53] Vgl. KLÖS, H.-P. [1989], S. B-7 ff.
[54] Vgl. OECD [2001].
[55] 1996 wurden Zeitreihen für mehr als 60 Länder erhoben.
[56] Vgl. ALLAFI, S. [1999], S. 163.

her gehört die **Arbeitslosenquote** zu den Indikatoren, die in den Bereichen Wirtschaft, Politik und Gesellschaft am stärksten beachtet werden.[57] Die Arbeitslosenquote ist allgemein definiert als der Anteil der Arbeitslosen an den Erwerbspersonen.

$$ALQ_t = \frac{AL_t}{EP_t}$$

wobei: ALQ   Arbeitslosenquote
        AL   Arbeitslose
        EP   Erwerbspersonen

Leider gibt es auch für die Definition der Arbeitslosenquote kein einheitliches Konzept. Die Arbeitslosenquote für Deutschland gibt entweder den Anteil der registrierten Arbeitslosen an den abhängigen zivilen Erwerbspersonen[58] oder deren Anteil an allen zivilen Erwerbspersonen[59] an.

Da beide Quotienten eine Arbeitslosenquote darstellen, muß der Anwender auch hier genau prüfen, welche Definition einer bestimmten Quote zugrunde liegt: Das angewendete Erwerbspersonenkonzept basiert im beiden Fällen auf dem Inländerkonzept, so daß generell nur Personen mit einem Wohnsitz in Deutschland erfaßt werden. Die **höhere Arbeitslosenquote** ergibt sich aus dem Verhältnis zwischen Arbeitslosen und abhängigen zivilen Erwerbspersonen. Diese Quote hat in Deutschland die längere Tradition. Zu den **abhängigen zivilen Erwerbspersonen** gehören alle sozialversicherungspflichtig Beschäftigten, geringfügig Beschäftigte, Beamte und Arbeitslose.[60] Soldaten und Soldatinnen werden bei der Betrachtung der abhängigen zivilen Erwerbspersonen nicht berücksichtigt.

Eine **geringere** und **im Ausland gebräuchlichere Arbeitslosenquote** ergibt sich bei der Division der Arbeitslosen durch **alle zivilen Erwerbspersonen**. Da die zivilen Erwerbspersonen zusätzlich zu den abhängigen zivilen Erwerbsper-

---

[57] Vgl. RIESE, M. [1986], S. 23 f.
[58] Diese Arbeitslosenquote wird z. B. vom Statistischen Bundesamt ausgewiesen.
[59] Diese Arbeitslosenquote wird z. B. von der Deutschen Bundesbank ausgewiesen.
[60] Zur Diskussion, in wieweit Beamte eine geeignete Bezugsgröße für Erwerbspersonen mit einem bestehenden Risiko zur Arbeitslosigkeit darstellen, siehe z. B. EGLE, F. [1984], S. 55.

sonen Selbständige und mithelfende Familienangehörige enthalten, stellen sie den größeren Nenner dar.[61]

Außerdem weist das Statistische Bundesamt für Deutschland in Anlehnung an seine eigene Arbeitsmarktsystematik die **Erwerbslosenquote** aus und erhöht damit das Angebot an Quoten zur Unterbeschäftigung. Die Erwerbslosenquote gibt den prozentualen Anteil der Erwerbslosen an allen Erwerbspersonen an. Die **Erwerbspersonen** enthalten zusätzlich zu allen zivilen Erwerbspersonen auch noch die Soldaten und Soldatinnen und stellen damit den größten Nenner. Anzumerken bleibt die Tatsache, daß sich in den veröffentlichten Arbeitslosenquoten die Zahl der Arbeitslosen und die Zahl der Erwerbstätigen nicht auf den selben Zeitpunkt beziehen, obwohl dies selbstverständlich sein sollte. Die Erwerbstätigenkomponente kann aufgrund des Erhebungsverfahrens im Mikrozensus und durch Volkszählungen nur schubweise angepaßt werden.[62]

Die **Interpretationsspielräume**, die die ILO bei den Kriterien der Verfügbarkeit und der aktiven Arbeitsuche gewährt, vereinfachen die Datenerfassung für die nationalen Institutionen, sie erschweren aber gleichzeitig dem Anwender der Zeitreihen deren Handhabung: Das Statistische Bundesamt beispielsweise bezieht sich in seiner Definition der Erwerbslosigkeit auf die Kriterien der ILO, weicht aber in der Definition der Verfügbarkeit von ihnen ab. Zwar werden die Angaben der Befragten im Mikrozensus nach dem strengen Verfügbarkeitskriterium erhoben, bei der Ermittlung der Erwerbslosen aber nicht berücksichtigt.[63] In den Statistiken von Eurostat und der OECD hingegen wird das Kriterium streng ausgelegt, so daß nur Personen zu den Arbeitslosen zählen, die innerhalb von zwei Wochen eine Arbeit annehmen können. Dadurch sinkt die Zahl der Arbeitslosen deutlich, wie der Vergleich der Arbeitslosenquoten für die Bundesrepublik in Tabelle 2.3 zeigt.

---

[61] Vgl. STATISTISCHES BUNDESAMT [1999 b], S. 100 und 122.
[62] Vgl. CRAMER, U. [1990], S. 15.
[63] Da die Daten für den Mikrozensus zusammen mit der Europäischen Arbeitskräfteerhebung gewonnen werden. Vgl. ALLAFI, S. [1999], S. 163.

Institution	Eurostat	StBA	BA	BA
Name der Quote	Standardised unemployment rate	Erwerbslosenquote	Arbeitslosenquote	Arbeitslosenquote
Zähler	Unemployed	Erwerbslose	Registrierte Arbeitslose	Registrierte Arbeitslose
Nenner	Civilian labour force	Erwerbspersonen	Alle zivilen Erwerbspersonen	Abhängige zivilen Erwerbspersonen
1991	5,6	5,4	6,7	7,3
1992	6,6	6,3	7,7	8,5
1993	7,8	7,6	8,9	9,8
1994	8,4	8,2	9,6	10,6
1995	8,2	7,9	9,4	10,4
1996	8,9	8,6	10,4	11,5
1997	9,9	9,5	11,4	12,7
1998	9,4	9,0	11,1	12,3
1999	8,8	8,3	10,5	11,7
2000	7,9*	7,8	9,6	10,7

Tabelle 2.3: Nationale und internationale Arbeitslosenquoten im Vergleich.

* OECD.
Daten: EUROSTAT [2001], STATISTISCHES BUNDESAMT [2001], BUNDESANSTALT FÜR ARBEIT [2000], OECD [2001].

Die Streuung der Quoten ist recht beachtlich. Für das Jahr 1998 werden Arbeitslosenquoten von 9,4% bis 12,3% für Deutschland ausgewiesen. Damit führen die unterschiedlichen Konzepte zu einer Abweichung von immerhin 2,9 Prozentpunkten.

Die standardisierten Quoten nach dem Konzept der ILO sind für einen Vergleich der Arbeitsmarktentwicklung in unterschiedlichen Ländern geeignet, da sie speziell für diesen Zweck konzipiert wurden, so daß in diesem Fall die Datenauswahl nicht allzu schwer ist. Sobald jedoch Bestandsgrößen für eine empirische Untersuchung benötigt werden, muß auf nationale Statistiken zurückgegriffen werden. Die internationalen Statistiken sind in diesem Bereich in ihrem Datenangebot zu beschränkt und können daher bei der Bestimmung des Arbeitsmarktlücke außer acht gelassen werden.

2.3. Eine erste Bewertung der Datenbasis

Bei dem Versuch, das Arbeitsangebot in Deutschland mit Zahlen zu beschreiben, stößt man auf eine ansehnliche Datenfülle. Dieser zunächst einmal recht erfreuliche Tatbestand erweist sich jedoch später als Problem, da verschiedene Institutionen zu einem einzigen theoretischen Sachverhalt unterschiedliche Daten anbieten. Folglich steht der Anwender der Arbeitsmarktstatistik vor einer schwierigen Aufgabe: Er muß entscheiden, ob das Konzept der Arbeitsmarktbilanz des IAB oder das Erwerbskonzept des Statistischen Bundesamts für seine Zwecke besser geeignet ist. Aus diesem Grund ist es erforderlich, die verfügbaren Daten bezüglich der Datenbasis, der Methoden und der Aussagekraft zu untersuchen, bevor sie interpretiert und kritisiert werden können.[64]

---

[64] Vgl. HÖLZLE, J. [1988], S. 60.

3. Der Begriff „Arbeitslosigkeit" und die Bewertung der verschiedenen Meßkonzepte

3.1. Arbeitslosigkeit historisch betrachtet: Von der Empirie zur Theorie

Ihren Ursprung hat die Arbeitslosenstatistik in Deutschland im 19. Jahrhundert. Erste ungenaue Schätzungen über den Umfang der Arbeitslosigkeit wurden mittels indirekter Rückschlüsse aus ihren Symptomen abgeleitet, indem die Menge des Fleischkonsums oder die Zahl der Auswanderer analysiert wurde. Eine direkte Erfassung von Daten zur Arbeitslosigkeit erfolgte um die Jahrhundertwende durch die **Gewerkschaftsorganisationen**. Sie erfaßten die Arbeitslosigkeit ihrer Mitglieder anhand der von ihnen geleisteten Arbeitslosenunterstützung. Doch wurde auf diese Weise zunächst nur ein Bruchteil der Arbeiterschaft erfaßt.

Das 1872 gegründete **Kaiserliche Statistische Amt** veröffentlichte durch die Abteilung für Arbeitsstatistik ab 1903 regelmäßig die von den Gewerkschaften nun umfassender ermittelten Arbeitslosenzahlen. Der Begriff der Arbeitslosigkeit war damit zunächst nur über den **sozialen Leistungsbezug** definiert. 1905 wurde erstmals das **Statistische Jahrbuch** für das Deutsche Reich veröffentlicht. Die Arbeitslosenversicherung wurde 1927 eingeführt. Träger der Arbeitslosenversicherung war die neu eingerichtete Reichsanstalt für Arbeitsvermittlung und Arbeitslosenversicherung, die der Vorgänger der 1952 gegründeten Bundesanstalt für Arbeitsvermittlung und Arbeitslosenversicherung ist. Diese wurde 1969 umbenannt und führt seitdem den Namen Bundesanstalt für Arbeit.[65]

Heute erfolgt die Erfassung der Arbeitslosigkeit durch die Bundesanstalt für Arbeit und ihre Arbeitsämter. Die **Meldung beim Arbeitsamt** ist das Hauptkriterium bei der Erfassung der Arbeitslosigkeit. Die amtlich erfaßte Zahl der

---

[65] Vgl. NIESS, F. [1982], S. 77 ff.

Arbeitslosen ist damit nicht mehr nur an den sozialen Leistungsbezug gekoppelt. Die Messung der Arbeitslosigkeit stellt nach wie vor ein Problem dar. Die zunächst klare Abgrenzung der Begriffe „arbeitslos" für Personen, die eine Arbeit suchen und keine haben und „nicht arbeitslos" für Personen die einer Erwerbstätigkeit nachgehen, verschleiert die Tatsache, daß es eine **Grauzone** gibt, in der Personen nicht mehr eindeutig zugeordnet werden können. Verschiedene Autoren weisen darauf hin, daß die bei den Arbeitsämtern registrierten Arbeitslosen das wahre Ausmaß der Arbeitslosigkeit unterschätzen, da sich erstens nicht alle Arbeitsuchenden beim Arbeitsamt melden und die Bundesanstalt für Arbeit zweitens nicht alle Personen, die sich arbeitslos melden, statistisch auch als solche ausweist.[66]

3.2. Die Messung der Arbeitslosigkeit heute

3.2.1. Von der Theorie zur Empirie

Die Theorie kann zwischen den zwei Zuständen „arbeitslos" und „nicht arbeitslos" im Sinne von beschäftigt genau trennen. Der Begriff der Arbeitslosigkeit wird in theoretischen Erörterungen häufig über die Menge der Arbeitsleistungen beschrieben, um die das Arbeitsangebot unter den getroffenen Annahmen die Arbeitsnachfrage übersteigt.[67] Für praktische Zwecke ist diese Abgrenzung zu ungenau, weil sich verschiedene Personengruppen nicht ohne weiteres einer der beiden Gruppen zuordnen lassen. So ist beispielsweise nicht klar, ob und in welchem Umfang Teilzeitarbeitsuchende zu den Arbeitslosen gehören. Probleme bei der Abgrenzung der Arbeitslosigkeit bereiten auch Schüler, Studenten und andere Personen, die nur eine vorübergehende Tätigkeit aufnehmen wollen. Eine weitere Problemgruppe im unscharfen Sektor zwischen „arbeitslos" und „nicht arbeitslos" stellen die Empfänger von Vorruhestandsgeld, Kurzarbeiter und Personen in Fortbildungsmaßnahmen dar.[68]

---

[66] Siehe z. B. KLÖS, H.-P. [1998]; IW [1998], SACHVERSTÄNDIGENRAT [1997] und CRAMER, U. [1990].
[67] Vgl. WÜRZBURG, H. [1988], S. 13.
[68] Vgl. SCHAICH, E. und P. ZIMMERMANN [1986], S. 509.

Daher benötigt die Empirie eine umfangreichere Definition für den Begriff der Arbeitslosigkeit als die Theorie. Diese Diskrepanz zwischen dem fachwissenschaftlichen und dem statistischen Begriff wird als **Adäquanzproblem** bezeichnet.[69] E. SCHAICH und P. ZIMMERMANN ordnen den Begriff der Arbeitslosigkeit als unscharfen Begriff par excellence ein.[70] Die Ermittlung der Zahl der Arbeitslosen ist daher ohne eine in gewisser Weise immer willkürlich erscheinende Zuordnung in der Grauzone zwischen Arbeitslosigkeit, Beschäftigung und Nichterwerbstätigkeit nicht möglich. Vor diesem Hintergrund wird die Tatsache verständlich, warum es bis heute noch keine allgemeingültige Definition für den Begriff der Arbeitslosigkeit gibt.

Die Ermittlung der **Arbeitslosigkeit im ökonomischen Sinn** kann konsequenterweise nicht möglich sein, ohne zuvor diesen Begriff ausführlich zu diskutieren und anschließend genau zu definieren. Einen Überblick über die wichtigsten Unterschiede in den Abgrenzungen der verschiedenen Definitionen zum Begriff der Arbeitsmarktlücke aus der Sicht der Arbeitsmarktstatistik soll dafür die Grundlage legen.

3.2.2. Analyse der gängigen Meßkonzepte zur Arbeitslosigkeit

Die verfügbaren Definitionen zum Angebotsüberhang auf dem Arbeitsmarkt von der Bundesanstalt für Arbeit, dem Statistischen Bundesamt und den internationalen Organisationen[71] unterscheiden sich in den folgenden vier Hauptpunkten:

- Erhebungsmethode,
- Abgrenzung der Nebenerwerbstätigkeit,
- Verfügbarkeit und
- aktiven Arbeitsuche.[72]

---

[69] Vgl. CRAMER, U. [1990], S. 12 ff.
[70] Vgl. SCHAICH, E. und P. ZIMMERMANN [1985], S. 111.
[71] Die Beispiele erheben nicht den Anspruch der Vollständigkeit. Sie werden wegen ihrer Relevanz für die Abgrenzung der ökonomisch relevanten Arbeitslosigkeit aufgeführt.
[72] Vgl. RIESE, M. [1986], S. 25 ff.

3.2.2.1. Unterschiedliche Erhebungsmethoden

Die Datenerhebung zur Bestimmung der Arbeitslosigkeit in Deutschland erfolgt entweder anhand einer repräsentativen Bevölkerungsstichprobe (Statistisches Bundesamt, Internationale Organisationen) oder durch die Auswertung der amtlichen Daten der Arbeitsmarktverwaltung (Bundesanstalt für Arbeit).

Die Vor- und Nachteile der beiden Verfahren halten sich in etwa die Waage: Eine Auswertung der Daten zur registrierten Arbeitslosigkeit ist mit geringen zusätzlichen Kosten verbunden, da die Daten ohnehin im Rahmen der Arbeitsmarktverwaltung erhoben werden. Außerdem sind diese Daten regelmäßig, schnell und aktuell verfügbar und sie zeichnen sich durch ihre Genauigkeit aus. Die Zahl der amtlich registrierten Arbeitslosen läßt sich außerdem tief gliedern. Ein Nachteil dieses Verfahrens liegt in der Existenz einer nicht erfaßbaren Arbeitslosigkeit. Eine Registrierung beim Arbeitsamt ist unabdingbar, um die Unterstützung des sozialen Sicherungssystems zu beanspruchen. Allein zur Arbeitsuche gibt es auch andere Wege.[73] Die Arbeitslosenzahlen der Bundesanstalt für Arbeit entsprechen folglich keiner Totalerhebung sondern sie sind die Vollerhebung der Inanspruchnahme der angebotenen Leistungen der Arbeitsämter.[74]

Der Begriff der registrierten Arbeitslosigkeit wird in allen Ländern, die über eine amtliche Karteistatistik verfügen, unterschiedlich abgegrenzt, so daß internationale Vergleiche in diesem Rahmen nicht möglich sind. Das Fehlen einer einheitliche Definition für den Begriff der offiziellen Arbeitslosigkeit läßt außerdem Spielraum für Definitionsänderungen. So wurde in Deutschland die amtliche Definition der Arbeitslosigkeit seit Beginn der 80er Jahre mehrfach geändert. Beispielsweise gelten Empfänger von Leistungen der Bundesanstalt für Arbeit seit 1981 nicht mehr als Arbeitslose, wenn sie vorübergehend erkrankt sind (§ 125 SGB III), weil ihnen die Verfügbarkeit abgesprochen wird. Seit 1986 werden ältere Leistungsbezieher aus demselben Grund nicht mehr zu den Arbeitslosen gezählt, wenn sie keine Arbeit mehr suchen und baldmöglichst in Altersrente gehen (§ 428 SGB III).[75]

---

[73] Vgl. CRAMER, U. [1990], S. 12.
[74] Vgl. HÖLZLE, J. [1988], S. 52.
[75] Vgl. ADAMY, W. [1998 a], S. 379 f.

Die internationale Vergleichbarkeit der Arbeitsmarktdaten ist zur Zeit nur über Stichprobenverfahren zu erzielen, da hierfür, unabhängig von der nationalen Arbeitsmarktstatistik, internationale Konventionen bestehen. Allerdings ergibt sich durch die Selbsteinschätzung der Befragten bei der Stichprobenerhebung immer ein subjektives Moment der Situationsdefinition, weil die Befragten durch die öffentliche Diskussion und die Gestaltung der Befragung in ihrer Antwort beeinflußt werden.[76] Bei einer tieferen Gliederung der Daten muß bei einer Stichprobenerhebung mit einem Auswahlsatz von nur 1% mit einem Anwachsen des Stichprobenfehlers gerechnet werden, wenn disaggregiert wird.[77] Die Befragung der Haushalte ist teuer, erfordert einen hohen organisatorischen Aufwand und die Resultate der Befragung sind nur mit erheblicher zeitlicher Verzögerung verfügbar.[78] Durch den Berichtswochenbezug können Saisoneffekte nicht ausgeschlossen werden und zwischen den Erhebungen müssen die Daten fortgeschrieben und später korrigiert werden.[79]

3.2.2.2. Verfügbarkeit

Unterschiede bestehen ebenfalls in der Definition der Arbeitsfähigkeit und der Arbeitsbereitschaft. Nach der Resolution der ILO muß ein Arbeitsloser innerhalb von 2 Wochen eine Arbeit aufnehmen können. Das Statistische Bundesamt hingegen erfaßt im Mikrozensus diese Informationen, berücksichtigt sie aber nicht bei der Ermittlung der Zahl der Erwerbslosen. Im Rahmen des Mikrozensus wurde beispielsweise ermittelt, daß 13% der Erwerbslosen in Deutschland nicht in der Lage sind, das strengere Verfügbarkeitskriterium nach ILO zu erfüllen.[80] Das Sozialgesetzbuch wiederum definiert nur die objektive Verfügbarkeit, nach der es genügt, wenn der Arbeitslose den Vermittlungsbemühungen des Arbeitsamts zur Verfügung steht.[81]

---

[76] Vgl. FREIBURGHAUS, D. [1980], S. 82.
[77] Vgl. ECKEY, H.-F. u. a. [2000], S. 418, SCHARES, CH. [1998], S. 22. und STATISTISCHES BUNDESAMT [1999 a], S. 20 ff.
[78] Vgl. FREIBURGHAUS, D. [1980], S. 82 f.
[79] Vgl. SCHARES, CH. [1998], S. 21.
[80] Vgl. KLÖS, H.-P. [1999], S. 67.
[81] Vgl. § 119 SGB III.

3.2.2.3. Aktive Arbeitsuche

Die ILO-Konvention wird auch bei den Ansprüchen an den eigenen Beitrag zur Arbeitsplatzsuche konkreter als das Sozialgesetzbuch. Nach ILO müssen innerhalb der letzten 4 Wochen aktive Schritte zur Arbeitsplatzsuche unternommen worden sein.[82] Die Bundesanstalt für Arbeit hingegen erkennt die Registrierung beim Arbeitsamt bereits als Zeichen der aktiven Arbeitsuche an. Die Intensität der Eigenbemühungen zur Beendung der Beschäftigungslosigkeit werden im Sozialgesetzbuch nicht näher konkretisiert. Eigenbemühungen müssen beim Arbeitsamt auch nur dann nachgewiesen werden, wenn der Arbeitslose ausdrücklich auf seine Nachweispflicht aufmerksam gemacht wurde.[83]

3.2.2.4. Nebenerwerbstätigkeit

Die international gebräuchliche Konvention der ILO bezeichnet jede Arbeit ab einer Stunde pro Woche als Erwerbstätigkeit. Alle geringfügig beschäftigten registrierten Arbeitslosen sind in der Definition des Statistischen Bundesamts und nach ILO erwerbstätig und nicht erwerbslos. Das Sozialgesetzbuch hingegen läßt eine Beschäftigung von bis zu 15 Stunden pro Woche zu, ohne daß der Arbeitslosenstatus aberkannt wird.[84] Damit ergibt sich bei der Messung der Arbeitslosigkeit ein Spielraum bei der Zulässigkeit einer Nebenerwerbstätigkeit von keiner bis zu 15 Stunden.

3.2.2.5. Zusammenfassung

Neben diesen Hauptunterschieden gibt es noch abweichende Festlegungen bezüglich der Periodizität der Erhebung, der Referenzperiode, der Altersgrenzen, der Berücksichtigung von Teilzeitarbeit und der Erfassung Jugendlicher, die eine Ausbildungsstelle suchen.[85] Tabelle 3.1 faßt die Unterschiede in den Definitionen zur Arbeitsmarktlücke zusammen:

---

[82] Vgl. KLÖS, H.-P. [1999], S. 67.
[83] Vgl. § 119 SGB III.
[84] Vgl. KLÖS, H.-P. [1999], S. 65 f.
[85] Vgl. RIESE, M. [1986], S. 27 und KLÖS, H.-P. [1989], S. B-12.

Institution	BA	StBA	ILO
Begriff	Registrierte Arbeitslose	Erwerbslose	Unemployed
Erhebungsmethode	Vollerhebung der Karteistatistik	1%ige Haushaltsstichprobe (Mikrozensus)	Arbeitskräftestichprobe
Registrierung	Beim Arbeitsamt notwendig.	Nicht notwendig.	Nicht notwendig.
Alter	15 bis 65 Jahre	Älter als 15 Jahre	Interpretationsspielraum
Erwerbstätigkeit	Bis zu 15 Stunden möglich.	Keine Stunde in der Berichtswoche.	Keine Stunde in der Berichtswoche.
Verfügbarkeit	Sofort (keine Konkretisierung)	Sofort (keine Konkretisierung)	Sofort (innerhalb von 2 Wochen)
Arbeitsuche	Registrierung beim Arbeitsamt, Eigenbemühungen auf Verlangen.	Aktive Arbeitsplatzsuche in den letzten 4 Wochen.	Aktive Arbeitsplatzsuche in den letzten 4 Wochen.
Internationale Vergleichbarkeit	Nein	Nein	Ja
Aktualität der Daten	Sofort verfügbare, monatlich aktuelle Zahlen.	Zeitliche Verzögerung, Fortschreibung.	Zeitliche Verzögerung, Fortschreibung

Tabelle 3.1: Unterschiede in den Definitionen zum freien Arbeitsangebot.

Damit bleibt die Erkenntnis, *„daß die Aufteilung des nicht ausgelasteten Potentials in registrierte und nicht-registrierte Arbeitslosigkeit von statistischen Konventionen und/oder gesetzlichen Regelungen abhängig ist, die mehr oder weniger zufällig sind und sich ändern können."*[86] Außerdem zeigt die Gegenüberstellung der Definitionen, daß die Höhe der Arbeitslosigkeit durch die Strenge der Abgrenzungskriterien beeinflußt werden kann.

3.2.3. Kritiken und Anregungen zur Messung der Arbeitslosigkeit

Der SACHVERSTÄNDIGENRAT zur Begutachtung der gesamtwirtschaftlichen Entwicklung bestätigt in seinem Jahresgutachten 1997/1998 die Behauptung, daß in der BRD mit den registrierten Arbeitslosen nur rund 2/3 aller Arbeitslosen erfaßt

---

[86] KLAUDER, W. und G. KÜHLEWIND [1980], S. 11.

werden. Zusätzlich zur offenen Arbeitslosigkeit weist der Sachverständigenrat quantitativ eine **verdeckte Arbeitslosigkeit** aus. „*Als verdeckt arbeitslos können unabhängig von ihren Arbeitsmarktchancen und Arbeitswünschen alle Personen bezeichnet werden, die bei Nichtvorhandensein des entsprechenden arbeitsmarktpolitischen Sonderprogramms oder der entsprechenden Leistung mit größter Wahrscheinlichkeit registriert arbeitslos wären.*"[87]
Zu den verdeckten Arbeitslosen zählt der Sachverständigenrat Kurzarbeiter entsprechend ihres Arbeitsausfalls, Beschäftigte in Arbeitsbeschaffungsmaßnahmen, Leistungsempfänger nach den §§ 125, 126 und 428 SGB III, Personen in Maßnahmen zur beruflichen Fortbildung und Umschulung in Vollzeit, Teilnehmer an Deutschlehrgängen der Bundesanstalt für Arbeit, Empfänger von Vorruhestandsgeld bzw. Altersübergangsgeld sowie 60 – 65jährige Rentner wegen Arbeitslosigkeit. Die Zahlen werden über die Daten der Bundesanstalt für Arbeit und aus Angaben der Gesetzlichen Rentenversicherung ermittelt.[88] Abbildung 3.1 gibt einen Überblick über die Dimension der verdeckten Arbeitslosigkeit.

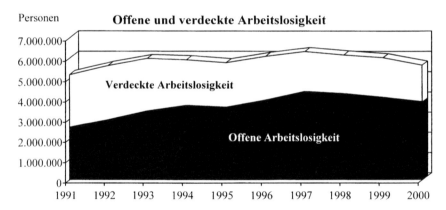

Abbildung 3.1:   *Offene und verdeckte Arbeitslosigkeit.*
Zahlen für Deutschland.
Daten: SACHVERSTÄNDIGENRAT [2000], eigene Darstellung.

---

[87] SACHVERSTÄNDIGENRAT [1997], S. 95.
[88] Vgl. SACHVERSTÄNDIGENRAT [1997], S. 95 f.

Durch die erweiterte Definition des Begriffs der Arbeitslosigkeit weist der Sachverständigenrat rund 30% mehr Arbeitslose aus, als die Bundesanstalt für Arbeit. Da der Sachverständigenrat großen Wert auf die statistische Erfaßbarkeit der Daten legt, wird die Stille Reserve, die sich nur über eine Schätzung quantifizieren läßt, nicht mit in die Berechnung einbezogen.[89]

Eine Untersuchung der IHK DÜSSELDORF in ihrem Arbeitsamtsbezirk weist auf ein weiteres Problem der amtlichen Arbeitslosenstatistik hin: Unter den Arbeitslosen im Arbeitsamtsbezirk Düsseldorf befanden sich 1997 nur 63,5% vermittlungsnahe Arbeitslose. 36,5% der Arbeitslosen wiesen Merkmale auf, die ihre Vermittelbarkeit negativ beeinflussen. Die Studie der IHK unterscheidet fünf Formen der **vermittlungsfernen Arbeitslosigkeit**: Übergangsarbeitslosigkeit, Handikaparbeitslosigkeit, Teilzeitarbeitslosigkeit, Sozialhilfearbeitslosigkeit und Zweckmäßigkeitsarbeitslosigkeit. Die ermittelten Ergebnisse für Düsseldorf sind nach Ansicht von H.-P. KLÖS auf das gesamte Bundesgebiet übertragbar.[90] Es stellt sich daher die Frage, in wieweit die registrierte Arbeitslosigkeit durch die verschiedenen Formen der vermittlungsfernen Arbeitslosigkeit überzeichnet wird. Der in den Studien ermittelte Anteil von rund 30% vermittlungsferner Arbeitslosigkeit muß bei der Bestimmung der ökonomisch relevanten Arbeitslosigkeit kritisch reflektiert werden.

Von M. STOBERNACK wird die fehlende Berücksichtigung der Selbständigen, der mithelfenden Familienangehörigen und der Heimarbeiter in der Arbeitslosenstatistik der Bundesanstalt für Arbeit kritisiert. Der Ausschluß dieser Personen erscheint dem Autor genauso willkürlich wie die Beschränkung des Arbeitslosenstatus auf Personen unter 65 Jahren. M. STOBERNACK kritisiert außerdem die fehlende Berücksichtigung von jugendlichen Arbeitsuchenden, die entmutigt im Bildungssystem eine „Warteschleife" absolvieren. Des weiteren werden vorübergehend erkrankte Personen in der Arbeitslosenstatistik nicht geführt, obwohl sie ihren Arbeitsplatzwunsch wegen einer vorübergehenden Erkrankung nicht einfach aufgeben werden.[91]

---

[89] Vgl. VELLING, J. [1994], S. 12.
[90] Vgl. KLÖS, H.-P. [1999], S. 61.
[91] Vgl. STOBERNACK, M. [1986], S. 197.

Einen Überblick über die verschiedenen Dimensionen einer Definitionen zur Arbeitslosigkeit vermittelt der Ansatz des amerikanischen **Bureau of Labor Statistics (BLS)**. Von 1977 bis 1993 hat das BLS monatlich sieben verschiedene Indikatoren zur Beurteilung der Arbeitsmarktsituation veröffentlicht.[92] Zum Januar 1994 wurde die Systematik auf sechs verschiedene, teilweise modifizierte Indikatoren abgewandelt. Durch die Differenzierung der Arbeitslosigkeit nach unterschiedlichen Quoten soll dieser wichtige Indikator des Arbeitsmarkts besser an die vielfältigen Ansprüchen angepaßt werden.[93]

Das BLS definiert in der **neuen Systematik** von 1994 die Quote der Langzeitarbeitslosen mit U1, den Anteil der wirtschaftlich bedingten Arbeitslosen durch Entlassung oder nach befristeter Beschäftigung mit U2 und die offizielle Arbeitslosenquote nach der Richtlinie der ILO mit U3. U4 ist die Quote der Arbeitslosen einschließlich der entmutigten Arbeitskräfte. Alle Personen, die arbeiten möchten, aber zur Zeit aus irgendwelchen Gründen keine Arbeit suchen, werden in der Arbeitslosenquote U5 ausgewiesen und U6 umfaßt darüber hinaus auch noch alle aus wirtschaftlichen Gründen nur in Teilzeit beschäftigten Arbeitnehmer.[94]

---

[92] Vgl. SORRENTINO, C. [1995], S. 32. Mexiko ermittelt 11 verschiedene Quoten anhand einer Haushaltsstichprobe in den Städten, um die Arbeitslosigkeit und die Unterbeschäftigung möglichst genau zu erfassen. Siehe dazu: FLECK, S. und C. SORRENTIONO [1994], S. 17 ff.
[93] Vgl. VELLING, J. [1994], S. 12.
[94] Vgl. BREGGER, J. E. und S. E. HAUGEN [1995], S. 23 f.

	Range of unemployment measures based on varying definitions of unemployment and the labor force: 1977 - 1993	% 1993 USA	Range of alternative measures of unemployment and other forms of labor resource underutilization: from 1994	% 1994 USA
U1	Persons unemployed 15 weeks or longer, as a percent of civilian labor force	2,4	Persons unemployed 15 weeks or longer, as a percent of civilian labor force	2,2
U2	Job losers, as a percent of civilian labor force	3,7	Job losers and persons who completed temporary jobs, as a percent of civilian labor force	2,9
U3	Unemployed persons aged 25 years and older, as a percent of civilian labor force aged 25 years and older	5,6	Total unemployed persons, as a percent of civilian labor force	6,1
U4	Unemployment persons seeking full-time jobs, as a percent of full-time labor force	6,5	Total unemployed persons plus discouraged workers, as a percent of civilian labor force plus discouraged workers [b]	6,5
U5	Total unemployed persons, as a percent of civilian labor force	6,8	Total unemployed persons, plus discouraged workers, plus all other „marginally attached" workers, as a percent of civilian labor force plus all „marginally attached" workers [a, b]	7,4
U6	Total persons seeking full-time jobs, plus ½ of persons seeking part-time jobs, plus ½ of persons employed part-time for economic reasons, as a percent of civilian labor force less ½ of the part-time labor force	9,3	Total unemployed persons, plus all „marginally attached" workers, plus all persons employed part-time for economic reasons, as a percent of civilian labor force plus all „marginally attached" workers. [a]	10,9
U7	Numerator of U6 plus discouraged workers as a percent of denominator of U6 plus discouraged workers. [b]	10,2		

Abbildung 3.2: Arbeitslosenquoten des Bureau of Labor Statistics.

[a] „"Marginally attached" workers are persons who want a job, are explicitly available for work, and have looked for work sometimes in the prior year, but are not currently looking. This subcategory of persons classified as not in the labor force includes discouraged workers (...), as well as those persons who have given other reasons for not looking." BREGGER, J. E. und S. E. HAUGEN [1995], S. 25, Fußnote 17.
[b] Discouraged workers are *"persons who have given a job-market-related reason for not currently looking for work"*. BREGGER J. E. und S. E. HAUGEN [1995], S. 25. Fußnote 17.
Quelle: Vgl. BREGGER J. E. und S. E. HAUGEN [1995], S. 20 und 23.

Das BLS ermittelt die verschiedenen Arbeitsmarktindikatoren auch für andere Länder, um internationale Vergleiche durchzuführen.[95] Für Westdeutschland ergibt sich die in Abbildung 3.3 dargestellte Entwicklung der Arbeitslosenquote U1 bis U7 nach der **alten Systematik**. U7, die Quote der Arbeitslosen zuzüglich der entmutigten Arbeitskräfte konnte wegen fehlender Daten nicht ermittelt werden.

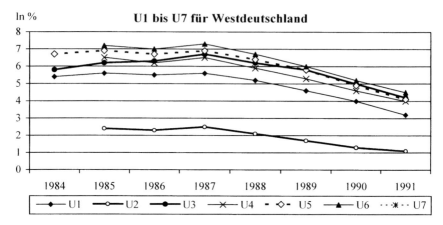

Abbildung 3.3: U1 bis U7 für Westdeutschland.

U7 kann wegen fehlender Daten nicht ermittelt werden.
Daten: SORRENTINO C. [1995], S. 35, eigene Darstellung.

3.3. Schlußfolgerungen

Die Beurteilung bestimmter ökonomischer Vorgänge ist davon abhängig, wie zuverlässig die zugrunde gelegten Daten und Informationen sind.[96] Bei der empirischen Erfassung des Arbeitsangebots ergeben sich bereits vor der quantitativen Bestimmung der Arbeitslosigkeit Schwierigkeiten bei der begrifflichen Abgrenzung. Die Ursachen für dieses Dilemma sind eng an den Begriff der Arbeitslosigkeit geknüpft: *„Arbeitslosigkeit ist einer der schwammigsten Begriffe überhaupt, mit Spielraum für Dutzende abweichender Definitionen, von denen*

---

[95] Siehe z. B. SORRENTINO, C. [1995].
[96] Vgl. ESENWEIN-ROTHE, I. [1977], S. 128.

eine das gleiche Existenzrecht hat wie die andere, und je nach Definition kommt unter dem Strich natürlich eine andere Zahl heraus."[97] Erschwerend kommt die Tatsache hinzu, daß der Arbeitsmarkt einem ständigen Wandel unterliegt und dabei gleichzeitig die Struktur der Arbeitslosigkeit immer heterogener wird. Damit steht fest, daß keine der ermittelten Arbeitsmarktzahlen faktisch „falsch" ist. Die Zahlen werden von den Institutionen nur nach unterschiedlichen Definitionen, Methoden und Zielsetzungen ermittelt. Sie sind „technisch richtig", weil sie gewissenhaft ermittelt werden. Und sie sind auch „inhaltlich richtig", weil sie die ihnen zu Grunde gelegten Definition erfüllen.[98]

Zur Ermittlung der Arbeitslosigkeit im ökonomischen Sinn ist es notwendig, die Vielfalt der Arbeitsmarktgrößen um eine weitere zu ergänzen. Die neue Zeitreihe rechtfertigt ihre Existenz und den Aufwand ihrer Ermittlung, indem sie die ihr zugedachte Aufgabe, die quantitative Bestimmung der Arbeitslosigkeit im ökonomischen Sinn, besser als die bestehenden Reihen erfüllt.

---

[97] KRÄMER, W. [1994], S. 117.
[98] Vgl. EGLE, F. [1988], S. 19.

4. Der Begriff der „Arbeitslosigkeit im ökonomischen Sinn"

4.1. Strategie

Die Definition der „Arbeitslosigkeit im ökonomischen Sinn" baut auf der Systematik der Bundesanstalt für Arbeit auf, da diese bezüglich ihrer Aktualität, Periodizität, Gliederungstiefe und Genauigkeit hoch entwickelt und relativ frei zugänglich ist. Das umfangreiche Datenangebot der Bundesanstalt für Arbeit liefert außerdem eine Reihe weiterer wichtiger Zeitreihen, die bei der Ermittlung der Arbeitslosigkeit im ökonomischen Sinn benötigt werden und gleichzeitig mit der Definition der „registrierten Arbeitslosigkeit" kompatibel sind. Somit wird auf vorhandenes Datenmaterial zurückgegriffen, um mit dessen Hilfe die Fragestellung möglichst gut zu beantworten.

Im weiteren ist es zunächst notwendig, die Definition der „registrierten Arbeitslosigkeit" in der Systematik der Bundesanstalt für Arbeit sukzessive zu modifizieren, um daraus eine Definition für die „Arbeitslosigkeit im ökonomischen Sinn" abzuleiten. Arbeitslos im ökonomischen Sinn sind alle Personen ohne Beschäftigung, die bei gegebenen Marktbedingungen keine Arbeit finden können.

4.2. Ableitung und Definition der Arbeitslosigkeit im ökonomischen Sinn

Registrierte *„Arbeitslose sind Arbeitsuchende bis zur Vollendung des 65. Lebensjahres, die beschäftigungslos, nicht Schüler, Student oder Teilnehmer an beruflichen Bildungsmaßnahmen, nicht arbeitsunfähig erkrankt, nicht Empfänger von Altersrente sind und eine versicherungspflichtige, mindestens 15 Stunden wöchentlich umfassende Beschäftigung suchen. Sie müssen für eine Arbeitsaufnahme sofort zur Verfügung stehen. Arbeitslose müssen sich persönlich bei ihrem zuständigen Arbeitsamt gemeldet haben."*[99]

---

[99] BUNDESANSTALT FÜR ARBEIT [1999], S. 254.

Der Begriff der „Arbeitslosigkeit im ökonomischen Sinn" 41

In grundlegenden Punkten sind die Definitionen der registrierten Arbeitslosigkeit und die der Arbeitslosigkeit im ökonomischen Sinn deckungsgleich: Zu den Arbeitslosen in der BRD können nur Personen zählen, die entsprechend dem **Inländerprinzip** auch im Gebiet der BRD wohnen.

Auch die **Altersgrenzen**, die bei der Erfassung der Arbeitslosigkeit durch die Arbeitsämter gelten und der Humanisierung der Arbeitswelt in einer Industriegesellschaft dienen, lassen sich auf die Ermittlung der ökonomisch relevanten Arbeitslosigkeit übertragen. Die Untergrenze ergibt sich aus dem Verbot der Beschäftigung Jugendlicher unter 15 Jahren im Jugendarbeitsschutzgesetz.[100] Die Obergrenze kann mit dem Anspruch auf Regelaltersrente mit Vollendung des 65. Lebensjahrs begründet werden.[101] Als erste Abgrenzung für das Arbeitsangebot im ökonomischen Sinn ergeben sich 56 Millionen Personen (1998) im erwerbsfähigen Alter von **15 bis 65 Jahren**.

Bevölkerung = 82,05 Mio. (Stand 1998)					
Kinder und Jugendliche	Personen im erwerbsfähigen Alter = 56 Mio.				Rentner
< 15	15 - 21	21 - 40	40 - 60	60 - 65	> 65
12,99 Mio.	5,5 Mio.	23,29 Mio.	21,91 Mio.	5,29 Mio.	13,07 Mio.

Tabelle 4.1:   *Personen im erwerbsfähigen Alter.*

Daten: IW [2000], S. 9 f, eigene Berechnung.

Zum Arbeitsangebot können außerdem nur Personen zählen, die **körperlich, geistig und seelisch in der Lage sind, einer Erwerbstätigkeit nachzugehen**. Ohne eine entsprechende **Erwerbsfähigkeit** ist keine Arbeitslosigkeit möglich. *„Menschliches Handeln kann dann als* **Arbeit** *bezeichnet werden, wenn es eine bewußte, planvolle und zielgerichtete Tätigkeit ist, in der sich die Menschen aktiv mit der Natur auseinandersetzen und sich diese für ihre Zwecke aneignen."*[102] Seit der Industrialisierung in der 2. Hälfte der 19. Jahrhunderts ist Arbeit im Sinne der Nationalökonomie jede Tätigkeit mit Marktrelevanz. Marktrelevanz

---

[100] Vgl. die §§ 2 und 5 JArbSchG.
[101] Vgl. § 35 SGB VI.
[102] WACHTLER, G. [1982], S. 15. Hervorhebung im Original.

erhält eine Tätigkeit durch das Marktentgelt.[103] Eine notwendige Bedingung für die Zugehörigkeit zum Arbeitsangebot besteht darin, daß die Arbeitskraft für eine auf **wirtschaftlichen Erwerb gerichtete Tätigkeit** angeboten wird.[104] Ehrenamtliche Tätigkeiten, Nachbarschaftshilfe und Haushaltstätigkeiten werden folglich nicht berücksichtigt.

Arbeit ist für den Menschen zum Überleben und zum Besserleben notwendig.[105] In einem Sozialstaat wird das Überleben der „Schwachen" von der Gemeinschaft sichergestellt. Zu den Arbeitslosen im ökonomischen Sinn zählen alle Personen, die nicht in der Lage sind, ihre Grundbedürfnisse ohne die finanzielle Hilfe der Gemeinschaft zu befriedigen, obwohl sie die Fähigkeit zu arbeiten besitzen.

Hinreichend aber nicht notwendig ist der **Wille zur Erwerbstätigkeit**. Hierunter versteht sich das ernsthafte Interesse der Betroffenen an einer Arbeitsaufnahme. Nicht zum Arbeitsangebot gehören alle Personen, die keine Arbeit auf dem Arbeitsmarkt anbieten, weil sie dies aus wirtschaftlichen Gründen nicht müssen, aus Altersgründen wegen gesetzlicher Vorschriften nicht dürfen oder aus gesundheitlichen Gründen nicht können. Umgekehrt sind alle Personen, die ihre **Arbeitskraft auf dem Arbeitsmarkt anbieten**, entweder erwerbstätig oder arbeitslos im ökonomischen Sinn. Damit sind alle Personen im ökonomischen Sinn arbeitslos, die aus finanziellen Gründen arbeiten müssen, gegen Bezahlung arbeiten können, aber unabhängig von ihrem Willen arbeiten zu wollen, nicht beschäftigt sind.

Leider kann die Definition in dieser Einfachheit nicht bestehen. Es schließen sich sofort zwei wichtige Fragen an: Zu welchen Bedingungen will die Person arbeiten? Und welche Arbeiten sind zumutbar? Ein Arbeitsloser muß **zu den herrschenden Bedingungen arbeiten** und auch geringfügige Lohneinbußen hinnehmen wollen, wenn er arbeitslos ist.[106] Die **Zumutbarkeit** der angebotenen Stellen wird von der Bundesanstalt für Arbeit und von der Gesellschaft de-

---

[103] Vgl. PIERENKEMPER, T. [1980], S. 88.
[104] Vgl. FRANZ, W. [1999], S. 19.
[105] Vgl. KÜNG, H. [1994], S. 9.
[106] Vgl. FRANZ, W. [1999], S. 340 f.

finiert: Die erreichte berufliche und soziale Stellung soll gesichert werden und ein menschenwürdiges Leben ermöglichen.[107] Der **Zeitraum** für den Arbeit gesucht wird und der **Umfang**, in dem Arbeit gesucht wird, steht ebenfalls in der Diskussion. Die Bundesanstalt für Arbeit erfaßt nur Personen, die länger als 3 Monate und für mehr als 15 Stunden pro Woche (18 Stunden vor 1997) eine versicherungspflichtige Beschäftigung suchen. Damit werden geringfügig Beschäftigte und Schüler und Studenten, die einen Ferienjob für weniger als 3 Monate suchen, nicht erfaßt. 15 Stunden entsprechen bei einer durchschnittlichen tariflichen Wochenarbeitszeit von 37,84 Stunden (1999)[108] 40% einer Vollzeitbeschäftigung. Die **Geringfügigkeitsgrenze** wird bei der Bestimmung der Arbeitslosigkeit im ökonomischen Sinn **beibehalten**, mit der Begründung, daß eine Teilzeitbeschäftigung bzw. eine geringfügige Beschäftigung nicht ausreichen, um damit einen angemessenen Lebensstandard zu sichern. Bei Ferienarbeitern wird damit argumentiert, daß der Lebensunterhalt hier nicht in der Hauptsache durch die eigene Erwerbstätigkeit bestritten wird. Die Arbeitslosigkeit im ökonomischen Sinn fordert eine **sofortige Verfügbarkeit**, die in Anlehnung an die gesetzliche Definition im Sozialgesetzbuch nicht weiter konkretisiert wird.[109] Ohne die sofortige Verfügbarkeit ist der Arbeitswunsch zweitrangig.

4.3. Fazit

Die ökonomisch relevante Arbeitslosigkeit stellt das Ungleichgewicht zwischen dem Angebot und der Nachfrage auf dem Arbeitsmarkt dar, welches sich aufgrund von strukturellen, konjunkturellen, saisonalen oder friktionellen Gründen ergibt.[110] Arbeitslos im ökonomischen Sinn sind alle Personen im erwerbsfähigen Alter, die keine Arbeit haben, zu gegebenen Marktbedingungen arbeiten wollen oder müssen, und können, um ihren Lebensunterhalt zu verdienen oder ihren Lebensstandard zu erhöhen.

---

[107] Vgl. die §§ 2 und 121 SGB III und BREUER, W. und D. ENGELS [1999], S. 1.
[108] AUTORENGEMEINSCHAFT [2001], S. 22.
[109] Vgl. § 119 SGB III.
[110] Da eine Ursachenanalyse nicht Gegenstand dieses Beitrags ist, wird diese Thematik nicht weiter erörtert. Siehe dazu: SESSELMEIER, W. und G. BLAUERMEL [1998], S. 15 ff.

Abschließend faßt Tabelle 4.2 die Hauptkriterien zusammen, die die Definition der Arbeitslosigkeit im ökonomischen Sinn ausmachen:

Abgrenzung der Arbeitslosigkeit im ökonomischen Sinn
Notwendige Bedingung
Inländer
15 bis 65 Jahre
Erwerbsfähig
Keine Arbeit haben
Tätigkeit gegen Entgelt suchen
Erwerbstätigkeit bis zu 15 Stunden in der Woche möglich (= geringfügige Beschäftigung)
Erwerbstätigkeit deckt Lebensunterhalt in der Hauptsache
Verfügbarkeit: sofort (keine Konkretisierung)
Aktive Arbeitsuche: Registrierung beim Arbeitsamt oder Suche nach Arbeit
Hinreichende Bedingung
Finanzielle Notwendigkeit, den Lebensunterhalt mit Arbeit zu bestreiten
Wille zur Arbeit

Tabelle 4.2: Abgrenzung der Arbeitslosigkeit im ökonomischen Sinn.

Diese Definition der Arbeitslosigkeit im ökonomischen Sinn bildet nun die Grundlage, um in Kapitel 5 Korrekturfaktoren zu ermitteln, anhand derer die registrierte Arbeitslosigkeit in die ökonomisch relevante Arbeitslosigkeit umgerechnet werden kann.

5. Bestimmung der Korrekturfaktoren

5.1. Von der registrierten Arbeitslosigkeit zur Arbeitslosigkeit im ökonomischen Sinn

Das auf dem Markt frei verfügbare Arbeitsangebot wird im folgenden unter dem Begriff der Arbeitslosigkeit im ökonomischen Sinn ermittelt, aufbauend auf der amtlichen Definition der registrierten Arbeitslosigkeit: **Zu den Arbeitslosen im ökonomischen Sinn zählen alle Personen im erwerbsfähigen Alter, die keine Arbeit haben, zu gegebenen Marktbedingungen arbeiten wollen oder müssen, und können, um ihren Lebensunterhalt zu verdienen oder um ihren Lebensstandard zu erhöhen.** Da die Zahl der registrierten Arbeitslosen der Arbeitslosigkeit im ökonomischen Sinn nicht entspricht, muß sie mit Hilfe von **Korrekturfaktoren (K)** ergänzt und bereinigt werden. Durch die Korrekturfaktoren sollen alle Effekte erfaßt werden, die nötig sind, um die Zahl der registrierten Arbeitslosen in die Zahl der Arbeitslosen im ökonomischen Sinn zu transformieren.

In einem ersten Schritt werden dazu alle Personen, die nicht als Arbeitslose in der Statistik der Bundesanstalt für Arbeit ausgewiesen werden, weil sie sich in entsprechenden arbeitsmarktpolitisch geförderten Maßnahmen befinden, bestimmt. Die Bundesanstalt für Arbeit finanziert den Arbeitsplatz der betroffenen Personen bzw. deren Lebensunterhalt während der Teilnahme an der entsprechenden Maßnahme. Personen in arbeitsmarktpolitischen Maßnahmen sind **verdeckte Arbeitslose**, weil sie ohne die Teilnahme an der arbeitsmarktpolitischen Maßnahme in der Karteistatistik als registrierte Arbeitslose ausgewiesen werden müßten. Diese „**Arbeitslosen in Maßnahmen**" bilden den 1. Korrekturfaktor (K^1) und werden unter dem Oberbegriff „**verdeckte Arbeitslosigkeit**" geführt.

Mit dem **2. Korrekturfaktor (K^2)** wird die Zahl der Personen bestimmt, die nur deshalb noch zu den Erwerbstätigen gehören, weil ihr Arbeitsplatz mit staatlicher Unterstützung gesichert wird. Ohne die Maßnahmen zur „**Beschäftigungssicherung und –förderung**" der Bundesanstalt für Arbeit wären die entsprechenden Personen zumindest teilweise arbeitslos. Da die Gefahr der Arbeitslosigkeit während der Sicherung eines Arbeitsplatzes ruht, wird der 2. Korrekturfaktor an den Begriff der **„ruhenden Arbeitslosigkeit"** gebunden.

Des weiteren müssen jene Personen betrachtet werden, die keine Arbeit haben, sich nicht arbeitslos melden aber dennoch eine Arbeit suchen. Sie treten ebenfalls als Anbieter auf dem Arbeitsmarkt auf, werden aber nicht als Arbeitslose sondern als Stille Reserve bezeichnet. Diese **„unsichtbare Arbeitslosigkeit"** bilden den 3. Korrekturfaktor (K^3).

In einem 4. Korrekturfaktor (K^4) wird der Diskussion um die **„unechte Arbeitslosigkeit"** Rechnung getragen. Danach ist ein Teil der registrierten Arbeitslosen nicht zur Arbeitsaufnahme bereit, weil sie **nicht verfügbar, nicht vermittelbare** oder **arbeitsunwillig** sind. Es ist zu prüfen, ob und in welchem Umfang dieser Personenkreis eine Form der Arbeitslosigkeit im ökonomischen Sinn darstellt.

Es ergibt sich, daß die Korrekturfaktoren K^1, K^2 und K^3 zur registrierten Arbeitslosigkeit addiert werden müssen, während K^4 subtrahiert wird, um die Arbeitslosigkeit im ökonomischen Sinn zu erhalten. Abbildung 5.1 veranschaulicht dieses Vorgehen.

Saldierter Korrekturfaktor: $K =$	$+ K^1$: verdeckte Arbeitslosigkeit
	= Personen, die von der BA nicht als Arbeitslose ausgewiesen werden, weil sie sich in geförderten Maßnahmen befinden.
	$+ K^2$: ruhende Arbeitslosigkeit
	= Erwerbstätige, deren Arbeitsplatz durch die finanzielle Unterstützung der BA gesichert wird.
	$+ K^3$: unsichtbare Arbeitslosigkeit
	= Nicht gemeldete, aber verfügbare Arbeitsuchende.
	$- K^4$: unechte Arbeitslosigkeit
	= Registrierte Arbeitslose, die subjektiv nicht verfügbar sind.

Abbildung 5.1: Bestimmung der Korrekturfaktoren.

Damit läßt sich das ökonomisch relevante freie Arbeitsangebot bzw. die Arbeitslosigkeit im ökonomischen Sinn aus der Zahl der registrierten Arbeitslosen folgendermaßen ermitteln:

Bestimmung der Korrekturfaktoren 47

$$A\ddot{U}_t = AL^{i.ö.S.}{}_t = AL^{reg}{}_t + K^1{}_t + K^2{}_t + K^3{}_t - K^4{}_t = AL^{reg}{}_t + K_t$$

wobei: $A\ddot{U}$ Angebotsüberhang
$AL^{i.ö.S.}$ Arbeitslosigkeit im ökonomischen Sinn
AL^{reg} Registrierte Arbeitslose
$K^1, ..., K^4$ Korrekturfaktoren 1 bis 4
K Saldierter Korrekturfaktor

Im weiteren gilt es zunächst die Korrekturfaktoren einzeln zu ermitteln. Dazu werden die relevanten Personengruppen abgegrenzt, diskutiert und quantitativ bestimmt. Abbildung 5.2 gibt einen Gesamtüberblick über die nötigen Korrekturen, um in der Systematik des Arbeitsangebots der Bundesanstalt für Arbeit (Erwerbspersonenpotential-Konzept) von der registrierten Arbeitslosigkeit die Arbeitslosigkeit im ökonomischen Sinn abzuleiten.

	Arbeitsangebot = Erwerbspersonenpotential			
Erwerbstätige	Stille Reserve			registrierte Arbeitslose
	Stille Reserve i. w. S.	Stille Reserve i. e. S.		
	Korrekturfaktor 2: ruhende Arbeitslosigkeit	Korrekturfaktor 1: verdeckte Arbeitslosigkeit	Korrekturfaktor 3: unsichtbare Arbeitslosigkeit	Korrekturfaktor 4: unechte Arbeitslosigkeit
	Arbeitslosigkeit i. ö. S.			

Abbildung 5.2: Von der registrierten Arbeitslosigkeit zur Arbeitslosigkeit im ökonomischen Sinn.

Die Bestimmung der Korrekturfaktoren erfolgt beispielhaft für den Zeitraum von 1991 bis 2000. Diese ersten 10 Jahre nach der Wiedervereinigung eignen sich besonders, um die verschiedenen Dimensionen der Arbeitslosigkeit im ökonomischen Sinn aufzudecken, weil sie durch eine relativ hohe Arbeitslosigkeit gekennzeichnet sind. Entsprechend stark war die Arbeitsmarktpolitik in diesem Zeitraum gefordert.

5.2. Korrekturfaktor 1: Verdeckte Arbeitslosigkeit

5.2.1. Verdeckte Arbeitslosigkeit

„*Als verdeckt arbeitslos können (...) alle Personen bezeichnet werden, die bei Nichtvorhandensein des entsprechenden arbeitsmarktpolitischen Sonderprogramms oder der entsprechenden Leistung mit größter Wahrscheinlichkeit registriert arbeitslos wären.*"[111] Zur verdeckten Arbeitslosigkeit zählen alle Personen, die das IAB als „**Stille Reserve in Maßnahmen**" ausweist, weil sie „*weder arbeitslos gemeldet, noch erwerbstätig, aber in arbeits- oder sozialpolitischen Aktivitäten bzw. Regelungen verschiedener Art aufgefangen sind (Bildungsmaßnahmen, Vorruhestandsregelung u. a.).*"[112]

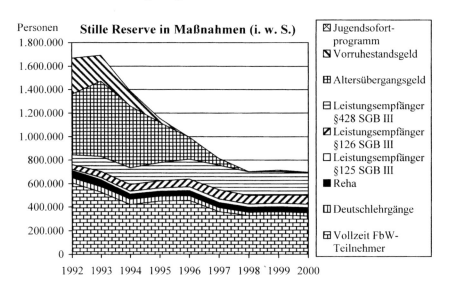

Abbildung 5.3: Die Stille Reserve in Maßnahmen (i. w. S.).
Zahlen für Deutschland.
Daten: AUTORENGEMEINSCHAFT [2001].

---

[111] SACHVERSTÄNDIGENRAT [1997], S. 95.
[112] AUTORENGEMEINSCHAFT [1998], S. 12.

Diese arbeitsmarktpolitischen Maßnahmen werden in Form von Maßnahmen zur Förderung der beruflichen Weiterbildung, Altersübergangsregelungen, Maßnahmen der beruflichen Rehabilitation, Sprachlehrgängen und Sofortprogrammen durchgeführt. Personen, für die die Regelungen der §§ 125, 126 und 428 SGB III gelten, werden vom IAB ebenfalls zur Stillen Reserve im weiteren Sinn gezählt, da sie nicht als Arbeitslose ausgewiesen werden, obwohl sie Empfänger von Arbeitslosengeld oder –hilfe sind. Durch diese arbeitsmarktpolitischen Maßnahmen entsteht ein Entlastungseffekt durch eine reine Umbuchung von Personen der Arbeitslosenstatistik an Personen in Maßnahmen der Bundesanstalt für Arbeit.[113]

Ebenfalls zu verdeckter Arbeitslosigkeit führen beschäftigungschaffende Maßnahmen. In Form von Arbeitsbeschaffungsmaßnahmen und Strukturanpassungsmaßnahmen werden mit staatlicher Unterstützung Arbeitsstellen für Arbeitslose geschaffen. Diese vom Staat finanzierten oder subventionierten Beschäftigungsverhältnisse werden als „zweiter" Arbeitsmarkt bezeichnet. Der „erste" Arbeitsmarkt umfaßt alle regulären Beschäftigungsverhältnisse.

Für die Stillen Reserve in Maßnahmen und für die Beschäftigten des 2. Arbeitsmarkts wird im folgenden diskutiert, ob und in welchem Umfang sie zur Arbeitslosigkeit im ökonomischen Sinn gezählt werden müssen, weil verdeckte Arbeitslosigkeit vorliegt. Dazu ist es notwendig, die einzelnen Maßnahmen sachlich und quantitativ abzugrenzen.

5.2.2. Beschäftigungschaffende Maßnahmen

Unter dem Oberbegriff „Beschäftigungschaffende Maßnahmen" (BSM) werden in der Arbeitsmarktpolitik **Arbeitsbeschaffungsmaßnahmen** (ABM) und **Strukturanpassungsmaßnahmen** (SAM) zusammengefaßt. Beschäftigungschaffende Maßnahmen sollen die Chancen der betroffenen Arbeitslosen erhöhen, eine dauerhafte Beschäftigung zu finden.

---

[113] Vgl. AUTORENGEMEINSCHAFT [1994], S. 284.

5.2.2.1. Förderung von Arbeitsbeschaffungsmaßnahmen

Im Rahmen des Übergangs vom Arbeitsförderungsgesetz (AFG) zum dritten Buch des Sozialgesetzbuchs (SGB III) ist es zu keinen wesentlichen Änderungen in den Regelungen zu Arbeitsbeschaffungsmaßnahmen (ABM) gekommen.[114] Die Bundesanstalt für Arbeit fördert die Schaffung von zusätzlichen Stellen in **Bereichen des öffentlichen Interesses** durch die Vergabe von **Zuschüssen** und **Darlehen** an die Träger der Arbeitsbeschaffungsmaßnahmen. Die Projekte werden häufig in den Bereichen Infrastruktur und Umweltverbesserung durchgeführt. Das Arbeitsamt besetzt die geschaffenen ABM-Stellen hauptsächlich mit Personen, die den Problemgruppen des Arbeitsmarkts angehören. Dazu zählen vor allem Langzeitarbeitslose, jüngere Arbeitslose und behinderte Arbeitslose. Personen, die eine ABM-Stelle besetzten, sind erwerbstätig und nicht arbeitslos, da sie über den zweiten Arbeitsmarkt zumindest vorübergehend beschäftigt sind.

5.2.2.2. Entlastungseffekt durch Arbeitsbeschaffungsmaßnahmen

Durch Arbeitsbeschaffungsmaßnahmen reduziert sich die Zahl der registrierten Arbeitslosen, da vorübergehend Beschäftigungsstellen für Arbeitslose geschaffen und finanziert werden. Das IAB hat ein Konzept zur Quantifizierung der Entlastungswirkung durch Arbeitsbeschaffungsmaßnahmen entwickelt. Dieses Konzept kann anschließend analog auf Strukturanpassungsmaßnahmen übertragen werden.

Dabei unterscheidet das IAB zwischen einem direkten und einem indirekten Effekt durch ABM. Die **direkte Entlastungswirkung** der ABM auf die Arbeitslosenzahl bemißt sich an der Zahl der Personen in ABM, die ansonsten weiterhin arbeitslos gewesen wären. Die **indirekte Wirkung** ergibt sich aufgrund von Beschäftigungseffekten durch ABM, die sich aus der Produktionsverflechtung über Vorleistungen durch andere Wirtschaftszweige ergeben. Die induzierten Nachfrage- und Produktionswirkungen analysiert das IAB auf der Grundlage eines Input-Output Modells, welches um den Keynes'schen Einkommensmultiplikator erweitert wird. Falls zusätzliche Investitionsausgaben getätigt werden, kann sich

---

[114] Vgl. die §§ 91 ff AFG bzw. die §§ 260 – 271 und 416 SGB III.

die induzierte Beschäftigungswirkung entsprechend dem Akzeleratorprinzip noch weiter verstärken.[115] Ein zusätzlicher Beschäftigungseffekt entsteht durch die verbesserte Einkommenssituation der Geförderten gegenüber der Arbeitslosigkeit, so daß sich die private Konsumnachfrage ebenfalls positiv auf den Arbeitsmarkt auswirkt.[116]

Für Westdeutschland ermittelt das IAB für die Jahre nach 1990 einen Entlastungseffekt auf die Arbeitslosenzahlen durch Arbeitsbeschaffungsmaßnahmen, der 125% der **Inanspruchnahme** beträgt. Der Entlastungseffekt wird vom IAB in zwei Stufen errechnet: Über einen Aufschlag von 40% auf die Inanspruchnahme erhält man in einem ersten Schritt das **Beschäftigungsäquivalent** durch ABM. In diesem Beschäftigungsäquivalent werden die direkten und indirekten Beschäftigungswirkungen berücksichtigt. Die Entlastungswirkung ergibt sich dann in einem zweiten Schritt nach einem Abschlag von 10% auf das Beschäftigungsäquivalent, weil ein Teil der ABM-Stellen mit Personen der Stillen Reserve belegt wird, wodurch es zu keiner Entlastung der offiziellen Arbeitsmarktzahlen kommt.

Jahr	1991	2000	
Inanspruchnahme	83.000	58.000	= Personen in ABM
Beschäftigungsäquivalent	116.000	81.000	≈ 140% der Inanspruchnahme für direkte und indirekte Effekte
Entlastung der Arbeitslosenzahlen durch ABM	105.000	73.000	≈ 90% des Beschäftigungsäquivalents wegen Stiller Reserve ≈ 125% der Inanspruchnahme

Tabelle 5.1: *Entlastung der Arbeitslosenzahlen durch ABM in den alten Bundesländern.*

Daten: AUTORENGEMEINSCHAFT [2001], eigene Berechnungen.

Die Berechnung des indirekten Effekts unterscheidet sich für Ostdeutschland, da das IAB in Ost- und Westdeutschland unterschiedliche Wirkung unterstellt. Die ABM in den neuen Bundesländern zeichnen sich durch einen stärker investiven Charakter aus. Dadurch erhöht sich der Gesamtmultiplikator. Der Abschlag auf

---
[115] Vgl. SPITZNAGEL, E. [1979], S. 200 ff und [1992], S. 280 f.
[116] Vgl. AUTORENGEMEINSCHAFT [1994], S. 288.

das Beschäftigungsäquivalent durch die Inanspruchnahme der Stille Reserve wird vom IAB in Ostdeutschland schwächer gewichtet. Für das Jahr 1991 berechnet das IAB eine Gesamtentlastung des Arbeitsmarkts durch ABM in den neuen Bundesländern von 140%. Bis zum Jahr 2000 ist die Entlastung durch ABM sukzessive auf 120% gesunken.

Jahr	1991		2000	
Inanspruchnahme	183.000	= Personen in ABM	146.000	= Personen in ABM
Beschäftigungs-äquivalent	257.000	= 140% der Inanspruchnahme für direkte und indirekte Effekte	180.000	= 123% der Inanspruchnahme für direkte und indirekte Effekte
Entlastung der Arbeitslosenzahlen durch ABM	257.000	= 100% des Beschäftigungsäquivalents wegen Stiller Reserve = 140% der Inanspruchnahme	175.000	= 97% des Beschäftigungsäquivalents wegen Stiller Reserve = 120% der Inanspruchnahme

Tabelle 5.2:   *Entlastung der Arbeitslosenzahlen durch ABM in den neuen Bundesländern.*

Daten: AUTORENGEMEINSCHAFT [2001], eigene Berechnungen.

Die Berechnung des IAB wirft einige Fragen auf: Zum einen werden bei diesem Verfahren keine negativen indirekten Effekte durch die Verdrängung von regulärer Beschäftigung berücksichtigt.[117] Außerdem wird die Tatsache vernachlässigt, daß einige Maßnahmen möglicherweise auch ohne eine Förderung durch die Bundesanstalt für Arbeit durchgeführt worden wären, so daß diese Arbeitsplätze auch ohne staatliche Zuschüsse zur Verfügung ständen. Die quantitative Bemessung des Beschäftigungseffekts vernachlässigt zudem die indirekten Effekte, die entstanden wären, wenn die Eigenmittel der Maßnahmenträger ansonsten in andere Projekte investiert worden wären.[118] Die zusätzliche Berücksichtigung von induzierten Nachfrage- und Produktionswirkungen durch ABM ist vor dem Hintergrund, daß durch ABM gleichzeitig Rationalisierungsinvestitionen verdrängt werden, fragwürdig. Es wird nur dann ein neuer Arbeitsplatz durch ABM geschaffen, wenn die Maßnahmen ohne den Zuschuß der Bundes-

---

[117] Siehe z. B. SCHULTZ, B. [1996], S. 16.
[118] Vgl. SPITZNAGEL, E. [1979], S. 202.

anstalt für Arbeit gar nicht, nicht in diesem Umfang oder zu einem späteren Zeitpunkt durchgeführt worden wären.[119]

Im Gegensatz zum IAB bemißt der Sachverständigenrat die verdeckte Arbeitslosigkeit durch ABM und SAM nur in Höhe der Inanspruchnahme.[120]

5.2.2.3. Verdeckte Arbeitslosigkeit durch Arbeitsbeschaffungsmaßnahmen

Personen, die ABM-Stellen belegen, wollen und können arbeiten, finden aber zu den gegebenen Marktbedingungen keine Beschäftigung. Sie erhalten Arbeit, wenn mit staatlicher Hilfe eine Verzerrung der Marktbedingungen herbeigeführt wird, indem die ABM-Stellen finanziert bzw. subventioniert werden. Damit liegt Arbeitslosigkeit im ökonomischen Sinn vor.

Ein Multiplikatoreffekt, wie ihn das IAB in seiner Entlastungsrechnung verwendet, wird bei der Bestimmung der Arbeitslosigkeit im ökonomischen Sinn nicht berücksichtigt, da das IAB die Möglichkeit der Verdrängung von primären Arbeitsplätzen durch ABM in der Berechnung vernachlässigt und sich der Multiplikatoreffekt außerdem nur sehr schwer abschätzen läßt. Daher wird bei der Bestimmung der Arbeitslosigkeit im ökonomischen Sinn die Vorgehensweise des Sachverständigenrats übernommen, nach der sich die verdeckte Arbeitslosigkeit durch ABM im Verhältnis 1:1 zur Inanspruchnahme berechnet:

$$AL^{ABM}_t = I^{ABM}_t$$

wobei: AL^{ABM} Verdeckte Arbeitslosigkeit durch ABM
            I^{ABM} Inanspruchnahme / Personen in ABM

Für das wiedervereinigte Deutschland ergibt sich eine verdeckte Arbeitslosigkeit durch ABM von 466.000 Personen im Jahr 1992, die sich bis auf 204.000 Personen im Jahr 2000 reduziert. Ohne Arbeitsbeschaffungsmaßnahmen wäre die Zahl der registrierten Arbeitslosen nach der Wiedervereinigung zwischen 4,9% und 15,6% höher ausgefallen.

---

[119] Vgl. MERTENS, D. und J. KÜHL [1988], S. 286.
[120] Vgl. SACHVERSTÄNDIGENRAT [1997], S. 96.

Jahr	Personen in ABM I^{ABM}	Verdeckte Arbeitslosigkeit durch ABM AL^{ABM}	Registrierte Arbeitslose AL^{reg}	In % der registrierten Arbeitslosen
1991	266.000	266.000	2.602.000	10,2
1992	466.000	466.000	2.978.000	15,6
1993	288.000	288.000	3.419.000	8,4
1994	251.000	251.000	3.698.000	6,8
1995	276.000	276.000	3.612.000	7,6
1996	261.000	261.000	3.965.000	6,6
1997	214.000	214.000	4.385.000	4,9
1998	211.000	211.000	4.279.000	4,9
1999	234.000	234.000	4.100.000	5,7
2000	204.000	204.000	3.889.000	5,2

Abbildung 5.4: Verdeckte Arbeitslosigkeit durch ABM.
Zahlen für Deutschland.
Daten: AUTORENGEMEINSCHAFT [2001], eigene Berechnungen.

5.2.2.4. Förderung von Strukturanpassungsmaßnahmen

Mit dem Übergang vom AFG zum SGB III am 1. Januar 1998 wurden die Maßnahmen der produktiven Arbeitsförderung in Form von Lohnkostenzuschüssen durch die Förderung von Strukturanpassungsmaßnahmen (SAM) abgelöst. Seither sind die Förderungsbedingungen in den alten und neuen Bundesländern gleich. Da es inhaltlich kaum zu Änderungen gekommen ist, können die Bestände im Zeitablauf verglichen werden. Gefördert wird die Beschäftigung von Arbeitslosen, indem von der Bundesanstalt für Arbeit ein **Lohnkostenzuschuß** in Höhe der ersparten durchschnittlichen Aufwendungen für das Arbeitslosengeld bzw. die Arbeitslosenhilfe gezahlt wird. Zu den förderungsfähigen Bereichen gehören Maßnahmen zur Erhaltung und Verbesserung der Umwelt, Maßnahmen zur Erhaltung und Verbesserung des Angebots an sozialen Diensten und Maßnahmen in der Jugendhilfe, im Breitensport, in der Kulturarbeit, beim Denkmal-

Bestimmung der Korrekturfaktoren 55

schutz sowie bei der Verbesserung der Infrastruktur.[121] Personen in Strukturanpassungsmaßnahmen zählen zu den Erwerbstätigen. Dabei spielt es keine Rolle, daß die Arbeitsplätze zumindest teilweise von der Bundesanstalt für Arbeit finanziert werden. SAM-Stellen werden dem zweiten Arbeitsmarkt zugerechnet.

5.2.2.5. Verdeckte Arbeitslosigkeit durch Strukturanpassungsmaßnahmen

Die verdeckte Arbeitslosigkeit durch Strukturanpassungsmaßnahmen (SAM) ergibt sich analog der Vorgehensweise bei den Arbeitsbeschaffungsmaßnahmen (ABM) im Verhältnis 1:1 zur Inanspruchnahme:

$$AL^{SAM}_t = I^{SAM}_t$$

wobei: AL^{SAM} Verdeckte Arbeitslosigkeit durch SAM
I^{SAM} Inanspruchnahme / Personen in SAM

Jahr	Personen in SAM	Verdeckte Arbeitslosigkeit durch SAM	Registrierte Arbeitslose	In % der registrierten Arbeitslosen
	I^{SAM}	AL^{SAM}	AL^{reg}	
1992	0	0	2.978.000	0
1993	22.000	22.000	3.419.000	0,6
1994	88.000	88.000	3.698.000	2,4
1995	108.000	108.000	3.612.000	3,0
1996	93.000	93.000	3.965.000	2,3
1997	89.000	89.000	4.385.000	2,0
1998	177.000	177.000	4.279.000	4,1
1999	196.000	196.000	4.100.000	4,8
2000	113.000	113.000	3.889.000	2,9

Abbildung 5.5: Verdeckte Arbeitslosigkeit durch SAM.
Zahlen für Deutschland.
Daten: AUTORENGEMEINSCHAFT [2001], eigene Berechnungen.

---

[121] Vgl. die §§ 242 s, 249 h AFG bzw. die §§ 272 – 279 und 415 SGB III.

Der durchschnittliche Bestand an Personen in Strukturanpassungsmaßnahmen ist 1998 sprunghaft gestiegen. Dies ist darauf zurückzuführen, daß eine Fördervariante der Strukturanpassungsmaßnahmen[122] in Ostdeutschland bei Wirtschaftsunternehmen auf großen Anklang gestoßen ist, weil sie auch im gewerblichen Bereich zu günstigen Bedingungen Lohnkostenzuschüsse erhalten konnten.[123] Daher ist für SAM vor allem für Ostdeutschland nicht auszuschließen, daß die vom IAB unterstellte positive Wirkung durch den Einkommensmultiplikator durch die Verdrängung regulärer Beschäftigung infolge der Lohnkostenzuschüsse überlagert wird. Unter diesem Aspekt ist die Berücksichtigung eines Multiplikatoreffekts nicht geboten.

5.2.3. Förderung der beruflichen Weiterbildung

5.2.3.1. Berufliche Fortbildung und Umschulung

Die Bundesanstalt für Arbeit fördert individuell die berufliche Ausbildung und Weiterbildung von Arbeitslosen und von Personen, die von Arbeitslosigkeit bedroht sind oder keinen Berufsabschluß haben, indem sie die Weiterbildungskosten übernimmt und gegebenenfalls Unterhaltsgeld bezahlt.[124] Während der Teilnahme an Maßnahmen zur beruflichen Weiterbildung zählen die betroffen Personen nicht zu den registrierten Arbeitslosen sondern sie werden der Stillen Reserve in Maßnahmen zugerechnet.

Durch den Übergang vom AFG zum SGB III kam es bei den Maßnahmen der **beruflichen Fortbildung und Umschulung** (FuU) zu einer Umstellung. Im AFG umfaßte dieser Begriff die berufliche Fortbildung, die berufliche Umschulung und die betriebliche Einarbeitung.[125] Im SGB III wird der Begriff **Förderung der beruflichen Weiterbildung** (FbW) verwendet.[126] Er umfaßt nur noch die Bereiche der beruflichen Fortbildung (Höherqualifizierung) und der

---

[122] Siehe dazu die §§ 272 ff in Verbindung mit § 415 Abs. 3 SGB III.
[123] Vgl. AUTORENGEMEINSCHAFT [1998], S. 29.
[124] Vgl. § 77 ff SGB III.
[125] Vgl. die §§ 33 – 39 und 41 – 52 AFG.
[126] Vgl. die §§ 217 – 224 SGB III.

beruflichen Umschulung (Neuqualifizierung).[127] Einarbeitungszuschüsse werden im SGB III als eine Form von Eingliederungszuschüssen geführt.[128] Durch den Wegfall der betrieblichen Einarbeitung kommt es in dieser Zeitreihe zu einem Strukturbruch mit einer leichten Verzerrungen im Datenmaterial. Die Teilnehmer an Einarbeitungsmaßnahmen werden in Kapitel 5.3.6 behandelt.

5.2.3.2. Entlastungseffekt durch die Förderung der beruflichen Weiterbildung

Das IAB bestimmt mit Hilfe der Entlastungsrechnung, in welchem Umfang der Arbeitsmarkt durch Maßnahmen der beruflichen Weiterbildung entlastet wird. Bei der Berechnung des Entlastungseffekts werden nur Personen in Vollzeitmaßnahmen zur FbW berücksichtigt. Personen in Teilzeitmaßnahmen zur FbW können vernachlässigt werden, da sie häufig an anderer Stelle erfaßt werden, wie z. B. als Kurzarbeiter und andere Erwerbstätige, die berufsbegleitend eine Maßnahme zur FbW besuchen und damit in der Hauptsache einer anderen Arbeitsmarktgruppe angehören. Da der Teilzeitbestand an Maßnahmen zur Förderung der beruflichen Weiterbildung mit 8% im Dezember 2000[129] gering ist, werden analog zum Vorgehen der Bundesanstalt für Arbeit und des Sachverständigenrats nur Maßnahmen zur FbW in Vollzeit berücksichtigt.

Das IAB übernimmt den durchschnittlichen Bestand an Teilnehmern in voller Höhe als Beschäftigungsäquivalent, da Maßnahmen zur Förderung der beruflichen Weiterbildung überwiegend mit registrierten Arbeitslosen und nicht mit Erwerbstätigen besetzt werden.[130] Bei der anschließenden Bestimmung des Entlastungseffekts auf den Arbeitsmarkt nimmt das IAB einen Abschlag von 2 bis 7% auf das Beschäftigungsäquivalent vor, weil erfahrungsgemäß ein Teil der Maßnahmen zur FbW an Personen der Stillen Reserve vergeben wird.[131]

Wie in Tabelle 5.3 dargestellt, schwankt die Entlastung des Arbeitsmarkts durch Maßnahmen zur Förderung der beruflichen Weiterbildung in der Berechnung

---

[127] Vgl. die §§ 77 – 96, 153 – 159 und 417 SGB III.
[128] Vgl. z. B. BUNDESANSTALT FÜR ARBEIT [1999].
[129] Vgl. BUNDESANSTALT FÜR ARBEIT [homepage], eigene Berechnung.
[130] Vgl. BACH, H.-U. und E. SPITZNAGEL [1992], S. 213.
[131] Vgl. AUTORENGEMEINSCHAFT [1992], S. 474.

des IAB zwischen 93% der Inanspruchnahme im Jahr 1991 und 98% in Jahr 2000.

Jahr	1991		2000	
Inanspruchnahme	365.000	= Personen in Maßnahmen zur FbW	324.000	= Personen in Maßnahmen zur FbW
Beschäftigungsäquivalent	365.000	= 100% der Inanspruchnahme	324.000	= 100% der Inanspruchnahme
Entlastung der Arbeitslosenzahlen durch FbW	341.000	= 93% des Beschäftigungsäquivalents wegen Stiller Reserve = 93% der Inanspruchnahme	318.000	= 98% des Beschäftigungsäquivalents wegen Stiller Reserve = 98% der Inanspruchnahme

Tabelle 5.3:   Entlastung der Arbeitslosenzahlen durch Maßnahmen zur Förderung der beruflichen Weiterbildung.
Zahlen für Deutschland.
Daten: AUTORENGEMEINSCHAFT [2001], eigene Berechnungen.

5.2.3.3. Verdeckte Arbeitslosigkeit durch Maßnahmen zur Förderung der beruflichen Weiterbildung

Die Teilnahme an Maßnahmen zur Förderung der beruflichen Weiterbildung ist nicht an eine Registrierung beim Arbeitsamt gebunden, so daß auch Erwerbstätige und Personen der Stillen Reserve davon profitieren können. Wenn sich Personen der Stillen Reserve um eine Förderung der beruflichen Weiterbildung bemühen und die geförderte Maßnahme anschließend in Vollzeit besuchen, dann engagieren sie sich genauso wie zuvor registrierte Arbeitslose für eine Wiedereingliederung in den Arbeitsmarkt. Es gibt keinen Grund, warum Personen, die aus der Stillen Reserve in eine Maßnahme zur FbW wechseln, nicht zu den verdeckten Arbeitslosen gezählt werden sollten. Der Abschlag, den das IAB zur Berechnung der Entlastungswirkung auf das Beschäftigungsäquivalent durchführt, ist daher nicht nötig, wenn die ökonomisch relevante Arbeitslosigkeit bestimmt werden soll.

Die verdeckte Arbeitslosigkeit durch Maßnahmen zur Förderung der beruflichen Weiterbildung ergibt sich, wie auch im Jahresgutachten des Sachverständigenrats praktiziert, in Höhe der in Jahresdurchschnitt beanspruchten Maßnahmen zur FbW in Vollzeit.[132]

$$AL^{FbW}_t = I^{FbW}_t$$

wobei: AL^{FbW} Verdeckte Arbeitslosigkeit durch Maßnahmen zur FbW
I^{FbW} Inanspruchnahme / Personen in Vollzeitmaßnahmen zur FbW

Jahr	Personen in Vollzeitmaßnahmen zur FbW[a]	Verdeckte Arbeitslosigkeit durch Maßnahmen zur FbW	Registrierte Arbeitslose	In % der registrierten Arbeitslosen
	I^{FbW}	AL^{FbW}	AL^{reg}	
1991	365.000	365.000	2.602.000	14,0
1992	608.000	608.000	2.978.000	20,4
1993	525.000	525.000	3.419.000	15,4
1994	420.000	420.000	3.698.000	11,4
1995	450.000	450.000	3.612.000	12,5
1996	455.000	455.000	3.965.000	11,5
1997	360.000	360.000	4.385.000	8,2
1998	323.000	323.000	4.279.000	7,5
1999	333.000	333.000	4.100.000	8,1
2000	324.000	324.000	3.889.000	8,3

Tabelle 5.4: *Verdeckte Arbeitslosigkeit durch Maßnahmen zur Förderung der beruflichen Weiterbildung.*

[a] Werte ohne Einarbeitung, bis 1992 einschließlich § 41 a AFG.
Zahlen für Deutschland.
Daten: AUTORENGEMEINSCHAFT [2001], eigene Berechnungen.

Nach der Wiedervereinigung befanden sich 608.000 Personen in Maßnahmen zur Förderung der beruflichen Weiterbildung. Die ausgewiesene registrierte Arbeitslosigkeit wäre 1992 ohne die durchgeführten Maßnahmen zur FbW um rund 20% höher ausgefallen. Der sprunghafte Anstieg 1992 ist hauptsächlich auf die starke Inanspruchnahme der Maßnahmen zur Förderung der beruflichen Weiterbildung in den neuen Bundesländern zurückzuführen und nicht auf die Umstellung in der Statistik bezüglich der Einarbeitungszuschüsse. Bis zur Jahr-

---

[132] Vgl. SACHVERSTÄNDIGENRAT [1997], S. 96.

tausendwende hat sich der Anteil der verdeckten Arbeitslosigkeit durch Maßnahmen zur Förderung der beruflichen Weiterbildung sukzessive verringert.

5.2.4. Teilnehmer an Deutsch-Sprachlehrgängen

5.2.4.1. Deutsch-Sprachlehrgänge

Sprachlehrgänge zählen zu den arbeitsmarktpolitischen Maßnahmen im weiteren Sinn. Sie werden für Spätaussiedler und deren Familienangehörige, Asylbewerber und Kontingentflüchtlinge angeboten. Ohne entsprechende Sprachkenntnisse können die betroffenen Personen nur schwer in den Arbeitsmarkt integriert werden.[133] Der Übergang vom AFG zum SGB III hat an der Gesetzgebung zur Handhabung von Sprachlehrgängen und an ihrer statistischen Erfassung nichts geändert.[134] Die Teilnehmer an Sprachlehrgängen werden der Stillen Reserve in Maßnahmen zugeordnet und nicht als registrierte Arbeitslose ausgewiesen.

5.2.4.2. Entlastungseffekt und verdeckte Arbeitslosigkeit durch Deutsch-Sprachlehrgänge

Da Deutsch-Sprachlehrgänge überwiegend im Vollzeitunterricht durchgeführt werden, entlasten sie die registrierte Arbeitslosigkeit kurzfristig in voller Höhe.[135] Die durchschnittliche Teilnehmerzahl an Deutsch-Sprachlehrgängen entspricht daher in vollem Umfang verdeckter Arbeitslosigkeit, wenn unterstellt wird, daß von den Arbeitsämtern nur Familienangehörigen gefördert werden, die an einer Arbeitsaufnahme interessiert sind.

$$AL^S_t = I^S_t$$

wobei: AL^S Verdeckte Arbeitslosigkeit durch Sprachlehrgänge
            I^S Inanspruchnahme / Personen in Sprachlehrgängen

Die Teilnehmer an Sprachlehrgängen machen nur einen geringen Anteil der verdeckten Arbeitslosigkeit aus. Wie Tabelle 5.5 zeigt, hätte sich die registrierte

---

[133] Vgl. AUTORENGEMEINSCHAFT [1997], S. 21.
[134] Siehe dazu die §§ 62 a – 62 c AFG bzw. die §§ 419 – 421 SGB III.
[135] Vgl. AUTORENGEMEINSCHAFT [1996], S. 21.

Arbeitslosigkeit ohne die Durchführung von Sprachlehrgängen nach der Wiedervereinigung um maximal 2,3% erhöht.

Jahr	Personen in Sprachlehrgängen	Verdeckte Arbeitslosigkeit durch Sprachlehrgänge	Registrierte Arbeitslose	In % der registrierten Arbeitslosen
	I^S	AL^S	AL^{reg}	
1991	61.000	61.000	2.602.000	2,3
1992	43.000	43.000	2.978.000	1,4
1993	49.000	49.000	3.419.000	1,4
1994	46.000	46.000	3.698.000	1,2
1995	42.000	42.000	3.612.000	1,2
1996	40.000	40.000	3.965.000	1,0
1997	34.000	34.000	4.385.000	0,8
1998	28.000	28.000	4.279.000	0,7
1999	27.000	27.000	4.100.000	0,7
2000	28.000	28.000	3.889.000	0,7

Tabelle 5.5:   *Verdeckte Arbeitslosigkeit durch Sprachlehrgänge.*
Zahlen für Deutschland.
Daten: AUTORENGEMEINSCHAFT [2001], eigene Berechnungen.

5.2.5. Berufliche Rehabilitation

5.2.5.1. Maßnahmen zur beruflichen Rehabilitation

Die von der Bundesanstalt für Arbeit durchgeführten **Maßnahmen zur beruflichen Rehabilitation** (Reha) werden den arbeitsmarktpolitischen Maßnahmen im weiteren Sinn zugerechnet. Sie dienen der Berufsförderung mit dem Ziel der Wiedereingliederung von Rehabilitanden[136] in den primären Arbeitsmarkt. Ein weiteres Ziel der Maßnahmen zur beruflichen Rehabilitation ist es, die Fortfüh-

---

[136] Zu den Rehabilitanden zählen alle Personen mit körperlichen, geistigen oder seelischen Behinderungen, deren Aussichten auf eine berufliche Eingliederung längerfristig wesentlich gemindert sind. Vgl. BLASCHKE, D. und P. KÖNIG [1989], S. 483.

rung von Beschäftigungsverhältnissen durch die Weiterbildung in behindertenspezifischen Bildungsmaßnahmen zu ermöglichen.[137] Berufliche Rehabilitanden werden von der Bundesanstalt für Arbeit zur Stillen Reserve im weiteren Sinn gezählt und sind während der beruflichen Rehabilitation weder erwerbstätig noch arbeitslos.

5.2.5.2. Entlastungseffekt und verdeckte Arbeitslosigkeit durch Maßnahmen zur beruflichen Rehabilitation

Maßnahmen zur beruflichen Rehabilitation werden durchgeführt, um die Arbeitslosigkeit einer Problemgruppe des Arbeitsmarkts zu reduzieren bzw. zu vermeiden. Personen in Maßnahmen zur beruflichen Rehabilitation sind nicht erwerbsunfähig, daher gehören sie zum Arbeitsangebot im ökonomischen Sinn. Während der Teilnahme an einer Maßnahme zählen die Rehabilitanden nicht zu den registrierten Arbeitslosen, sondern sie stellen eine Form der verdeckten Arbeitslosigkeit dar.

Zu berücksichtigen ist die Tatsache, daß nicht alle Rehabilitanden vor Eintritt in die Maßnahme arbeitslos waren. Eine Maßnahme zur Rehabilitation kann auch durchgeführt werden, wenn sich dadurch die Arbeitsmarktchance der betroffenen Person verbessert. Daher geht das IAB bei seiner Entlastungsrechnung von zwei Gruppen von Rehabilitanden aus: Für alle Personen, die **vor der Teilnahme** an der Rehabilitationsmaßnahme **nicht arbeitslos** waren, unterstellt das IAB, daß sie ohne die Teilnahme an der Maßnahme zu 2/3 arbeitslos geworden wären. Personen, die **vor der Teilnahme** an der Maßnahme **arbeitslos** gewesen sind, wären ohne die Maßnahme zu 100% arbeitslos geblieben.[138]

Da alle Teilnehmer an Maßnahmen zur beruflichen Rehabilitation dem Arbeitsprozeß nicht zur Verfügung stehen, ist ein Abschlag von 1/3 für zuvor beschäftigte Rehabilitanden nicht notwendig. Während der Rehabilitation muß der betroffene Arbeitgeber die Arbeitskraft anderweitig ersetzen. Erst nach Abschluß der Rehabilitation entscheidet sich, ob die Teilnehmer wieder in den ersten Arbeitsmarkt integriert werden können.

---

[137] Vgl. die §§ 56 ff AFG bzw. die §§ 97 – 115, 236 – 239 und 248 - 251 SGB III.
[138] Vgl. AUTORENGEMEINSCHAFT [1996], S. 20.

Die Tatsache, daß die **berufliche Erstausbildung jugendlicher Rehabilitanden** vom IAB aus der Entlastungsrechnung ausgeschlossen wird, spricht ebenfalls gegen einen Abschlag bei der Ermittlung der Entlastungswirkung durch Maßnahmen zur beruflichen Rehabilitation auf die offiziellen Arbeitsmarktzahlen. Für die betroffenen Jugendlichen ist es ohne die Unterstützung der Bundesanstalt für Arbeit schwer, eine Ausbildungsstelle zu finden. Jugendliche Rehabilitanden werden vom IAB nicht berücksichtigt, weil sie in der Konzeption des IAB an der Schwelle zwischen der Nichterwerbstätigkeit und dem Erwerbspersonenpotential stehen.[139]

Die durchgeführten Maßnahmen zur beruflichen Rehabilitation werden bei der Bestimmung der Arbeitslosigkeit im ökonomischen Sinn in voller Höhe berücksichtigt. Möglicherweise kommt es durch diese Vorgehensweise zu einer geringfügigen Überschätzung der Arbeitslosigkeit im ökonomischen Sinn.

$$AL^{Reha}_t = I^{Reha}_t$$

wobei: AL^{Reha} Verdeckte Arbeitslosigkeit durch berufliche Reha
I^{Reha} Inanspruchnahme / Personen in beruflicher Reha

Wenn alle Rehabilitanden, wie in Tabelle 5.6 dargestellt, zu den Arbeitslosen gezählt werden, erhöht sich die amtlich Zahl der registrierten Arbeitslosen um 1 bis 2%.

---

[139] Vgl. AUTORENGEMEINSCHAFT [1998], S. 28.

Jahr	Personen in Reha I^{Reha}	Verdeckte Arbeitslosigkeit durch Reha AL^{Reha}	Registrierte Arbeitslose AL^{reg}	In % der registrierten Arbeitslosen
1991	49.000	49.000	2.602.000	1,9
1992	59.000	59.000	2.978.000	2,0
1993	58.000	58.000	3.419.000	1,7
1994	43.000	43.000	3.698.000	1,2
1995	42.000	42.000	3.612.000	1,2
1996	44.000	44.000	3.965.000	1,1
1997	42.000	42.000	4.385.000	1,0
1998	41.000	41.000	4.279.000	1,0
1999	42.000	42.000	4.100.000	1,0
2000	42.000	42.000	3.889.000	1,1

Tabelle 5.6: *Arbeitslose in Maßnahmen der beruflichen Rehabilitation.*
Zahlen für Deutschland.
Daten: AUTORENGEMEINSCHAFT [2001], eigene Berechnungen.

5.2.6. Altersübergangsregelungen

5.2.6.1. Vorruhestandsgeld und Altersübergangsgeld

Das Vorruhestandsgesetz ermöglichte es älteren Arbeitnehmern, aus dem Erwerbsleben auszuscheiden. Durch einen Verzicht auf zukünftige Lohnersatzleistungen kann mit dem Arbeitgeber eine Vorruhestandsregelung vereinbart werden, bei der die Bundesanstalt für Arbeit dem Arbeitgeber einen Zuschuß zum Vorruhestandsgeld bezahlt. Das **Vorruhestandsgeld** wurde in **Westdeutschland** 1984 eingeführt.[140] Es wurden 1989 durch das Altersteilzeitgesetz ersetzt.[141]

In **Ostdeutschland** wurde das **Vorruhestandsgeld** (Vog) von der DDR-Regierung Anfang 1990 eingeführt. Nach der Wiedervereinigung wurde das

---

[140] Siehe dazu § 118 b AFG.
[141] Vgl. NIESEL, K. [1995], S. 733 f.

Vorruhestandsgeld in den neuen Bundesländern mit Bundesmitteln finanziert. Im Zuge der Wiedervereinigung am 3. Oktober 1990 wurde das Vorruhestandsgeld im Beitrittsgebiet vom vorgezogenen **Altersübergangsgeld** (Alüg) abgelöst.[142] Ziel dieser Altersübergangsregelung war es, eine Vorruhestandsleistung für die Arbeitnehmer in den neuen Bundesländern zu schaffen, die den Lebensunterhalt bis zur Altersrente vollständig absichert, um die schwierige Arbeitsmarktlage zu bewältigen.[143] Bis Ende 1992 konnten Arbeitnehmer in den neuen Bundesländern ab dem 55. Lebensjahr Altersübergangsgeld in Anspruch nehmen. Die in den Statistiken ausgewiesenen Empfänger von Altersübergangsgeld in Westdeutschland sind durch Umzüge bedingt.[144]

Personen, die Vorruhestandsgeld oder Altersübergangsgeld beziehen, werden von der Bundesanstalt für Arbeit weder zu den Arbeitslosen noch zu den Erwerbstätigen gezählt, sondern als Stille Reserve in Maßnahmen ausgewiesen.

5.2.6.2. Entlastungseffekt und verdeckte Arbeitslosigkeit durch Altersübergangsregelungen

Die Regelungen zum Vorruhestandsgeld und zum Altersübergangsgeld ermöglichen es älteren Arbeitnehmern ohne längere Arbeitslosigkeit aus dem Arbeitsmarkt auszuscheiden und die Zeit bis zur Altersrente finanziell zu überbrücken. Es handelt sich häufig um von der schwierigen Arbeitsmarktlage **entmutigte ältere Arbeitskräfte**.[145]

Das IAB weist in seinen Veröffentlichungen ausdrücklich darauf hin, daß es sich bei den Vorruhestandsregelungen um keine Maßnahmen der aktiven Arbeitsmarktpolitik handelt, sondern um ein reine **Umbuchung** in der Arbeitsmarktbilanz. Ohne die Möglichkeit der Inanspruchnahme der Vorruhestandsregelungen wären die betroffenen Personen entweder weiterhin erwerbstätig oder arbeitslos. Daher werden sie bei der Entlastungsrechnung in voller Höhe berücksichtigt.

---

[142] Siehe dazu § 249 e AFG bzw. § 429 SGB III.
[143] Vgl. FRANZ, W. [1993], S. 92.
[144] Vgl. AUTORENGEMEINSCHAFT [1996], S. 21.
[145] Vgl. AUTORENGEMEINSCHAFT [1996], S. 11.

Personen im Altersübergangsregelungen stellen bis zum Bezug von Altersrente verdeckte Arbeitslosigkeit dar und werden daher bei der Bestimmung der Arbeitslosigkeit im ökonomischen Sinn im Verhältnis 1:1 berücksichtigt.

$$AL^{AÜ}_t = I^{Alüg}_t + I^{Vog}_t$$

wobei: $AL^{AÜ}$ Verdeckte Arbeitslosigkeit durch Altersübergangsregelungen
$I^{Alüg}$ Inanspruchnahme / Empfänger von Altersübergangsgeld
I^{Vog} Inanspruchnahme / Empfänger von Vorruhestandsgeld

Jahr	Empfänger von Vorruhestandsgeld	Empfänger von Altersübergangsgeld	Verdeckte Arbeitslosigkeit durch Altersübergangsregelungen	Registrierte Arbeitslose	In % der registrierten Arbeitslosen
	I^{Vog}	$I^{Alüg}$	$AL^{AÜ}$	AL^{reg}	
1991	388.000	189.000	577.000	2.602.000	22,2
1992	307.000	517.000	824.000	2.978.000	27,7
1993	220.000	641.000	861.000	3.419.000	25,2
1994	129.000	527.000	656.000	3.698.000	17,7
1995	34.000	343.000	377.000	3.612.000	10,4
1996	0	188.000	188.000	3.965.000	4,7
1997	0	59.000	59.000	4.385.000	1,3
1998	0	1.000	1.000	4.279.000	0,02
1999	0	1.000	1.000	4.100.000	0,02
2000	0	0	0	3.889.000	0

Tabelle 5.7: *Verdeckte Arbeitslosigkeit durch Vorruhestandsgeld und Altersübergangsgeld.*

Zahlen für Deutschland.
Daten: AUTORENGEMEINSCHAFT [2001], eigene Berechnungen.

Altersübergangsregelungen haben vor allem in den ersten Jahren nach der Wiedervereinigung zu einer erheblichen Entlastung des Arbeitsmarkts beigetragen. Durch die starke Inanspruchnahme des Vorruhestandsgelds und des Altersübergangsgelds konnten die ausgewiesenen Arbeitslosenzahlen in den Jahren 1991 bis 1993 um rund ¼ reduziert werden. Das Vorruhestandsgeld und das Altersübergangsgeld spielen heute beide aufgrund gesetzlicher Neuregelungen keine Rolle mehr. Durch den altersbedingten Wechsel der Leistungsempfänger in die normale gesetzliche Rente hat sich der Bestand sukzessive verringert.[146]

5.2.7. Jugendsofortprogramm

5.2.7.1. Sofortprogramm zum Abbau der Jugendarbeitslosigkeit

Das Sofortprogramm „**Jugend mit Perspektive**" (JUMP)[147] ist zum 1. Januar 1999 in Kraft getreten. Es soll arbeitslosen Jugendlichen unter 25 Jahren und unvermittelten Ausbildungsbewerbern ermöglichen, einen Ausbildungsplatz zu erhalten, ihre Qualifizierung zu verbessern und ihre Wiedereingliederung in den Arbeitsmarkt erleichtern. Die Leistungen der Bundesanstalt für Arbeit reichen von Lohnkostenzuschüssen über die Möglichkeiten einer außerbetrieblichen Ausbildung bis hin zu Schulungen und dem Angebot, den Hauptschulabschluß nachzuholen.[148] Zunächst nur befristet auf ein Jahr wurde das Sofortprogramm wegen seines Erfolgs über das Jahr 2000 hinaus von der Bundesregierung verlängert.[149] Während der Teilnahme am Sofortprogramm werden die Jugendlichen von der Bundesanstalt für Arbeit nicht zu den registrierten Arbeitslosen gezählt, sondern sie gehören je nach Art der Maßnahme dem zweiten Arbeitsmarkt oder der Stillen Reserve im weiteren Sinn an.

5.2.7.2. Entlastungseffekt und verdeckte Arbeitslosigkeit durch das Jugendsofortprogramm

Die im Rahmen des Sofortprogramms JUMP durchgeführten Beschäftigungs- und Bildungsmaßnahmen werden nach Angaben des IAB zu 90% mit zuvor arbeitslos gemeldeten Jugendlichen besetzt. Für 1999 ergab sich ein durchschnittlicher Bestand von 86.000 Personen. In welchem Umfang sich das Sofortprogramm auf die Arbeitslosigkeit auswirkt, ist nach IAB „*besonders schwer zu*

---

[146] Vgl. AUTORENGEMEINSCHAFT [1996], S. 21.
[147] Auch unter dem Begriff JuSoPro (Jugendsofortprogramm) geführt.
[148] Vgl. BMA [19.04.2000].
[149] Vgl. BMA [27.07.2000].

beziffern"[150]. Für diese neue arbeitsmarktpolitische Maßnahme sind mögliche Substitutionsbeziehungen „*zu regulären betrieblichen Aktivitäten oder zu anderen arbeitsmarktpolitischen Alternativen, sowie mögliche Mobilisierungseffekte*"[151] bisher nicht bekannt.

Das IAB schätzt die durchschnittliche Entlastung der Arbeitslosigkeit 1999 auf 40.000 bis 50.000 Personen, wenn es zu keinen Substitutionen gekommen ist und andere Maßnahmen nicht zu Lasten des Sofortprogramms eingeschränkt wurden.[152] Das entspricht einer Entlastungswirkung von rund 50% der Inanspruchnahme.

Nach einer Untersuchung von H. DIETRICH waren 54% der JUMP-Absolventen 1998 unmittelbar nach der Maßnahme arbeitslos oder sie befanden sich erneut in Maßnahmen. Nur 21% waren erwerbstätig und 10% befanden sich in der beruflichen Ausbildung.[153] Unterstellt man dem Sofortprogramm eine arbeitsmarktpolitische Wirksamkeit, dann muß der Entlastungseffekt höher als 50% der Inanspruchnahme sein, der allein den Anteil der verbleibenden Arbeitslosigkeit ausmacht. Bei der Berechnung der Arbeitslosigkeit im ökonomischen Sinn wird daher davon ausgegangen, daß das Jugendsofortprogramm zu 100% zu einer Entlastung der Arbeitsmarktzahlen und damit zu verdeckter Arbeitslosigkeit führt. Möglicherweise wird damit der Entlastungseffekt durch das Jugendsofortprogramm überschätzt.

$$AL^{JUMP}_t = I^{JUMP}_t$$

wobei: AL^{JUMP} Verdeckte Arbeitslosigkeit durch JUMP
           I^{JUMP} Teilnehmer am JUMP

Ohne das Jugendsofortprogramm wäre die registrierte Arbeitslosigkeit in den Jahren 1999 und 2000 um rund 2% höher ausgefallen.

---

[150] AUTORENGEMEINSCHAFT [2000], S. 13.
[151] AUTORENGEMEINSCHAFT [2000], S. 13.
[152] Vgl. AUTORENGEMEINSCHAFT [2000], S. 13.
[153] Vgl. DIETRICH, H. [2001], S. 15.

Bestimmung der Korrekturfaktoren

Jahr	Personen im Sofortprogramm JUMP	Verdeckte Arbeitslosigkeit durch JUMP	Registrierte Arbeitslose	In % der registrierten Arbeitslosen
	I^{JUMP}	AL^{JUMP}	AL^{reg}	
1999	87.000	87.000	4.100.000	2,1
2000	77.000	77.000	3.889.000	2,0

Tabelle 5.8: Verdeckte Arbeitslosigkeit durch JUMP.

Zahlen für Deutschland.
Daten: BUNDESANSTALT FÜR ARBEIT [homepage], eigene Berechnungen.

5.2.8. Regelungen der §§ 125, 126 und 428 SGB III

5.2.8.1. Leistungsanspruch trotz fehlender Verfügbarkeit

Die Regelungen der §§ 125, 126 und 428 SGB III sichern in bestimmten Fällen den Leistungsanspruch auf Arbeitslosengeld bzw. Arbeitslosenhilfe, ohne daß die betroffenen Personen der Arbeitsvermittlung zur Verfügung stehen oder stehen müssen.[154] Dabei handelt es sich um die **Nahtlosigkeitsarbeitslosigkeit** nach § 125 SGB III, die **Leistungsfortzahlung im Krankheitsfall** nach § 126 SGB III und das **Nichtverfügbarkeitsprivileg** für über 58jährige Leistungsempfänger nach § 428 SGB III. Die genannten Personengruppen werden nicht als amtlich registrierte Arbeitslose ausgewiesen, obwohl sie Arbeitslosengeld oder -hilfe erhalten, sondern der Stillen Reserve in Maßnahmen zugerechnet.

5.2.8.2. Entlastungswirkung und verdeckte Arbeitslosigkeit durch § 125 SGB III

Von **Nahtlosigkeitsleistungen** wird gesprochen, wenn Personen, die nicht nur vorübergehend an einer **Minderung der Erwerbsfähigkeit** leiden, Arbeitslosengeld bzw. Arbeitslosenhilfe erhalten.[155] Sie müssen baldmöglichst einen An-

---

[154] Früher § 105 a, b, c AFG.
[155] Siehe dazu § 105 a AFG bzw. § 125 SGB III.

trag auf Erwerbs- und Berufsunfähigkeitsrente stellen.[156] Damit befinden sich alle vermindert erwerbsfähigen Personen nach § 125 SGB III im Übergang in die Rente. Sie sind nicht mehr in der Lage, einer Erwerbstätigkeit nachzugehen und erhalten die Leistungen von der Bundesanstalt für Arbeit nur, um im Sozialsystem eine nahtlosen Zahlungsfluß zu garantieren. Durch den Nachweis der fehlenden Erwerbsfähigkeit gehören Personen nach § 125 SGB III nicht zu den Arbeitslosen im ökonomischen Sinn.

Zu erwähnen bleibt allerdings die Tatsache, daß mit dem zum 1. Januar 2001 in Kraft getretenen Gesetz zur Reform der Erwerbsminderungsrente auch die Möglichkeit der **arbeitsmarktbedingten Erwerbsminderungsrente** gegeben ist. Anhand der Statistiken läßt sich nicht feststellen, wie groß die verbleibende Erwerbsfähigkeit der Person ist, die wegen der angespannten Arbeitsmarktlage Erwerbsminderungsrente beantragen können. Der Rentenbestand und der Rentenzugang sind seit Mitte der 80er Jahre eher rückläufig, bei einem Rentenzugang im Jahr 1999 von rund 174.000 Personen.[157] Möglicherweise kommt es daher zu einer Unterschätzung der Arbeitslosigkeit im ökonomischen Sinn, wenn Erwerbsunfähigkeitsrentner nicht berücksichtigt werden.

5.2.8.3. Entlastungswirkung und verdeckte Arbeitslosigkeit durch § 126 SGB III

Bezieher von Arbeitslosengeld bzw. Arbeitslosenhilfe, die vorübergehend erkranken, stehen in dieser Zeit der Arbeitsvermittlung nicht zur Verfügung.[158] Damit erfüllen sie das notwendige Kriterium der Verfügbarkeit nach § 16 SGB III nicht, um zu den registrierten Arbeitslosen gezählt zu werden. Die **Leistungen** werden jedoch **im Krankheitsfall** weiter bezahlt. Vorübergehend erkrankte Arbeitslose fallen damit aus der Arbeitslosenstatistik heraus und werden erst nach ihrer Genesung wieder als registrierte Arbeitslose ausgewiesen.

---

[156] Vgl. AUTORENGEMEINSCHAFT [1996], S. 11.
[157] Vgl. IW [22.02.2001], S. 3.
[158] Siehe dazu § 105 b AFG bzw. § 126 SGB III.

Bestimmung der Korrekturfaktoren

Da der Erwerbswunsch und die Erwerbsfähigkeit nicht unter einer vorübergehenden Erkrankung leiden, zählen Personen, die Leistungsfortzahlungen im Krankheitsfall erhalten, zu den Arbeitslosen im ökonomischen Sinn.

$$AL^{\S 126}{}_t = I^{\S 126}{}_t$$

wobei: $AL^{\S 126}$ Verdeckte Arbeitslosigkeit durch § 126 SGB III
$I^{\S 126}$ Vorübergehend erkrankte arbeitslose Personen

Durch die Umbuchung von vorübergehend erkrankten Leistungsempfängern aus der Arbeitslosenstatistik an die Stille Reserve im weiteren Sinn wurden im Jahr 2000 im Jahresdurchschnitt rund 75.000 Arbeitslose weniger ausgewiesen.

Jahr	Leistungs-empfänger nach § 126 SGB III	Verdeckte Arbeits-losigkeit durch § 126 SGB III	Registrierte Arbeitslose	In % der registrierten Arbeitslosigkeit
	$I^{\S 126}$	$AL^{\S 126}$	AL^{reg}	
1991	32.000	32.000	2.602.000	1,2
1992	39.000	39.000	2.978.000	1,3
1993	51.000	51.000	3.419.000	1,5
1994	59.000	59.000	3.698.000	1,6
1995	63.000	63.000	3.612.000	1,7
1996	67.000	67.000	3.965.000	1,7
1997	78.000	78.000	4.385.000	1,8
1998	72.000	72.000	4.279.000	1,7
1999	70.000	70.000	4.100.000	1,7
2000	75.000	75.000	3.889.000	1,9

Tabelle 5.9: *Verdeckte Arbeitslosigkeit durch § 126 SGB III.*
Zahlen für Deutschland.
Daten: AUTORENGEMEINSCHAFT [1996], [2001], eigene Berechnungen.

5.2.8.4. Entlastungswirkung und verdeckte Arbeitslosigkeit durch § 428 SGB III

Das **Nichtverfügbarkeitsprivileg** nach § 428 SGB III gilt für Bezieher von Arbeitslosengeld bzw. Arbeitslosenhilfe ab dem vollendeten 58. Lebensjahr. Sie müssen der Arbeitsvermittlung nicht mehr zur Verfügung stehen, wenn sie baldmöglichst in Altersrente gehen.[159] Ohne diese rechtliche Bestimmung würden die betroffenen älteren Personen statistisch als registrierte Arbeitslose ausgewiesen. Sie sind also faktisch Arbeitslose, werden aber nicht als solche gezählt, weil von der Bundesanstalt für Arbeit eine **Umbuchung** an die Stille Reserve im weiteren Sinn vorgenommen wird.

Arbeitslose Personen, die unter die Regelung des § 428 SGB III fallen, werden bei der Bestimmung der Arbeitslosigkeit im ökonomischen Sinn entsprechend der Inspruchnahme im Verhältnis 1:1 erfaßt.

$$AL^{\S 428}_t = I^{\S 428}_t$$

wobei: $AL^{\S 428}$ Verdeckte Arbeitslosigkeit durch § 428 SGB III
$I^{\S 428}$ Arbeitslose Personen mit Regelung des § 428 SGB III

Jahr	Leistungsempfänger nach § 428 SGB III	Verdeckte Arbeitslosigkeit durch § 428 SGB III	Registrierte Arbeitslose	In % der registrierten Arbeitslosigkeit
	$I^{\S 428}$	$AL^{\S 428}$	AL^{reg}	
1991	63.000	63.000	2.602.000	2,4
1992	83.000	83.000	2.978.000	2,8
1993	128.000	128.000	3.419.000	3,7
1994	141.000	141.000	3.698.000	3,8
1995	153.000	153.000	3.612.000	4,2
1996	169.000	169.000	3.965.000	4,3
1997	209.000	209.000	4.385.000	4,8
1998	204.000	204.000	4.279.000	4,8
1999	201.000	201.000	4.100.000	4,9
2000	191.000	191.000	3.889.000	4,9

Tabelle 5.10:   Verdeckte Arbeitslosigkeit durch § 428 SGB III.
Zahlen für Deutschland.
Daten: AUTORENGEMEINSCHAFT [2001], eigene Berechnungen.

Berücksichtigt man die verdeckte Arbeitslosigkeit, die durch die Regelung für Personen über 58 Jahre nach § 428 SGB III entsteht, bei der Ermittlung der öko-

---

[159] Siehe dazu § 105 c AFG bzw. § 428 SGB III.

nomisch relevanten Arbeitslosigkeit, so hätte die registrierte Arbeitslosigkeit im Jahr 2000 um 4,9% höher ausgewiesen werden müssen.

5.2.9. Verdeckte Arbeitslosigkeit durch arbeitsmarktpolitische Maßnahmen

Alle Personen, die sich bei den Arbeitsämtern arbeitslos melden und als solche registriert werden, fallen aus der Arbeitslosenstatistik heraus, sobald sie eine arbeitsmarktpolitische Maßnahme der Bundesanstalt für Arbeit belegen. Sie stehen dann den Arbeitsämtern nicht mehr sofort für die Arbeitsvermittlung zur Verfügung und werden deshalb der Stillen Reserve im weiteren Sinn zugerechnet oder sie gehören dem zweiten Arbeitsmarkt an. Die betroffenen Personen müßten ohne die entsprechenden arbeitsmarktpolitischen Sonderprogramme weiterhin in der Arbeitsmarktstatistik als registrierte Arbeitslose geführt werden. Sie bilden die verdeckte Arbeitslosigkeit. Der Umfang der verdeckten Arbeitslosigkeit wird maßgeblich durch den Mitteleinsatz der Bundesanstalt für Arbeit und durch die Gesetzgebung der Regierung bestimmt.[160]

Zur verdeckten Arbeitslosigkeit gehören auch alle Leistungsempfänger der Bundesanstalt für Arbeit, die aufgrund einer vorübergehenden Erkrankung oder aufgrund des Nichtverfügbarkeitsprivilegs für ältere Arbeitslose nicht als registrierte Arbeitslose ausgewiesen werden. Nicht zur Arbeitslosigkeit im ökonomischen Sinn zählen Leistungsempfänger der Bundesanstalt für Arbeit, die einen Antrag auf Erwerbsunfähigkeitsrente stellen müssen.

Bei der Ermittlung der Arbeitslosigkeit im ökonomischen Sinn wird die **verdeckte Arbeitslosigkeit** in Form eines **1. Korrekturfaktors** berücksichtigt. Er ergibt sich aus der Summe der einzelnen Maßnahmen als:

$$K^1_t = AL^{ABM}_t + AL^{SAM}_t + AL^{FbW}_t + AL^S_t + AL^{Reha}_t + AL^{AÜ}_t + AL^{JUMP}_t$$

$$+ AL^{\S 126}_t + AL^{\S 428}_t$$

Der Umfang der verdeckten Arbeitslosigkeit war 1992 mit 2,1 Millionen Personen am höchsten. Damit hätte die Arbeitslosigkeit 1992 um 2/3 höher ausgewie-

---

[160] Vgl. AUTORENGEMEINSCHAFT [2000], S. 10.

sen werden müssen, wenn keine arbeitsmarktpolitischen Maßnahmen durchgeführt worden wären. Tabelle 5.11 gibt abschließend einen Gesamtüberblick über die Komponenten und die Dimensionen des 1. Korrekturfaktors.

Jahr	AL^{ABM}	AL^{SAM}	AL^{FbW}	AL^S	AL^{Reha}	AL^{AC}	AL^{JUMP}	$AL^{\S126}$	$AL^{\S428}$	K^1
1991	266.000	0	365.000	61.000	49.000	577.000	0	32.000	63.000	1.413.000
1992	466.000	0	608.000	43.000	59.000	824.000	0	39.000	83.000	2.122.000
1993	288.000	22.000	525.000	49.000	58.000	861.000	0	51.000	128.000	1.982.000
1994	251.000	88.000	420.000	46.000	43.000	656.000	0	59.000	141.000	1.704.000
1995	276.000	108.000	450.000	42.000	42.000	377.000	0	63.000	153.000	1.511.000
1996	261.000	93.000	455.000	40.000	44.000	188.000	0	67.000	169.000	1.317.000
1997	214.000	89.000	360.000	34.000	42.000	59.000	0	78.000	209.000	1.085.000
1998	211.000	177.000	323.000	28.000	41.000	1.000	0	72.000	204.000	1.057.000
1999	234.000	196.000	333.000	27.000	42.000	1.000	87.000	70.000	201.000	1.191.000
2000	204.000	113.000	324.000	28.000	42.000	0	77.000	75.000	191.000	1.054.000

Tabelle 5.11: Bestimmung des 1. Korrekturfaktors:
Verdeckte Arbeitslosigkeit.
Zahlen für Deutschland.

5.3. Korrekturfaktor 2: Ruhende Arbeitslosigkeit

5.3.1. Ruhende Arbeitslosigkeit

Zu den Aufgaben der Arbeitsmarktpolitik gehört es, im Rahmen der **Beschäftigungssicherung und -förderung** bedrohte Arbeitsplätze auf dem ersten Arbeitsmarkt soweit wie möglich zu erhalten.

> *„Von Arbeitslosigkeit bedrohte Arbeitnehmer sind Personen, die*
> *1. versicherungspflichtig beschäftigt sind*
> *2. alsbald mit der Beendigung der Beschäftigung rechnen müssen und*
> *3. voraussichtlich nach Beendigung der Beschäftigung arbeitslos werden."*[161]

Die Maßnahmen zur Beschäftigungssicherung und -förderung umfassen die Bezahlung von Kurzarbeiter- und Schlechtwettergeld und die Regelungen zur Altersteilzeit. Durch die Maßnahmen der Beschäftigungssicherung und -förderung werden die **Arbeitsplätze gesichert**, so daß die **Gefahr der unmittelbaren Arbeitslosigkeit** für die Beschäftigten **ruht**. Es ist davon auszugehen, daß ohne den politischen Eingriff zumindest ein Teil der betroffenen Personen arbeitslos wäre. Ruhende Arbeitslosigkeit könnte sich außerdem hinter akzeptierter Teilzeitarbeit, Eingliederungszuschüssen und Arbeitsplätzen in subventionierten Wirtschaftsbereichen verbergen.

Ruhende Arbeitslosigkeit stellt Arbeitslosigkeit im ökonomischen Sinn dar, wenn das Arbeitsverhältnis nur aufgrund der finanziellen Unterstützung der Bundesanstalt für Arbeit und damit der Gesellschaft weiterbesteht. Im folgenden wird für die verschiedenen Gruppen der **ruhenden Arbeitslosigkeit** geprüft, ob und in welchem Umfang sich dahinter Arbeitslosigkeit im ökonomischen Sinn verbirgt.

---

[161] § 17 SGB III.

5.3.2. Kurzarbeit

5.3.2.1. Kurzarbeitergeld

Kurzarbeitergeld wird vom Arbeitsamt als Teilausgleich für den Einkommensverlust durch eine **vorübergehende Arbeitszeitverkürzung ohne Entgeltausgleich** bezahlt. Kurzarbeit muß durch den Arbeitgeber oder den Betriebsrat beim Arbeitsamt beantragt werden. Die Ursachen der Arbeitszeitverkürzung müssen wirtschaftlich begründet sein oder auf einem unabwendbaren Ereignis beruhen. Außerdem muß sich die Unterbeschäftigung für mehr als 4 Wochen auf mehr als 10% der Arbeitszeit belaufen und mindestens ein Drittel der Belegschaft betreffen.[162] Durch das Kurzarbeitergeld wird vom Arbeitsamt 60 bis 67% der Nettoentgeltdifferenz erstattet.[163]

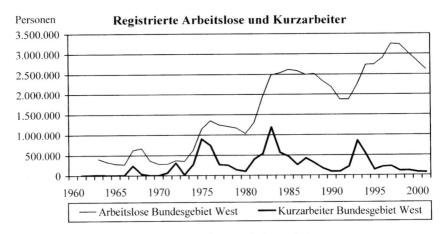

Abbildung 5.6:   *Registrierte Arbeitslose und Kurzarbeiter.*

Bestand an Arbeitslosen am Ende des Berichtsmonats Januar.
Daten: BUNDESANSTALT FÜR ARBEIT [homepage], eigene Darstellung.

Abbildung 5.6 veranschaulicht, daß die Kurzarbeit analog zur registrierten Arbeitslosigkeit zyklisch schwankt und in der jüngsten Vergangenheit an Bedeutung verloren hat. Die Ursache hierfür ist in der Neuregelung bei den Zahlungen

---

[162] Vgl. FRANZ, W. [1999], S. 265 und § 169 ff SGB III.
[163] Vgl. SCHAUB, G. [2000], S. 389.

zur Renten- und Krankenversicherung im Falle von Kurzarbeit in den 90er Jahren zu sehen, durch die sich die Kurzarbeit für die Unternehmen verteuert hat.[164]

5.3.2.2. Entlastungswirkung durch Kurzarbeit

Das vordergründige Ziel der Bezahlung von Kurzarbeitergeld ist die Erhaltung der betroffenen Arbeitsplätze. Durch die Herabsetzung der Betriebsarbeitszeit wird der Arbeitsausfall auf möglichst viele Arbeitnehmer verteilt, um die Entlassung einzelner zu verhindern. Daher ist die Zahlung von Kurzarbeitergeld auch an die Auflage gekoppelt, daß den betroffenen Arbeitnehmern nicht gekündigt werden darf.[165] Bei der Gegenüberstellung der Handlungsalternativen in einer Krisensituation soll die Entlassung für den Arbeitgeber gegenüber der Weiterbeschäftigung mit Kurzarbeit zur „Second Best" Lösung werden.

In welchem Umfang die Zahl der Arbeitslosen durch die Möglichkeiten der Kurzarbeit reduziert wird, läßt sich nicht ohne weiteres abschätzen. Denn Kurzarbeit wird nur in dem Umfang beschäftigungswirksam, in dem sie durchgeführt wird. Die entlastende Wirkung auf die Arbeitslosenstatistik entspricht nicht der Anzahl Personen in Kurzarbeit, sondern dem **Ausfallvolumen** dieser Personen durch Kurzarbeit. Daher muß das Ausfallvolumen durch Kurzarbeit in Vollzeitbeschäftigte umgerechnet werden. Die errechnete Anzahl von Arbeitskräften entspricht dann der Menge, die die Unternehmen hätten entlassen müssen, wenn keine Kurzarbeit durchgeführt worden wäre und die anderen Beschäftigten in vollem Umfang gearbeitet hätten.

Die Arbeitsmarktentlastung durch Kurzarbeit ergibt sich durch die Division des Ausfallvolumens durch Kurzarbeit durch die durchschnittliche urlaubsbereinigte tarifliche Jahresarbeitszeit eines Arbeitnehmers:[166]

$$B\ddot{A}^K_t = Vol^K_t / T^{Jahr}_t$$

wobei: $B\ddot{A}^K$ Beschäftigungsäquivalent Kurzarbeit
Vol^K Ausfallvolumen durch Kurzarbeit pro Jahr
T^{Jahr} Durchschnittliche urlaubsbereinigte tarifliche Jahresarbeitszeit pro ArbN

---

[164] Vgl. AUTORENGEMEINSCHAFT [2000], S. 21.
[165] Vgl. MERTENS, D. und J. KÜHL [1988], S. 286.
[166] Vgl. FRANZ, W. [1993], S. 92 und FLECHSENHAR, H.-R. [1979], S. 366 f.

Ob die derart ermittelte Zahl an Arbeitskräften effektiv arbeitslos geworden wäre, wird von verschiedenen Seiten unterschiedlich beurteilt: Der Sachverständigenrat beispielsweise zählt die ermittelte Beschäftigungswirkung durch Kurzarbeit in voller Höhe zur verdeckten Arbeitslosigkeit.[167] Das IAB hingegen führt einen Abschlag von ca. 30% auf das Beschäftigungsäquivalent durch, um die Entlastung der Arbeitslosenzahl durch Kurzarbeit zu bestimmen. Den Abschlag begründet das IAB damit, daß mit einer möglichen Arbeitskräftehortung (Labour-hoarding)[168] durch die Unternehmen als Reaktion auf einen Rückgang in der Güterproduktion zu rechnen ist, so daß es nicht zu einer Entlassung aller Kurzarbeiter gekommen wäre. Dafür spricht auch die Tatsache, daß Facharbeiter auf dem Arbeitsmarkt nicht immer leicht zu finden sind und Neueinstellungen immer mit zusätzlichen Kosten in der ersten Beschäftigungsphase verbunden sind. Das IAB weist außerdem darauf hin, daß ein Teil der Personen, die Kurzarbeitergeld erhalten, im Falle einer Entlassung nicht der registrierten Arbeitslosigkeit angehören, weil sie in die Stille Reserve oder ins Ausland wechseln.[169]

5.3.2.3. Ruhende Arbeitslosigkeit durch Kurzarbeit

Bei der Ermittlung der Arbeitslosigkeit im ökonomischen Sinn wird das Beschäftigungsäquivalent der Kurzarbeit in voller Höhe berücksichtigt, da in diesem Umfang ein wirtschaftlich begründeter, geringerer Bedarf an Arbeitskräften besteht. Auf einen Abschlag, dessen Höhe allenfalls geschätzt werden kann, wird verzichtet, auch wenn es dadurch möglicherweise zu einer Überschätzung der ruhenden Arbeitslosigkeit durch Kurzarbeit kommt.

$$AL^K_{\ t} = B\ddot{A}^K_{\ t} = Vol^K_{\ t} / T^{Jahr}_{\ t}$$

wobei: AL^K Ruhende Arbeitslosigkeit durch Kurzarbeit
$B\ddot{A}^K$ Beschäftigungsäquivalent Kurzarbeit
Vol^K Ausfallvolumen durch Kurzarbeit pro Jahr
T^{Jahr} Durchschnittliche urlaubsbereinigte tarifliche Jahresarbeitszeit pro ArbN

---

[167] Vgl. SACHVERSTÄNDIGENRAT [1997], S. 96.
[168] Siehe z. B. KÜLP, B. [1996], S. 164 f.
[169] Vgl. AUTORENGEMEINSCHAFT [1996], S. 21.

Bestimmung der Korrekturfaktoren

Tabelle 5.12 vermittelt einen Überblick über die Dimensionen der Kurzarbeit im wiedervereinigten Deutschland. Ohne die Sicherung von Arbeitsplätzen durch die Bezahlung von Kurzarbeitergeld hätte die registrierte Arbeitslosigkeit nach der Wiedervereinigung 1991 um bis zu 38% höher ausfallen können. Bis zum Jahr 2000 ist die Beschäftigungswirkung der Kurzarbeit stark gesunken, so daß sich die registrierte Arbeitslosigkeit ohne die Möglichkeiten der Kurzarbeit um maximal 1% erhöhen würde. Nach Ansicht der IAB könnte es sich beim verbleibenden Rest um die strukturell bedingte Sockelkurzarbeit handeln.[170]

Jahr	Zahl der Kurzarbeiter	Ausfallvolumen durch Kurzarbeit [Std.]	Durchschnittliche urlaubsbereinigte tarifliche Jahresarbeitszeit [a] [Std.]	Beschäftigungsäquivalent	Ruhende Arbeitslosigkeit durch Kurzarbeit
	I^K	Vol^K	T^{Jahr}	$B\ddot{A}^K$	AL^K
1991	1.761.000	1.655.000.000	1.688,2	980.316	980.316
1992	653.000	489.000.000	1.706,8	286.507	286.507
1993	948.000	511.000.000	1.697,1	301.096	301.096
1994	372.000	221.000.000	1.680,1	131.538	131.538
1995	199.000	142.000.000	1.666,9	85.187	85.187
1996	277.000	179.000.000	1.661,9	107.711	107.711
1997	183.000	125.000.000	1.658,7	75.360	75.360
1998	115.000	82.000.000	1.674,5	48.970	48.970
1999	119.000	77.000.000	1.684,6	45.707	45.707
2000	86.000	70.000.000	1.659,7	42.177	42.177

Tabelle 5.12: *Ruhende Arbeitslosigkeit durch Kurzarbeit.*

[a] Berechnung siehe Anhang A2.
Zahlen für Deutschland.
Daten: BACH, H.-U. [2001], eigene Berechnungen.

---

[170] Vgl. AUTORENGEMEINSCHAFT [2000], S. 21.

5.3.3. Winterausfallgeld bzw. Schlechtwettergeld

5.3.3.1. Förderung der ganzjährigen Beschäftigung in der Bauwirtschaft

Mit Ende des Jahres 1995 ist das **Schlechtwettergeld**[171] für witterungsbedingten Arbeitsausfall im Baugewerbe ausgelaufen. Es sollte Kündigungen im Winter verhindern und gleichzeitig den Lohnausfall durch witterungsbedingte Arbeitsausfälle ausgleichen.[172]

Das Schlechtwettergeld wurde 1996 durch das **Winterausfallgeld**[173] ersetzt und ist seit 1998 in den §§ 209 ff des SGB III geregelt. Winterausfallgeld können Beschäftigte des Baugewerbes erhalten, deren Arbeitsverhältnis in der Schlechtwetterzeit vom 1. November bis zum 31. März nicht gekündigt wird, wenn es zu Arbeitsausfällen kommt. Zusätzlich kann den Beschäftigten in der Bauwirtschaft ein **Wintergeld** für die geleisteten Arbeitsstunden in der Förderungszeit[174] zur Abgeltung witterungsbedingter Mehraufwendungen bezahlt werden. Die Arbeitgeber beteiligen sich an den Ausgaben für das Wintergeld und das Winterausfallgeld in Form der **Winterbau-Umlage**. Sie beträgt seit dem 1. Juli 2000 1,0% der lohnsteuerpflichtigen Arbeitsentgelte. Das Arbeitsamt zahlt ab der 101. Ausfallstunde Winterausfallgeld unter Verwendung des Beitragsaufkommens aus der Winterbau-Umlage.[175] Bis zur 100. Ausfallstunde wird vom Baugewerbe ein **Überbrückungsgeld** bezahlt, welches die Arbeitnehmer zu 1/3 tragen, indem ihnen bis zu 5 Urlaubstagen angerechnet werden.[176] Personen, die Winterausfallgeld erhalten, sind weiterhin erwerbstätig.

---

[171] Siehe dazu § 83 ff AFG.
[172] Vgl. SCHAUB, G. [2000], S. 1804.
[173] Siehe dazu § 81 ff AFG.
[174] 15. Dezember bis 28. Februar.
[175] Vgl. § 209 ff SGB III
[176] Vgl. AUTORENGEMEINSCHAFT [1997], S. 10.

5.3.3.2. Entlastung der Arbeitslosigkeit durch Winterausfallgeld bzw. Schlechtwettergeld

Durch die Zahlung von Winterausfallgeld soll eine erhöhte, witterungsbedingte Kurzarbeit und höhere saisonale Winterarbeitslosigkeit in der Bauwirtschaft verhindert werden. Es kann daher davon ausgegangen werden, daß zumindest ein Teil der Empfänger von Winterausfallgeld ohne diese beschäftigungsfördernde Maßnahme arbeitslos geworden wäre.[177]
Schlechtwettergeld bzw. Winterausfallgeld werden wie Kurzarbeitergeld nur in dem Umfang beschäftigungswirksam, in dem sie in Anspruch genommen werden. Die Entlastungswirkung ergibt sich analog zur Kurzarbeit über das Ausfallvolumen infolge schlechten Wetters:

$$BÄ^{W}_{t} = Vol^{W}_{t} / T^{Jahr}_{t}$$

wobei: $BÄ^{W}$ Beschäftigungsäquivalent Winterausfallgeld / Schlechtwettergeld
Vol^{W} Ausfallvolumen durch Schlechtwetter pro Jahr
T^{Jahr} Durchschnittliche urlaubsbereinigte tarifliche Jahresarbeitszeit pro ArbN

Das IAB hat bis 1995 bei seinen Berechnungen zur Entlastungswirkung der Arbeitslosenzahlen durch das **Schlechtwettergeld** einen Abschlag von ca. 1/3 vorgenommen.[178] Dabei wird ähnlich wie beim Kurzarbeitergeld damit argumentiert, daß die Möglichkeit nicht ausgeschlossen werden kann, daß Arbeitgeber Fachkräfte horten, um bei einer Verbesserung der Arbeitsmarktlage unverzüglich und ohne zusätzliche Kosten wieder mit der Arbeit zu beginnen. Außerdem ist es nicht auszuschließen, daß sich die Baubetriebe um eine Verstetigung der Bauproduktion bemühen würden, falls es die Schlechtwettergeldregelung nicht gäbe.[179]
Seit mit Beginn des Jahres 1996 die Regelungen des **Winterausfallgelds** in Kraft getreten sind, berücksichtigt das IAB den Beschäftigungseffekt in voller Höhe bei der Berechnung der Entlastungswirkung. Die Beteiligung von Arbeit-

---

[177] Vgl. AUTORENGEMEINSCHAFT [1998], S. 31.
[178] Vgl. AUTORENGEMEINSCHAFT [1996], S. 20.
[179] Vgl. AUTORENGEMEINSCHAFT [1998], S. 31.

gebern und Arbeitnehmern an den Kosten durch witterungsbedingten Arbeitsausfall trägt zu einer restriktiven Inanspruchnahme dieser Regelung bei.

5.3.3.3. Ruhende Arbeitslosigkeit durch Winterausfallgeld bzw. Schlechtwettergeld

Bei der Bestimmung der Arbeitslosigkeit im ökonomischen Sinn wird das Beschäftigungsäquivalent von Winterausfallgeld bzw. Schlechtwettergeld in voller Höhe berücksichtigt, da sich ein saisonal bedingter geringerer Bedarf an Arbeitskräften ergibt, der nur aufgrund der finanziellen Unterstützung der Bundesanstalt für Arbeit nicht in der Arbeitslosenstatistik wirksam wird. Ein Abschlag beim Schlechtwettergeld wird nicht vorgenommen, weil seine Höhe nur ungenau quantifiziert werden kann. Möglicherweise wird dadurch die ruhende Arbeitslosigkeit durch Schlechtwettergeld bis zum Jahr 1995 überschätzt.

$$AL^W_t = B\ddot{A}^W_t = Vol^W_t / T^{Jahr}_t$$

wobei:
- AL^W Ruhende Arbeitslosigkeit durch Winterausfallgeld / Schlechtwettergeld
- $B\ddot{A}^W$ Beschäftigungsäquivalent Winterausfallgeld / Schlechtwettergeld
- Vol^W Ausfallvolumen durch Schlechtwetter pro Jahr
- T^{Jahr} Durchschnittliche urlaubsbereinigte tarifliche Jahresarbeitszeit pro ArbN

Bei der Berechnung der ruhenden Arbeitslosigkeit durch Winterausfallgeld ergibt sich ein datentechnisches Problem, weil die Wirkungen von Schlechtwetter, Tarifauseinandersetzungen und akzeptierte Teilzeit seit 1998 wegen ihrer geringen Bedeutung in der Arbeitszeitrechnung gemeinsam ausgewiesen werden.[180] Daher muß das Ausfallvolumen durch Winterausfallgeld zuerst berechnet werden. Über das arithmetische Mittel wird von den Jahren 1996 und 1997 auf die Anteilsätze des Winterausfallgelds geschlossen. Eine längere Zeitspanne ist nicht möglich, da sich die Inanspruchnahme des Winterausfallgelds, welches 1996 das Schlechtwettergeld abgelöst hat, erheblich von der des Schlechtwettergelds unterscheidet. Für das Winterausfallgeld ergibt sich ein Anteil am gemein-

---

[180] Vgl. BACH, H.-U. [2001].

samen Ausfallvolumen von 51% für Deutschland und 47% für Westdeutschland.[181]

$$Vol^W_t = 0{,}51 \cdot Vol^{W+T+aT}_t$$

wobei: Vol^W Ausfallvolumen durch Schlechtwetter pro Jahr
Vol^{W+T+aT} Ausfallvolumen durch Schlechtwetter, Tarifauseinandersetzungen und akzeptierte Teilzeit pro Jahr

Jahr	Empfänger von Winterausfallgeld / Schlechtwettergeld	Ausfallvolumen Schlechtwetter [Std.]	Durchschnittliche urlaubsbereinigte tarifliche Jahresarbeitszeit [a] [Std.]	Beschäftigungsäquivalent	Ruhende Arbeitslosigkeit durch Winterausfallgeld / Schlechtwettergeld
	I^W	Vol^W	T^{Jahr}	$BÄ^W$	AL^W
1991	50.000	103.040.000	1.688,2	61.034	61.034
1992	47.000	83.160.000	1.706,8	48.724	48.724
1993	72.000	128.950.000	1.697,1	75.981	75.981
1994	39.000	67.960.000	1.680,1	40.449	40.449
1995	60.000	90.750.000	1.666,9	54.442	54.442
1996	10.000	86.220.000	1.661,9	51.882	51.882
1997	8.000	59.980.000	1.658,7	36.161	36.161
1998	6.000	37.655.000	1.674,5	22.488	22.488
1999	6.000	46.821.000	1.684,6	27.793	27.793
2000	10.000	38.801.000	1.659,7	23.379	23.379

Tabelle 5.13: Ruhende Arbeitslosigkeit durch Winterausfallgeld bzw. Schlechtwettergeld.

[a] Siehe Anhang A2.
Zahlen für Deutschland.
Daten: AUTORENGEMEINSCHAFT [2001], eigene Berechnungen.

Die Entwicklung der Daten legt den Schluß nahe, daß die Möglichkeiten zur Beanspruchung von Schlechtwettergeld in der Vergangenheit großzügig gehandhabt und genutzt wurden. Der entlastende Effekt auf die registrierte Arbeitslosigkeit ist mit knapp 2% im Jahr 1992 und 0,1% im Jahr 1998 gering und stark rückläufig. Damit hat der Übergang vom Schlechtwettergeld zum Winter-

---

[181] Siehe Anhang A2.

ausfallgeld 1996 die witterungsbedingten Ansprüche an die Solidargemeinschaft erheblich gesenkt.

5.3.4. Altersteilzeitarbeit

5.3.4.1. Das Altersteilzeitgesetz

Das „neue" **Altersteilzeitgesetz** (AtG) ist zum 1. August 1996 in Kraft getreten. Es ermöglicht älteren Arbeitnehmern den gleitenden Übergang vom Erwerbsleben in den Ruhestand. Mit Vollendung des 55. Lebensjahrs können Arbeitnehmer mit dem Arbeitgeber eine **freiwillige Vereinbarung** über eine Teilzeitbeschäftigung treffen. Im Rahmen der Altersteilzeitarbeit wird die Arbeitszeit eines älteren Arbeitnehmers um die Hälfte reduziert. Das Ziel der Bundesanstalt für Arbeit besteht darin, daß die frei werdende Arbeitszeit dazu verwendet wird, einen Arbeitslosen zu beschäftigen.[182] Anreize dazu schafft die Bundesanstalt für Arbeit, indem die Arbeitgeber einen Zuschuß zur Finanzierung der Altersteilzeitarbeit[183] vom Arbeitsamt bekommt. Während der Altersteilzeitarbeit besteht ein sozialversicherungspflichtiges Arbeitsverhältnis. Ab dem 60. Lebensjahr können Personen mit Altersteilzeitverträgen in den Ruhestand gleiten. Arbeitnehmer, die vorgezogene Altersrente nach Altersteilzeitarbeit beantragen, bekommen 90% der Rentenansprüche zugesichert.[184]

Seit dem 1. Januar 2000 besteht auch für Teilzeitbeschäftigte die Möglichkeit zur Altersteilzeitarbeit. Allerdings müssen sie nach der Halbierung der Arbeitszeit weiterhin versicherungspflichtig beschäftigt sein.[185] Mit dem „Zweiten Gesetz zur Fortentwicklung der Altersteilzeit" vom 27. Juni 2000 wurde die Anwendbarkeit des Altersteilzeitgesetzes erleichtert und der Geltungsbereich ausgedehnt.

---

[182] Vgl. SCHAUB, G. [2000], S. 354 ff.
[183] Ein Arbeitnehmer in Altersteilzeitarbeit erhält mindestens 70% des Vollzeiteinkommens. Vgl. SCHAUB, G. [2000], S. 357.
[184] Vgl. IW [04.02.1999].
[185] Vgl. cgb [2000].

5.3.4.2. Entlastung der Arbeitslosigkeit durch Altersteilzeitarbeit

Das IAB geht davon aus, daß durch jeden Arbeitnehmer in Altersteilzeitarbeit ein halber Arbeitsplatz geschaffen wird. Entsprechend der Regelungen im Altersteilzeitgesetz[186] können zwei älteren Arbeitnehmer durch einen jüngeren Arbeitslosen ersetzt werden.[187] Das Verhältnis 2:1 gilt grundsätzlich, allerdings kann es kurzfristig zu Verzerrungen kommen. Die Unternehmen sind gesetzlich dazu verpflichtet, bei jeder Umstellung auf Altersteilzeitarbeit das frei werdende Arbeitsvolumen innerhalb von 3 Monaten mit einem Arbeitslosen zu besetzen. Die dreimonatige Frist zur Stellenbesetzung kann kurzfristig bei der Ermittlung der Beschäftigungswirkung zu einer Übererfassung führen, wenn eine frei gewordene Stelle noch nicht mit einem Arbeitslosen besetzt wurde.

Für welche Form der Aufteilung der verbleibenden Arbeitszeit Arbeitnehmer und Arbeitgeber sich entscheiden, spielt ebenfalls eine Rolle bei der Erfassung der Beschäftigungswirkung. Möglich ist neben einer durchgehenden Halbtagsbeschäftigung auch eine beliebige Form der Blockung. Im Blockzeitmodell wird die Altersteilzeitarbeit monatlich oder jährlich in Phasen der Vollzeitbeschäftigung und in Freistellungsphasen bei gleichzeitiger Fortzahlung der Bezüge aufgeteilt. Bei der Altersteilzeitarbeit im Block tritt der Entlastungseffekt frühestens nach der Hälfte der vereinbarten Dauer der Altersteilzeitarbeit ein, wenn nach der erbrachten Vollzeitbeschäftigung die Freistellungsphase beginnt. Erst dann kann die Stelle neu besetzt werden.[188]

5.3.4.3. Ruhende Arbeitslosigkeit durch Altersteilzeitarbeit

Personen in Altersteilzeitarbeit führen zu ruhender Arbeitslosigkeit in halber Höhe der Inanspruchnahme. Durch die finanzielle Unterstützung der Bundesanstalt für Arbeit werden die Einkommensverluste, die ältere Arbeitnehmer durch eine Halbierung der Arbeitszeit erleiden, aufgefangen, bis diese die vorgezogene Altersrente nach Altersteilzeitarbeit erhalten. Dafür werden jeweils zwei frei

---

[186] Siehe dazu § 5 ATG.
[187] Vgl. AUTORENGEMEINSCHAFT [1998], S. 28.
[188] Vgl. AUTORENGEMEINSCHAFT [1998], S. 28.

gewordenen halbe Stellen mit einem jüngeren Arbeitslosen besetzt. Die Alternativen zur Altersteilzeitarbeit bestehen darin, daß bei gleichem Arbeitsvolumen die älteren Person voll erwerbstätig wären und der jüngere Arbeitslose weiterhin arbeitslos.

$$AL^A_t = \frac{1}{2} \cdot I^A_t$$

wobei: AL^A Ruhende Arbeitslosigkeit durch Altersteilzeitarbeit
I^A Inanspruchnahme / Teilnehmer an der Altersteilzeitarbeit

Im Jahr 1998 waren 80% der Anträge auf Altersteilzeitarbeit mit Blockbildung.[189] Durch die Bevorzugung der Altersteilzeitarbeit im Block kommt es zu einer zeitlichen Verzerrung der Entlastungswirkung von mindestens 2 Jahren. Da die Inanspruchnahme der Altersteilzeitarbeit bisher noch gering ist, wird auf eine Berücksichtigung dieser Verzerrung bei der Bestimmung der Arbeitslosigkeit im ökonomischen Sinn verzichtet. In späteren Jahren ist bei einer annähernd konstanten Inanspruchnahme der Altersteilzeitarbeit mit einem Ausgleich dieser Verzerrung über die Zeit zu rechnen.

Nicht erfaßt werden Personen in Altersteilzeitarbeit, für die der Arbeitgeber keine Erstattung der Aufstockungsbeträge fordert. Denn eine Anwendung des Altersteilzeitgesetzes ist auch ohne eine Förderung durch die Bundesanstalt für Arbeit möglich.[190] In diesem Fall trägt der Arbeitgeber die Kosten der Altersteilzeitarbeit allein. Dafür ist er auch nicht an die Auflage gebunden, den frei werdenden Arbeitsplatz wieder zu besetzten. Diese Form der Altersteilzeitarbeit wirkt sich nicht entlastend auf den Arbeitsmarkt aus. Da die Kosten der Altersteilzeitarbeit in diesem Fall vom Arbeitgeber getragen werden und die Arbeitnehmer der Regelung zugestimmt haben, liegt keine Form der ruhenden Arbeitslosigkeit vor.

Die Möglichkeiten der Altersteilzeitarbeit wurden, wie Tabelle 5.14 zeigt, zunächst nur in geringem Umfang nachgefragt. Die verbesserten Möglichkeiten zur Blockbildung und die Aufnahme von Regelungen zur Altersteilzeitarbeit in

---

[189] Vgl. ELLGUTH, P. u. a. [2000], S. 4 f.
[190] Vgl. ELLGUTH, P. u. a. [2000], S. 5.

Tarifverträgen haben die Nachfrage inzwischen erhöht.[191] Das Interesse an der Altersteilzeitarbeit steigt mit der Betriebsgröße an.[192]

Jahr	Personen in Altersteilzeitarbeit	Durchschnittlicher Arbeitsausfall	Ruhende Arbeitslosigkeit durch Altersteilzeitarbeit	Registrierte Arbeitslose	In % der registrierten Arbeitslosen
	I^A		AL^A	AL^{reg}	
1996	0	½	0	3.965.000	0
1997	3.000	½	1.500	4.385.000	0,03
1998	9.000	½	4.500	4.279.000	0,11
1999	17.000	½	8.500	4.100.000	0,21
2000	34.000	½	17.000	3.889.000	0,44

Tabelle 5.14:   *Verdeckte Arbeitslosigkeit durch Altersteilzeitarbeit.*

Zahlen für Deutschland.
Daten: AUTORENGEMEINSCHAFT [2001], eigene Berechnungen.

5.3.5. Akzeptierte Teilzeitarbeit

Akzeptierte Teilzeitarbeit liegt vor, wenn **Teilzeitarbeit** zur Sicherung von Beschäftigungsverhältnissen **tarifvertraglich** oder **auf betrieblicher Ebene vereinbart** wird. Nach Ansicht es IAB führt akzeptierte Teilzeitarbeit in Teilbereichen zu einer Sicherung von Beschäftigungsverhältnissen.[193]
Bei der akzeptierten Teilzeitarbeit handelt es sich um keine Form der ruhenden Arbeitslosigkeit, obwohl die Sicherung der Arbeitsplätze durch eine kollektive Reduzierung des zeitlichen Arbeitsumfangs ermöglicht wird. Die akzeptierte Teilzeitarbeit wird vertraglich im Einvernehmen zwischen den Arbeitsmarktparteien geregelt, ohne daß finanzielle Forderungen an die Gesellschaft gestellt werden. In wieweit akzeptierte Teilzeitarbeit freiwillig erfolgt oder auf kollektiven Druck hin, kann nicht abgeschätzt werden. Da die Gewerkschaften ihre Mitglieder vertreten und im Interesse ihrer Mitglieder handeln, erfolgt akzeptierte Teilzeitarbeit mit Zustimmung der Arbeitnehmer. Damit liegt keine Ar-

---

[191]   Vgl. BMA [29.02.2000].
[192]   Vgl. ELLGUTH, P. u. a. [2000], S. 4 f.
[193]   Vgl. AUTORENGEMEINSCHAFT [1998], S. 9.

beitslosigkeit im ökonomischen Sinn vor. Vielmehr erinnert akzeptierte Teilzeitarbeit an die Niederlande, die mit ihrem „holländischen Weg" eine „Teilzeit-Story" geschrieben haben, die in Europa als vorbildlich gilt.[194]

5.3.6. Eingliederungszuschüsse

Unter dem Begriff „Eingliederungszuschüsse" (§§ 217 – 224 SGB III) wurden mit dem Übergang zum SGB III die Einarbeitungszuschüsse (§ 49 AFG), Eingliederungsbeihilfen (§ 54 AFG), Eingliederungshilfen (§ 58 Abs. 1 b AFG) und Lohnkostenzuschüsse für Ältere (§ 97 AFG) zusammengefaßt.[195] Diese Leistungen werden an die Arbeitgeber bezahlt, wenn sie förderungsbedürftige Arbeitnehmer anstellen, um Minderleistungen auszugleichen.[196] Es liegt ruhende Arbeitslosigkeit durch Eingliederungszuschüsse vor, wenn ohne die finanziellen Zuschüsse der Arbeitsämter keine Einstellung von Arbeitskräften erfolgt wäre. Davon ist im allgemeinen nicht auszugehen. Vermutlich wären ohne die Zuschüsse nur keine schwer vermittelbaren Personen angestellt worden. Eingliederungszuschüsse werden auch vom IAB nicht mit in die Entlastungsrechnung einbezogen. Sie erhöhen zwar die Einstellungschancen von schwer vermittelbaren Personen, aber dadurch ändert sich die Zahl der Beschäftigten und die Zahl der Einstellungen nur wenig, so daß sich die Entlastungswirkung auf die Arbeitslosenzahlen nur geringfügig auswirkt.[197] Insgesamt ist der Nettoeffekt auf die Arbeitslosigkeit schwer abzuschätzen.[198] Daher muß die ruhende Arbeitslosigkeit durch Eingliederungszuschüsse bei der Bestimmung der Arbeitslosigkeit im ökonomischen Sinn vernachlässigt werden.

5.3.7. Subventionierte Arbeitsplätze in Krisenbranchen

Unter dem Aspekt der ruhenden Arbeitslosigkeit muß diskutiert werden, in wieweit Arbeitsplätze in subventionierten Wirtschaftsbereichen berücksichtigt werden müssen, wenn die Arbeitslosigkeit im ökonomischen Sinn ermittelt wer-

---

[194] Vgl. UCHATIUS, W. [1999] und IW [04.02.1999].
[195] Vgl. BUNDESANSTALT FÜR ARBEIT [1999-3], S. 229.
[196] Vgl. BUNDESANSTALT FÜR ARBEIT [1999-3], S. 280.
[197] Vgl. AUTORENGEMEINSCHAFT [1994], S. 284.
[198] Vgl. AUTORENGEMEINSCHAFT [1998], S. 28.

den soll. Subventionen sind *„Zuschüsse, die der Staat im Rahmen der Wirtschafts- und Sozialpolitik an Unternehmen für laufende Produktionszwecke gewährt, sei es zur Beeinflussung der Marktpreise oder zur Stützung von Einkommen und Produktion"*[199].

Durch **sektorspezifische Subventionen** von Bund und Ländern werden Unternehmen im Bereich der Land- und Forstwirtschaft, im Bergbau, im Schiffbau und im Luft- und Raumfahrzeugbau gefördert. Wenn bestimmten Wirtschaftsbereiche durch Subventionen unterstützt werden, dann trägt dies auch zur Sicherung der Arbeitsplätze bei. Es liegt **ruhende Arbeitslosigkeit** vor, wenn mit staatlichen Mitteln Arbeitsplätze in Branchen gesichert werden, die dem freien Wettbewerb ansonsten nicht gewachsen wären. Ohne Subventionen käme es dann aus strukturellen Gründen zu Entlassungen.

Bei der Diskussion um den Umfang der ruhende Arbeitslosigkeit durch sektorspezifische Subventionen ergibt sich das Problem, daß das vordergründige Ziel der Subventionen nicht allein die Sicherung der Arbeitsplätze sein muß, sondern gesellschaftspolitischen Ziele, wie der Schutz der Umwelt, oder die Förderung der Wettbewerbsfähigkeit der Wirtschaft gegenüber dem Ausland.[200] Damit läßt sich nicht eindeutig zurechnen, in welchem Umfang Subventionen zu ruhender Arbeitslosigkeit führen.

Des weiteren werden im Bundeshaushaltsplan **branchenübergreifende Finanzhilfen** für **beschäftigungspolitische Zwecke** veranschlagt. 1996 betrugen diese Finanzhilfen 1.381,4 Mill. DM.[201] Dieser Betrag reicht rein rechnerisch aus, um einen Bruttolohn von 100.000 DM im Jahr für 13.814 Personen zu bezahlen. In diesem Umfang könnte ruhende Arbeitslosigkeit durch Subventionen vorliegen. Außerdem werden auch in den Haushaltsplänen der Bundesländer branchenübergreifende Finanzhilfen für den Unternehmenssektor berücksichtigt, um beschäftigungspolitische Ziele zu verfolgen. Die Haushaltsmittel sind für Maßnahmen zur Forschung und Entwicklung, Fortbildung und zur Schaffung von Arbeitsplätzen vorgesehen und bestehen aus einer *„Fülle von ‚Kleinbeträ-*

---

[199] STATISTISCHES BUNDESAMT [1996], S.59.
[200] Vgl. BOSS, A. und A. ROSENSCHON [1998], S. 13.
[201] Vgl. BOSS, A. und A. ROSENSCHON [1998], S. 15.

gen' "[202]. Daher ist es nicht möglich, die Wirkung der Subventionen auf den Arbeitsmarkt zu quantifizieren. Sicher ist, daß es zu einer Unterschätzung der Arbeitslosigkeit im ökonomischen Sinn kommt, wenn Subventionen, wie im vorliegenden Fall, vernachlässigt werden.

5.3.8. Ruhende Arbeitslosigkeit durch Maßnahmen der Beschäftigungssicherung und -förderung

Von ruhender Arbeitslosigkeit wird in dieser Arbeit gesprochen, wenn durch die finanzielle Unterstützung der Bundesanstalt für Arbeit Arbeitsplätze von Personen gesichert werden, die unmittelbar von Arbeitslosigkeit bedroht sind. Ruhende Arbeitslosigkeit entsteht durch Kurzarbeit, witterungsbedingte Arbeitsausfälle im Baugewerbe und Altersteilzeitarbeit. Bei der Ermittlung der Arbeitslosigkeit im ökonomischen Sinn wird **ruhende Arbeitslosigkeit** im **2. Korrekturfaktor** berücksichtigt. Er ergibt sich als:

$$K^2_t = AL^K_t + AL^W_t + AL^A_t$$

Nicht berücksichtigt wird ruhende Arbeitslosigkeit durch Eingliederungszuschüsse und Subventionen, weil mit den gegebenen Daten keine Quantifizierung möglich ist. Akzeptierte Teilzeitarbeit führt nicht zu Arbeitslosigkeit im ökonomischen Sinn.

Der Umfang der ruhenden Arbeitslosigkeit betrug 1991 über eine Millionen Personen, im Jahr 2000 sind es nur noch rund 83.000 Personen. Damit hätte die Arbeitslosigkeit 1991 um 40% höher ausgewiesen werden müssen, wenn keine Maßnahmen zur Beschäftigungssicherung und -förderung durch die Bundesanstalt für Arbeit durchgeführt worden wären. Tabelle 5.15 veranschaulicht diese Ergebnisse.

---

[202] BOSS, A. und A. ROSENSCHON [1998], S. 17.

Bestimmung der Korrekturfaktoren

Jahr	AL^K	AL^W	AL^A	K^2
1991	980.316	61.034	0	1.041.350
1992	286.507	48.724	0	335.231
1993	301.096	75.981	0	377.077
1994	131.538	40.449	0	171.987
1995	85.187	54.442	0	139.629
1996	107.711	51.882	0	159.593
1997	75.360	36.161	1.500	113.021
1998	48.970	22.488	4.500	75.958
1999	45.707	27.793	8.500	82.000
2000	42.177	23.379	17.000	82.556

Tabelle 5.15: Bestimmung des 2. Korrekturfaktors: Ruhende Arbeitslosigkeit.

Zahlen für Deutschland.

5.4. Korrekturfaktor 3: Unsichtbare Arbeitslosigkeit

5.4.1. Unsichtbare Arbeitslosigkeit und der Begriff der „Stillen Reserve"

Von der „Stillen Reserve" wurde erstmals 1932 gesprochen, nachdem eine widersprüchliche Entwicklung der Arbeitsmarktstatistik während der Weltwirtschaftskrise 1929/30 beobachtet wurde. Die Zahl der registrierten Arbeitslosen erhöhte sich nicht in dem Umfang, in dem die Zahl der Beschäftigten sank, so daß eine unerklärbare Lücke entstand. 1932 ergab sich dann die ebenfalls verwunderliche Tatsache, daß die Arbeitslosigkeit sank, während gleichzeitig die Beschäftigung zurück ging. Beide Entwicklungen standen im Gegensatz zu der Behauptung, daß die Summe aus Beschäftigten und Arbeitslosen der Zahl der Erwerbspersonen entspricht und folglich ein Ansteigen der Arbeitslosigkeit an ein entsprechendes Absinken der Beschäftigung gekoppelt ist. Da demographische Faktoren diesen scheinbaren Widerspruch nicht erklären konnten, wurde darauf geschlossen, daß auf dem Arbeitsmarkt neben den Erwerbstätigen und den registrierten Arbeitslosen eine dritte Personengruppe existieren muß, die ebenfalls zum Arbeitsangebot gehört.[203] Dieser unsichtbare Teil des Arbeitsmarkts wird synonym als **„Stille Reserve"** oder **„Arbeitsmarktreserve"** bezeichnet.

Die beobachtete widersprüchliche Entwicklung der Arbeitsmarktstatistik wird heute anhand zweier makroökonomischer Theorien erklärt. Zum einen ziehen sich in der rezessiven Phase Arbeitskräfte, die nicht damit rechnen, in naher Zukunft einen Arbeitsplatz zu finden und über keine entsprechenden Leistungsansprüche an das soziale Sicherungssystem verfügen, entmutigt vom Arbeitsmarkt zurück. Dieses Verhalten wird als **Entmutigungseffekt** (Discouraged Worker Hypothesis) bezeichnet und erzeugt eine prozyklische Entlastung des Arbeitsmarkts. Der **Zusatzarbeitereffekt** (Added Worker Hypothesis) wirkt in die entgegengesetzte Richtung. Durch das sinkende Familieneinkommen infolge von

---

[203] Vgl. HOLST, E. [2000], S. 23 f.

Arbeitslosigkeit, Kurzarbeit und stagnierenden Löhnen in der Rezession treten weitere Familienmitglieder als Anbieter auf dem Arbeitsmarkt auf. Insgesamt dominiert der Entmutigungseffekt in der Rezession über den Zusatzarbeitereffekt. Daher nimmt die Stille Reserve in Phasen der Arbeitsmarktschwäche zu und in Phasen der Arbeitsmarktbelebung ab. Der Gesamteffekt verhält sich prozyklisch zur Arbeitsmarktentwicklung und antizyklisch zum Konjunkturverlauf, so daß der Arbeitsmarkt in der Rezession durch die Stille Reserve entlastet wird.[204]

Spätere Untersuchungen analysierten den Personenkreis der Stillen Reserve. Die **„klassische" Stille Reserve** bilden **Frauen**, die während und nach der Erziehung der Kinder berufstätig werden möchten, den Status der Hausfrau aber beibehalten, bis sie einen geeigneten Arbeitsplatz finden. Ebenfalls zur Stillen Reserve zählen **Jugendliche**, die ihre schulische Ausbildung verlängern, weil sie keine Lehrstelle oder keinen Arbeitsplatz finden und **ältere Arbeitslose**, die wegen der schlechten Berufsaussichten in den Vorruhestand gewechselt sind.[205]

5.4.2. Ansätze zur Quantifizierung der Stillen Reserve

Da sich arbeitsmarktpolitische Eingriffe ohne eine Berücksichtigung der Stillen Reserve nur unzureichend dosieren lassen, weil Personen der Stillen Reserve mit den offiziellen Arbeitslosen um freie Arbeitsplätze konkurrieren, steht die Stille Reserve automatisch im Interesse der Arbeitsmarktforschung. Daher stellt sich die Frage nach ihrer quantitativen Bestimmung. Es gibt keine Amtlichen Statistiken, die die Stille Reserve ausweisen. Die Ursache hierfür liegt in der fehlenden Beobachtbarkeit der Aktivitäten von Personen der Stillen Reserve, da diese weder zur Gruppe der Erwerbstätigen noch zur Gruppe der registrierten Arbeitslosen gehören.[206]

In der Arbeitsmarktforschung werden **zwei Methoden** diskutiert, die beide den Umfang der Stillen Reserve zu ermitteln versuchen. Die erste Methode besteht in der **direkten Befragung** einer Stichprobe von Personen im entsprechenden Alter, die weder erwerbstätig noch arbeitslos gemeldet sind. Mit der zweiten

---

[204] Vgl. SESSELMEIER, W. und G. BLAUERMEL [1998], S. 56.
[205] Vgl. BLÜMLE, G. und W. PATZIG [1999], S. 356 ff.
[206] Vgl. GROSS, J. u. a. [1980], S. 29.

Methode wird die Stille Reserve indirekt durch eine **ökonometrische Schätzung** im Rahmen eines Modells bestimmt. Im folgenden werden beide Methoden kurz vorgestellt:[207]

Die **direkte Ermittlung** der Stillen Reserve erfolgt über die Befragung einer Bevölkerungsstichprobe bzw. durch den Zugriff auf entsprechende Paneldaten. Im Vordergrund dieser Untersuchungen steht vor allem die Struktur der Stillen Reserve, so daß diese Ansätze **mikroökonomisch** ausgerichtet sind.

Auf nationaler Ebene gibt es unterschiedliche mikroökonomische Ansätze zur Ermittlung der Stille Reserve, die größtenteils auf das Sozio-ökonomische Panel (SOEP) zurückgreifen.[208] Die Ansätze definieren die Stille Reserve unterschiedlich und betrachten außerdem verschiedene Formen der Arbeitsmarktnähe. So ergeben sich Schätzungen für die Stille Reserve, die häufig nicht vergleichbar sind und sich außerdem nur auf einzelne Jahre beziehen, so daß keine Zeitreihen verfügbar sind.[209]

Der bekannteste **indirekte Ansatz** für Deutschland wurde vom Institut für Arbeitsmarkt- und Berufsforschung (IAB) entwickelt. Der Modellansatz des IAB ist **makroökonomisch** ausgerichtet und klärt in der Hauptsache die Frage, wieviele Personen der Stillen Reserve zugerechnet werden können. Das IAB bietet lange Zeitreihen zur Stillen Reserve an, die nach einer einheitlichen Systematik ermittelt werden.

Beide Verfahren zur Ermittlung der Stillen Reserve sind mit **großen Unsicherheiten** belastet. Die Daten müssen mit äußerster Vorsicht interpretiert werden, da die Stille Reserve nur abgeschätzt werden kann und eine Überprüfung der Daten in der Praxis nur schwer möglich ist.

Bei der Bestimmung der Arbeitslosigkeit im ökonomischen Sinn bietet es sich an, auf die vorhandenen langen Reihen des IAB zur Stillen Reserve zurückzugreifen, die öffentlich verfügbar sind und anhand einer im Zeitablauf konsistenten

---

[207] Diese Arbeit erhebt keinen Anspruch auf eine vollständige Darstellung aller Konzepte zur Erfassung der Stillen Reserve. Es wird nur auf Konzepte zurückgegriffen, die für den Fortgang dieser Arbeit wichtig sind.
[208] Vgl. z. B. STOBERNACK, M. [1986], [1991], TABERT, L. [1997] oder HOLST, E. [2000].
[209] Auf internationaler Ebene werden ebenfalls vorwiegend mikroökonomische Ansätze entwickelt.

Methode ermittelt werden. Außerdem wird auf diese Weise gewährleistet, daß die Kompatibilität des Datenmaterials erhalten bleibt, da diese Arbeit überwiegend auf Daten der Bundesanstalt für Arbeit zurückgreift.

5.4.3. Die empirische Ermittlung der Stillen Reserve

5.4.3.1. Die Stillen Reserve in der Konzeption des IAB

Das Erwerbspersonenpotential (EPP*)* stellt in der Systematik des Instituts für Arbeitsmarkt- und Berufsforschung das Arbeitskräfteangebot in der Hochkonjunktur dar. Es ist definiert als die Summe aus Erwerbstätigen, registrierten Arbeitslosen und der Stillen Reserve.[210]

$$EPP_t = ET_t + AL^{reg}_t + R^{Still}_t$$

wobei:
- EPP Erwerbspersonenpotential
- ET Erwerbstätige
- AL^{reg} Registrierte Arbeitslose
- R^{Still} Stille Reserve

Die Stille Reserve stellt die unbekannte Größe dar, die vom IAB indirekt über die regressionsanalytische Schätzung eines langfristigen Modells ermittelt wird. Sie ergibt sich als Residualgröße aus der Schätzung des Erwerbspersonenpotentials (EPP). Vereinfacht dargestellt, wird die Schätzung folgendermaßen durchgeführt:

Zunächst wird das Erwerbspersonenpotential anhand der Daten des Mikrozensus zur Bevölkerung unter strukturellen Gesichtspunkten nach Nationalität (n), Geschlecht (g), Familienstand (f) und Alter (x) in Teilpopulationen zerlegt, und mit der jeweiligen geschätzten Erwerbsbeteiligung gewichtet:

---

[210] Vgl. im folgenden FUCHS, J. [1998 b], S. 240 ff.

$$EPP_{ngfx,t} = \sum_n \sum_g \sum_f \sum_x \hat{e}^p_{ngfx,t} \cdot B_{ngfx,t}$$

wobei: EPP_{ngfx} Erwerbspersonenpotential
          $\hat{e}^p_{ngfx}$ Geschätzte Potentailerwerbsquote
          B_{ngfx} Bevölkerung
          n   Index für die Nationalität
          g   Index für das Geschlecht
          f   Index für den Familienstand
          x   Index für das Alter

Da die Bevölkerung als gegeben vorausgesetzt wird, müssen nur die Potentialerwerbsquoten ($\hat{e}^p_{ngfx}$) bestimmt werden. Dazu werden zuerst tatsächliche bzw. effektive Erwerbsquoten mit Hilfe der klassischen Regressionsanalyse aus den Daten des Mikrozensus geschätzt. Als Schätzfunktion für die effektiven Erwerbsquoten ($\hat{e}_{ngfx}$) ergibt sich:

$$\hat{e}_{ngfx,t} = \hat{\beta}_0 + \hat{\beta}_i z_{i,t} + \hat{\gamma} a_t$$

wobei: $\hat{e}_{ngfx}$ Geschätzte effektive Erwerbsquote
          $\hat{\beta}_0, \hat{\beta}_i, \hat{\gamma}$ Geschätzte Regressionsparameter
          z_i Regressoren (z. B. Zeittrend, Familienstruktur, Teilzeitquote)
          a   Konjunkturindikator für den Arbeitsmarkt

Die effektiven Erwerbsquoten in der Hochkonjunktur werden als Potentialerwerbsquoten ($\hat{e}^p_{ngfx}$) definiert. Sie ergeben sich durch die Simulation einer Vollbeschäftigungssituation, indem der Konjunkturindikator für den Arbeitsmarkt (a) durch seinen Wert in der Hochkonjunktur (a*) ersetzt wird.

$$\hat{e}^p_{ngfx,t} = \hat{\beta}_0 + \hat{\beta}_i z_{i,t} + \hat{\gamma} a^*$$

wobei: $\hat{e}^p_{ngfx}$ Geschätzte Potentialerwerbsquote
          $\hat{\beta}_0, \hat{\beta}_i, \hat{\gamma}$ Geschätzte Regressionsparameter
          z_i Regressoren (z. B. Zeittrend, Familienstruktur, Teilzeitquote)
          a^* Arbeitsmarktindikator für die Hochkonjunktur[211]

Damit ist die Stille Reserve theoretisch über

$$EPP_{ngfx,t} = \sum_n \sum_g \sum_f \sum_x \hat{e}^p_{ngfx,t} \cdot B_{ngfx,t}$$

---

[211] Der Arbeitsmarktindikator für die Hochkonjunktur ist über die Zeit konstant.

Bestimmung der Korrekturfaktoren

als Restgröße aus

$$EPP_t = ET_t + AL^{reg}_t + R^{Still}_t$$

berechenbar:

$$R^{Still}_t = EPP_t - EP_t = EPP_t - ET_t - AL^{reg}_t$$

Da der Begriff der Erwerbstätigkeit analog zur Erwerbslosigkeit anders abgegrenzt wird als die registrierte Arbeitslosigkeit,[212] schlägt das IAB einen anderen Weg ein: Über die Differenz aus geschätzter Potentialerwerbsquote ($\hat{e}^p_{ngfx}$) und geschätzter effektiver Erwerbsquote ($\hat{e}_{ngfx}$) ergibt sich die geschätzte Stille Reserve Erwerbsquote ($\hat{r}_{ngfx}$).

$$\hat{r}_{ngfx,t} = \hat{e}^p_{ngfx,t} - \hat{e}_{ngfx,t} = \hat{\gamma}(a^* - a_t)$$

wobei:
- $\hat{r}_{ngfx}$ Geschätzte Stille Reserve Erwerbsquote
- $\hat{e}^p_{ngfx}$ Geschätzte Potentialerwerbsquote
- $\hat{e}_{ngfx}$ Geschätzte effektive Erwerbsquote
- $\hat{\gamma}$ Geschätzter Regressionsparameter
- a^* Arbeitsmarktindikator für die Hochkonjunktur
- a Indikator für den Arbeitsmarkt

Damit wird die gewichtete Differenz des Arbeitsmarktindikators zu seinem Wert in der Hochkonjunktur zur bestimmenden Größe der Stillen Reserve Erwerbsquote jeder Teilpopulation der Bevölkerung. Die Stille Reserve insgesamt ergibt sich aus der Summe der mit den jeweiligen Stille Reserve Erwerbsquoten gewichteten Teilpopulationen.

$$R^{Still}_t = \sum_n \sum_g \sum_f \sum_x \hat{r}_{ngfx,t} \cdot B_{ngfx,t}$$

wobei:
- R^{Still} Stille Reserve
- $\hat{r}_{ngfx}$ Geschätzte Stille Reserve Erwerbsquote
- B_{ngfx} Bevölkerung

5.4.3.2. Die Kritik an diesem Ansatz

Der makroökonomische Ansatz des IAB zur Schätzung der Stillen Reserve unterliegt in mehreren Punkten der Kritik:

---

[212] Siehe dazu Kapitel 2.2.5.

Zum einen muß bei der Ermittlung des Erwerbspersonenpotentials der **Konjunkturindikator** für eine Situation der **Vollbeschäftigung** geschätzt werden, die für Westdeutschland über Jahrzehnte hinweg nicht zu beobachten war. Des weiteren sind die Zeitreihen für die neuen Bundesländer bisher zu kurz und instabil für ein makroökonomisches Modell mit dem Ziel der Langfristprognose. Ein weiteres Problem stellt der **Konjunkturindikator** für Ostdeutschland dar, der ebenfalls für eine seit der Wiedervereinigung unbekannte Situation der **Vollbeschäftigung** bestimmt werden muß. Daher kann die Methode für Westdeutschland bisher nicht problemlos auf die neuen Bundesländer übertragen werden, so daß für Ostdeutschland auf qualitative Expertenurteile bzw. auf einen anderer Ansatz mit Paneldaten zurückgegriffen werden muß.[213]

Auf Kritik stößt außerdem die Mischung der Definitionen für Arbeitslosigkeit und Erwerbstätigkeit durch den Zugriff auf Daten des Mikrozensus. Eine Addition der Zahl der Erwerbstätigen und der Zahl der registrierten Arbeitslosen ist nur dann unproblematisch, wenn sich die Arbeitslosen- und die Erwerbslosenquote entsprechen.[214]

Das IAB weist in seinen Veröffentlichungen ausdrücklich darauf hin, daß die Schätzungen der Stillen Reserve mit **erheblichen Unsicherheiten** belastet sind und mit äußerster Vorsicht interpretiert werden müssen. Leider ist es nicht möglich, die Schätzungen der Stillen Reserve auf ihre Plausibilität zu prüfen, weil keine amtlichen Statistiken zu dieser Größe vorliegen.[215]

Des weiteren ist bei der Betrachtung der quantitativen Ergebnisse darauf zu achten, daß das IAB unter dem Begriff der Stillen Reserve die zwei Teilgruppen der Stillen Reserve in Maßnahmen und der Stillen Reserve im engeren Sinn zusammenfaßt.[216] Die Stille Reserve in Maßnahmen setzt sich aus amtlich ausgewiesenen Zeitreihen zusammen und wird in dieser Arbeit unter dem Begriff der verdeckten Arbeitslosigkeit als 1. Korrekturfaktor in Kapitel 5.2 behandelt. Die **Stille Reserve im engeren Sinn** ist die Größe, die bei der Ermittlung der

---

[213] Vgl. FUCHS, J. [1998 a], S. 59 ff und [1998 b], S. 236.
[214] Vgl. HOLST, E. [1998], S. 216.
[215] Vgl. FUCHS, J. [1998 b], S. 252.
[216] Zur genaueren Erläuterung siehe Kapitel 2.2.3.

Arbeitslosigkeit im ökonomischen Sinn noch fehlt und das eigentliche Schätzergebnis darstellt.

$$R^{Still\ i.e.S.}_t = R^{Still}_t - R^{Still\ i.w.S.}_t$$

wobei: $R^{Still\ i.e.S.}$ Stille Reserve im engeren Sinn
R^{Still} Stille Reserve
$R^{Still\ i.w.S.}$ Stille Reserve im weiteren Sinn / in Maßnahmen

Abbildung 5.7 gibt über verschiedene Schätzergebnisse zur Stillen Reserve im engeren Sinn einen Überblick, die vom IAB 1996 und in den darauffolgenden Jahren veröffentlicht worden sind. Der Umfang der Stillen Reserve verändert sich mit jeder neuen Schätzung rückwirkend. Für die Stille Reserve im engeren Sinn liegen daher im Zeitablauf keine konstanten Schätzungen vor. Die verschiedenen Schätzungen zur Stillen Reserve für das Jahr 1996 unterscheiden sich um fast 600.000 Personen. Da aktuellere Schätzungen neuere Informationen berücksichtigen, wird davon ausgegangen, daß sie die „bessere" Schätzung darstellen.

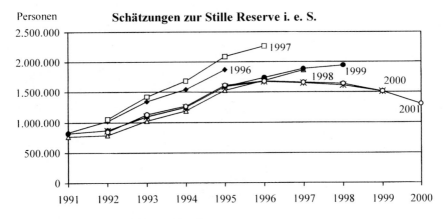

Abbildung 5.7: *Schätzungen zur Stillen Reserve i. e. S.*

Zahlen für Deutschland.
Daten: AUTORENGEMEINSCHAFT [1996], [1997], [1998], [1999], [2000], [2001].

5.4.3.3. Zusammensetzung der Stillen Reserve im engeren Sinn

Zur Stillen Reserve im engeren Sinn gehören alle Personen, die
- aktiv ohne die Unterstützung des Arbeitsamts eine Arbeit suchen,
- sich entmutigt vom Arbeitsmarkt zurückgezogen haben (Discouraged Workers),
- vorzeitig arbeitsmarktbedingt Altersrente beziehen,
- sich in einer Warteschleife im Bildungssystem befinden oder
- ihre Erwerbstätigkeit wegen der Kindererziehung unterbrechen.[217]

Frauen im mittleren Alter stellen die „klassische" Stille Reserve dar. Aus familiären Gründen unterbrechen sie ihre Erwerbstätigkeit oder ziehen sich entmutigt vom Arbeitsmarkt zurück, um für eine gewisse Zeit die Rolle der Nur-Hausfrau zu übernehmen. Die spätere Rückkehr ins Erwerbsleben gelingt nicht immer problemlos. Da zudem nicht mit einer finanziellen Unterstützung durch das Arbeitsamt gerechnet werden kann, melden sich diese Frauen nicht beim Arbeitsamt und werden folglich statistisch nicht als Arbeitslose erfaßt. Das Potential der klassischen Stille Reserve zeigt sich bei einer Gegenüberstellung der Erwerbsquoten in Abbildung 5.8:

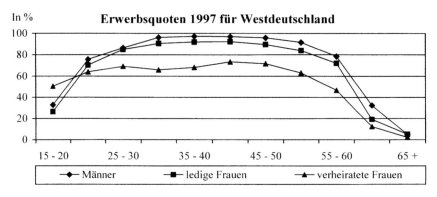

Abbildung 5.8: Erwerbsquoten 1997 für Westdeutschland.

Daten: FRANZ, W. [1999], S. 21, eigene Darstellung.

---

[217] Vgl. FUCHS, J. [1998 a], S. 59.

Bestimmung der Korrekturfaktoren 101

Die instabile Erwerbsquote der verheirateten Frauen wird damit erklärt, daß sie **sekundäre Arbeitskräfte** (Secondary Workers) sind, für die das Arbeitseinkommen nicht die Haupteinkommensquelle des Haushalts darstellt.[218] Sie sind deshalb nicht unbedingt auf eine Erwerbstätigkeit angewiesen. Zu den sekundären Arbeitskräften gehören neben den verheirateten Frauen auch alle anderen Gruppen der Stillen Reserve, wie Jugendliche und Ältere. Für **primäre Arbeitskräfte** (Primary Workers) mit einer Erwerbsquote von annähernd 100% stellt das Arbeitseinkommen die Haupteinkommensquelle dar. Dazu gehören alle Männer und ledigen Frauen in mittleren Altersgruppen, die im allgemeinen durch die Arbeitslosenstatistik erfaßt werden, wenn sie eine Beschäftigung suchen, weil Zahlungsansprüche an das Arbeitsamt bestehen.[219]

Frauen, die der Stillen Reserve i. e. S. zugerechnet werden, sind arbeitslos im ökonomischen Sinn, wenn sie arbeiten wollen und trotz aktiver Suche keine Beschäftigung finden. Da das IAB bei seiner Schätzung der Stillen Reserve nicht nach der Arbeitsmarktnähe differenziert, kommt es möglicherweise zu einer Überschätzung der Arbeitslosigkeit im ökonomischen Sinn, wenn alle Frauen der Stillen Reserve i. e. S. berücksichtigt werden. Das IAB geht davon aus, daß nur die Hälfte der Frauen der Stillen Reserve aktiv eine Arbeit sucht.[220]

Zur Stillen Reserve gehören auch **Schulabgänger**, die eine Ausbildungsstelle suchen oder ohne Erfolg gesucht haben. Sie werden von der Bundesanstalt für Arbeit nicht als Arbeitslose ausgewiesen, da sie an der Grenze zwischen der Nichterwerbstätigkeit und dem Erwerbspersonenpotential stehen.[221] Außerdem haben **Berufsanfänger** nach der Ausbildung wegen fehlender Leistungsansprüche und bei befürchteten geringen Vermittlungschancen keine Motivation, sich arbeitslos zu melden. Die Jugendlichen durchlaufen eine Warteschleife im Bildungssystem oder absolvieren ein freiwilliges soziales Jahr, während sie im elterlichen Haushalt verbleiben.[222] Diese Gruppe gehört zu 100% zum aktiven Teil der Stillen Reserve, da sie sofort eine Arbeit aufnehmen können.

---

[218] Vgl. LANDMANN, O. und J. JERGER [1999], S. 14.
[219] Vgl. SESSELMEIER, W. und G. BLAUERMEL [1998], S. 55 f.
[220] Vgl. BRINKMANN, CH. und L. REYHER [1985], S. 10.
[221] Vgl. ADAMY, W. [1998 a], S. 379.
[222] Vgl. BRINKMANN, CH. und L. REYHER [1985], S. 9.

Die Stille Reserve i. e. S. umfaßt außerdem Personen, die sich im **vorgezogenen Ruhestand** befinden, weil sie wegen der schlechten Arbeitsmarktsituation arbeitslos wurden und anschließend aus dem Arbeitsmarkt ausgeschieden sind. Personen im Vorruhestand wollen und werden nicht aktiv auf den Arbeitsmarkt zurückkehren. Dennoch berücksichtigt das IAB Personen im vorgezogenen Ruhestand bei seiner Schätzung der Stillen Reserve, weil sie bei einer Veränderung der Arbeitsmarktsituation, ob konjunktureller oder gesetzlicher Natur, durch nachfolgende Alterskohorten auf dem Arbeitsmarkt ersetzt werden. Diese Betrachtung ist jedoch langfristig. Personen im vorgezogenen Ruhestand werden vom IAB der **passiven Stillen Reserve** zugeordnet, die erst mittelfristig arbeitsmarktpolitisch relevant wird.[223]

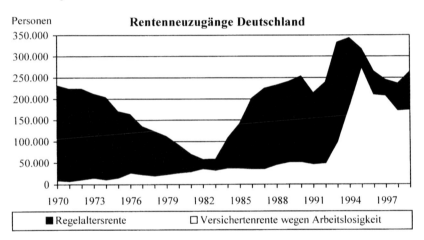

Abbildung 5.9: Rentenneuzugänge in Deutschland.

Daten: SACHVERSTÄNDIGENRAT [2000], eigene Darstellung.

Abbildung 5.9 gibt einen Überblick über die Neuzugänge zur Rentenversicherung seit 1970. Der Anteil der Neuzugänge an der **Versichertenrente wegen Arbeitslosigkeit** ab 60 Jahren ist in der Vergangenheit stark angewachsen und hat zu einer entsprechenden Entlastung des Arbeitsmarkts beitragen. **Regelaltersrente** kann erst ab dem 63. Lebensjahr beantragt werden. Durch die Einfüh-

---

[223] Vgl. BRINKMANN, CH. und L. REYHER [1985], S. 9.

rung versicherungsmathematischer Abschläge haben sich in jüngster Zeit die Bedingungen für den vorzeitigen Rentenzugang verschlechtert.[224] Personen im vorgezogenen Ruhestand gehören trotz der fehlenden Arbeitsmarktnähe zur Arbeitslosigkeit im ökonomischen Sinn, weil sie ohne die finanzielle Unterstützung der Versichertengemeinschaft, die ihnen den früheren Renteneintritt ermöglicht, weiterhin ihren Lebensunterhalt durch den Einsatz ihrer Arbeitskraft verdienen müßten. Ohne das entsprechende Angebot an Arbeitsplätzen wären sie arbeitslos.

5.4.4. Unsichtbare Arbeitslosigkeit durch die Stille Reserve

Für die Zeit nach der Wiedervereinigung schätzt das IAB die Stille Reserve i. e. S. auf bis zu 1,6 Millionen Personen. In Tabelle 5.16 wird der 3. Korrekturfaktor quantitativ bestimmt:

Jahr	$R^{\text{Still i.e.S.}}$	K^3
1991	838.000	838.000
1992	852.000	852.000
1993	1.129.000	1.129.000
1994	1.263.000	1.263.000
1995	1.613.000	1.613.000
1996	1.681.000	1.681.000
1997	1.661.000	1.661.000
1998	1.637.000	1.637.000
1999	1.512.000	1.512.000
2000	1.301.000	1.301.000

Tabelle 5.16: *Bestimmung des 3. Korrekturfaktors: Unsichtbare Arbeitslosigkeit.*

Zahlen für Deutschland.
Daten: AUTORENGEMEINSCHAFT [1996], [2001].

Es ist nicht damit zu rechnen, daß es von offizieller Seite zu einer Zusammenfassung der registrierten Arbeitslosigkeit und der Stillen Reserve kommt, wenn

---

[224] Vgl. KLÖS, H.-P. [1998], S. 18.

die Arbeitsmarktsituation beurteilt werden soll, weil eine Addition der Größen aus wirtschaftspolitischer Sicht einen Handlungsbedarf suggerieren würde, der in diesem Ausmaß nicht gegeben ist. Da die Stille Reserve vorwiegend aus Teilzeitkräften und Zweit- oder Drittverdienern eines Haushalts besteht, steht die Sicherung des Existenzminimums nicht so stark im Vordergrund wie bei arbeitslosen Erstverdienern.[225]

Anzumerken bleibt an dieser Stelle noch die Tatsache, daß auch die Arbeitsgenehmigungsverordnung Spielraum bietet, um die Arbeitslosenzahlen zu beeinflussen. **Asylbewerbern, Bürgerkriegsflüchtlingen und geduldeten Ausländern** wurde der Arbeitsmarktzugang durch den „Clever-Erlaß" vom Mai 1997 verwehrt. Künftig öffnet sich ihnen der Arbeitsmarkt nach einer Wartezeit von 12 Monaten. Das bisherige Verhalten „*ist angesichts einer deutlichen Verbesserung am Arbeitsmarkt und eines merklichen Rückgangs der Asylbewerberzahlen nicht mehr geboten.*"[226] Als Ausländer sind die betroffenen Personen nicht arbeitslos im ökonomischen Sinn.

---

[225] Vgl. GATTINGER, J. [1980], S. 25.
[226] BMA [06.12.2000].

5.5. Korrekturfaktor 4: Unechte Arbeitslosigkeit

5.5.1. Vermittlungsferne und unechte Arbeitslosigkeit

Die Bundesanstalt für Arbeit betont, daß die Arbeitslosenstatistik auf gesetzlichen Grundlagen beruht, in denen festgelegt wird, wer „arbeitslos" ist. Danach werden alle Personen, die erkennbar nicht an einer Arbeitsaufnahme interessiert sind, obwohl sie erwerbsfähig sind, nicht als Arbeitslose geführt. In der Öffentlichkeit wird das Thema der **„Arbeitsunwilligkeit"** dennoch nicht nur an Stammtischen heiß diskutiert.[227] Im Vordergrund der Diskussion um die individuelle Drückebergerei und die „schwarzen Schafe" unter den Arbeitslosen steht die Behauptung, daß es den Arbeitslosen in der BRD zu gut gehe, so daß sie kein Interesse mehr an einer Arbeitsaufnahme haben. Demzufolge werden von der Bundesanstalt für Arbeit mehr Arbeitslose ausgewiesen, als es eigentlich gibt. Außerdem wird behauptet, daß jeder, der wirklich eine Arbeit sucht, auch einen Arbeitsplatz findet.[228]

In der wissenschaftlichen Diskussion wird der wertende Begriff der „Arbeitsunwilligkeit" durch den wertneutralen Begriff der **„unechten" Arbeitslosigkeit** ersetzt.[229] Im gleichen Rahmen fällt häufig der Begriff der **„vermittlungsfernen" Arbeitslosigkeit**. Je nach Datengrundlage werden in den wissenschaftlichen Untersuchungen bis zu einem Drittel der registrierten Arbeitslosen als vermittlungsferne Arbeitslose ausgewiesen.[230] Zu den verschiedenen Formen der vermittlungsfernen Arbeitslosigkeit werden die Übergangsarbeitslosigkeit, die Handikaparbeitslosigkeit, die Teilzeitarbeitslosigkeit, die Sozialrechtsarbeitslosigkeit und die Zweckmäßigkeitsarbeitslosigkeit gezählt.[231]

---

[227] Vgl. ROSENBLADT, B. v. [1991], S. 151 und O. V. [09.01.2001].
[228] Vgl. ROSENBLADT, B. v. [1991], S. 146 f und FRANZ, W. [1999], S. 340 ff.
[229] Vgl. ROSENBLADT, B. v. [1991], S. 147.
[230] Siehe dazu: KLÖS, H.-P. [1998], IW [1998] oder ROSENBLADT, B. v. [1991].
[231] Vgl. KLÖS, H.-P. [1998], S. 15.

Kategorie	Merkmale
1. Übergangsarbeitslosigkeit	Warten auf den Ruhestand
2. Handikaparbeitslosigkeit	Häufung von Vermittlungshemmnissen wie Alter, Krankheit, fehlende Ausbildung
3. Teilzeitarbeitslosigkeit	Geringe regionale Mobilität, Wahrung von Sozialversicherungsansprüchen
4. Sozialrechtsarbeitslosigkeit	Wahrung von Kindergeld- und Sozialhilfeansprüchen, Anwartschaftsarbeitslosigkeit
5. Zweckmäßigkeitsarbeitslosigkeit	Scheidung, Überschuldung, Mißbrauch

Tabelle 5.17: Kategorien vermittlungsferner Arbeitslosigkeit.

Quelle: KLÖS, H.-P. [1999], S. 59.

Die verschiedenen Personengruppen der vermittlungsfernen Arbeitslosigkeit können teilweise unabhängig von qualifikatorischen Defiziten objektiv oder subjektiv nicht vermittelt werden. Wenn ein Arbeitsloser nicht vermittelt werden kann, obwohl er arbeiten will, so ist er **objektiv nicht verfügbar**. Ein Arbeitsloser ist **subjektiv nicht verfügbar**, wenn er nicht arbeiten will, daß heißt arbeitsunwillig ist, obwohl er objektiv vermittelt werden könnte.[232] In diesem Fall spricht man von **unechter Arbeitslosigkeit**. Nicht alle vermittlungsfernen Arbeitslosen sind gleichzeitig unechte Arbeitslose.

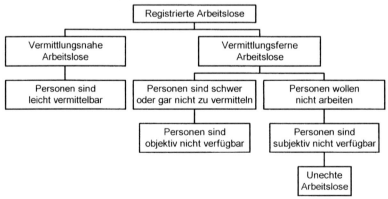

Abbildung 5.10: Vermittlungsnähe der registrierten Arbeitslosen.

---

[232] Vgl. EICHENHOFER, E. [1997], S. 241.

Für die sogenannten **vermittlungsfernen Arbeitslosen** muß geprüft werden, in wieweit sie zur Arbeitslosigkeit im ökonomischen Sinn gehören. Wenn unechte Arbeitslosigkeit vorliegt, weil kein Interesse an einer Arbeitsaufnahme besteht, kann dennoch Arbeitslosigkeit im ökonomischen Sinn vorliegen, wenn der Lebensunterhalt nicht aus eigenen Mitteln, sondern mit staatlichen Mitteln bestritten werden muß.

Offensichtliche Arbeitsunwilligkeit wird von der Bundesanstalt für Arbeit mit **Sperrzeiten** beim Arbeitslosengeld und der Arbeitslosenhilfe bestraft, so daß sich außerdem die Frage stellt, wie mit Arbeitslosen in Sperrzeiten zu verfahren ist.

Ein formaler Fall von unechter Arbeitslosigkeit liegt außerdem vor, wenn es im Zusammenhang mit der Meldepflicht zu **Erfassungsfehlern** kommt.

5.5.2. Übergangsarbeitslosigkeit

Im Zustand der Übergangsarbeitslosigkeit befinden sich Personen, die vor dem Wechsel in den Ruhestand bewußt eine Periode der Arbeitslosigkeit herbeiführen. In einer Studie gaben 1989 10% der registrierten Arbeitslosen an, daß sie in der Arbeitslosigkeit den Ruhestand abwarten.[233] Im September 1999 waren 20% aller registrierten Arbeitslosen zwischen 55 und 60 Jahre alt, 33% davon zählten mit einer Dauer der Arbeitslosigkeit von über einem Jahr zu den Langzeitarbeitslosen.[234]

Die Mehrheit der älteren Arbeitslosen geht mit 60 Jahren in Rente und beansprucht damit die vorzeitige Altersrente. Das durchschnittliche Rentenzugangsalter ist in Deutschland mit 60 Jahren für Männer und 58 Jahren für Frauen im internationalen Vergleich relativ niedrig, bei einer gleichzeitig relativ hohen Lebenserwartung.[235] Die Tendenz zur Frühverrentung zeigt sich auch bei einer Gegenüberstellung der Statistiken für 55 bis 60jährige und für 60 bis 65jährige Arbeitslose. Mehr als 80% des älteren Arbeitslosen sind zwischen 55 und 60 Jahre alt.[236]

---

[233] Vgl. ROSENBLADT, B. v. [1991], S. 153.
[234] Vgl. BUNDESANSTALT FÜR ARBEIT [homepage].
[235] Vgl. IW [1998], S. 60, Stand 1995.
[236] Vgl. BUNDESANSTALT FÜR ARBEIT [homepage].

Durch die Kündigungsschutzbestimmungen haben ältere Arbeitnehmer zunächst ein kleineres Zugangsrisiko in die Arbeitslosigkeit. Doch sobald Betriebsstillegungen, Konkurse und Massenentlassungen drohen, sind sie leichter von Arbeitslosigkeit bedroht.[237]

In Verbindung mit der Entscheidung, ob ältere Arbeitnehmer an Regelungen zur beruflichen Frühausgliederung teilnehmen sollen, die über die Arbeitslosigkeit zum Vorruhestand führen, fällt nicht selten das Argument, daß ansonsten ein jüngerer Kollege mit Familie seinen Arbeitsplatz verliert. Unter diesem moralischen Druck kann es durchaus zu Fällen von unfreiwilliger beruflicher Frühausgliederung kommen.

Da das Alter bei Einstellungen ein Handikap darstellt, ist das Verbleibrisiko für älterer Arbeitslose erheblich höher als für jüngerer, so daß diese häufiger zu den Langzeitarbeitslosen zählen. Die ungünstigen Vermittlungsaussichten führen zu einer Entmutigung der älteren Arbeitslosen, die nicht pauschal auf Arbeitsunwilligkeit schließen läßt. Vielmehr ist davon auszugehen, daß zumindest ein Teil der älteren Arbeitslosen bei einer besseren Arbeitsmarktlage noch beschäftigt wäre. So weist auch der Präsident der Bundesanstalt für Arbeit, BERND JAGODA darauf hin, daß bei einem Rückgang des Arbeitskräftepotentials in der Zukunft notgedrungen wieder eine Anstellung älterer Arbeitsloser erfolgen wird. Die Bundesanstalt für Arbeit versucht außerdem mit der Beschäftigungsoffensive „50 plus - die können es" zu einer Verbesserung der Beschäftigungschancen älterer Arbeitsloser beizutragen.[238]

Der Trend zum frühen Berufsaustritt mit Rentenbezug wird aus arbeitsmarktpolitischen und betriebswirtschaftlichen Gründen in angespannten Zeiten gefördert, um die Unternehmen und den Arbeitsmarkt zu entlasten. Ältere Beschäftigte nehmen die Möglichkeit zur beruflichen Frühausgliederung größtenteils bereitwillig an, wenn ihnen ein akzeptabler Einkommensersatz angeboten wird.[239] Da während der Arbeitslosigkeit das soziale Sicherungssystem und damit die Gemeinschaft für den Lebensunterhalt der Übergangsarbeitslosen aufkommt, wird die Zahl der registrierten Arbeitslosen nicht um Übergangsar-

---

[237] Vgl. SCHMAL, A. [1993], S. 26.
[238] Vgl. O. V. [28.07.2000].
[239] Vgl. SCHMAL, A. [1993], S. 29.

beitslose bereinigt. Übergangsarbeitslose sind vielmehr Arbeitslose im ökonomischen Sinn.

5.5.3. Handikaparbeitslosigkeit

5.5.3.1. Vermittlungshemmnisse

Ein Teil der registrierten Arbeitslosen ist nur schwer zu vermitteln, weil sie mindestens eine Merkmalsausprägung aufweisen, welche sie den **Problemgruppen** des Arbeitsmarkts zuordnet. Hierbei handelt es sich vor allem um körperliche Behinderungen, gesundheitliche Beeinträchtigungen, geringe berufliche Kenntnisse und Fähigkeiten (Ausbildung) und ein Alter von über 55 Jahren.[240] Die Dynamik auf dem Arbeitsmarkt führt zu einem Aussiebungsprozeß und infolgedessen zu einer Konzentration der Arbeitslosigkeit auf bestimmte Merkmalsträger.[241] Eine Risikohäufung impliziert Langzeitarbeitslosigkeit, weil die entsprechenden Personen nur schwer zu vermitteln sind. Dies gilt bundesweit für 15% aller Arbeitslosen.[242]

5.5.3.2. Langzeitarbeitslosigkeit

Vermittlungshemmnisse bzw. das Auftreten von Langzeitarbeitslosigkeit sind kein Grund, die betroffenen Personen nicht zu den Arbeitslosen zu zählen. Vielmehr verbirgt sich hier der **harte Kern der Arbeitslosigkeit**, der die Arbeitsmarktforschung und die Arbeitsmarktpolitik aktiv fordert, wenn die Ursachen der Langzeitarbeitslosigkeit erforscht und bekämpft werden sollen. Das Ziel der Vollbeschäftigung gilt auch für leistungsschwache Gruppen, so daß schwer vermittelbare Personen zu den registrierten Arbeitslosen und damit auch zur Arbeitslosigkeit im ökonomischen Sinn zählen. Es gilt nicht die These: *„Wer vom Arbeitsmarkt nicht gebraucht wird, ist unechter Arbeitsloser"*.[243]

---

[240] Vgl. IW [1998], S. 25 f.
[241] Vgl. EGLE, F. [1988], S. 20 f und HÖLZLE, J. [1988], S. 56.
[242] Vgl. IW [1998], S. 25 f und KLÖS, H.-P. [1998], S. 19.
[243] HÖLZLE, J. [1988], S. 53.

Außerdem führen nicht nur individuelle Arbeitsmarktrisiken zu Vermittlungshemmnissen, sondern auch regionale. So liegt die Schwankungsbreite für den Anteil der Langzeitarbeitslosen an den ausgewiesenen Arbeitslosen in allen westdeutschen Bundesländern bei rund 13 Prozentpunkten. Im April 2001 wurden in Bayern 25,9% und im Saarland 39,3% der registrierten Arbeitslosen als Langzeitarbeitslose ausgewiesen.[244] Handikaparbeitslose sind keine unechten Arbeitslosen. Sie stellen eine Form der Arbeitslosigkeit im ökonomischen Sinn dar.

5.5.4. Teilzeitarbeitslosigkeit

5.5.4.1. Geringe Mobilität der Arbeitsuchenden

Teilzeitbeschäftigte sind Personen, die vom zeitlichen Umfang her weniger arbeiten als Vollzeitbeschäftigte.[245] Da die regionale und berufliche Mobilität der Teilzeitarbeitslosen teilweise stark eingeschränkt ist, werden sie der vermittlungsfernen Arbeitslosigkeit zugerechnet. Betroffen sind vor allem Frauen, die sich in der verbleibenden Zeit um den Haushalt und die Kinder kümmern.[246]

Des weiteren wird behauptet, daß die Suche nach einer Teilzeitarbeit auch ein Weg sein kann, um Anwartschaften in der Rentenversicherung zu erwerben. In diesem Fall besteht kein vorrangiges Interesse an der Vermittlung eines Arbeitsplatzes.[247] Diese sogenannte Anwartschaftsarbeitslosigkeit wird in Kapitel 5.5.5.2 behandelt.

5.5.4.2. Förderung der Teilzeitarbeit

Eine Gegenüberstellung der Teilzeitquote der Arbeitnehmer und der Teilzeitquote der Arbeitslosen vermittelt in Tabelle 5.18 einen Überblick über deren Entwicklung im Zeitablauf. Die Teilzeitquote ist in den letzten 20 Jahren von 12 auf 19% gestiegen, wohingegen die Arbeitslosen-Teilzeitquote im gleichen Zeit-

---

[244] Vgl. BUNDESANSTALT FÜR ARBEIT [homepage].
[245] Vgl. BRINKMANN, CH. und H. KOHLER [1989], S. 473.
[246] Vgl. KLÖS, H.-P. [1998], S. 19 f.
[247] Vgl. IW [1998], S. 26.

raum von 14 auf 7,6% gesunken ist. Damit ist die Teilzeitarbeitslosigkeit innerhalb der registrierten Arbeitslosigkeit unterrepräsentiert. Die Arbeitslosen-Teilzeitquote liefert keine Hinweise dafür, daß Teilzeitarbeitslose schwerer als der Durchschnitt der Arbeitslosen zu vermitteln sind. Wenn die Arbeitsvermittlung an der Mobilität scheitert, dann stimmen regionale und qualifikatorische Anforderungen der Arbeitsmarktparteien nicht überein. Damit liegt ein klassischer Fall von struktureller oder Mismatch-Arbeitslosigkeit vor.[248]

Jahr	Arbeitnehmer insgesamt	Davon Teizeitbeschäftigte	Teilzeitquote in %	Registrierte Arbeitslose	Davon Teilzeitarbeit suchende	Arbeitslosen-Teilzeitquote in %
1975	22.377.000	2.697.000	12,1	1.074.000	155.000	14,4
1980	23.818.000	2.834.000	11,9	889.000	163.000	18,3
1985	23.455.000	3.098.000	13,2	2.304.000	238.000	10,3
1990	25.453.000	4.153.000	16,3	1.883.000	213.000	11,3
1995	31.246.000	5.455.000	17,5	3.612.000	279.000	7,7
1997	30.314.000	5.729.000	18,9	4.384.000	333.000	7,6

Tabelle 5.18: Teilzeitbeschäftigung und Teilzeitarbeitslosigkeit.

Daten: BMA [1999], BUNDESANSTALT FÜR ARBEIT [1990], [1995], [1998], eigene Berechnungen.

Die eingeschränkte Mobilität von Teilzeitarbeitskräften kann im Gegenteil kein allzu großes Vermittlungshemmnis darstellen, wenn Teilzeitarbeit von der Bundesregierung durch das „Teilzeit- und Befristungsgesetz" im Jahr 2001 explizit noch stärker als bisher gefördert wird.[249] Eine bessere Vereinbarkeit von Beruf und Familie könnte außerdem durch die Förderung von Betriebskindergärten, Heimarbeit und Heimarbeitsplätzen erreicht werden.

Bei der Ermittlung der Arbeitslosigkeit im ökonomischen Sinn werden alle registrierten Teilzeitarbeitslosen berücksichtigt. Teilzeitarbeitslosigkeit ist keine unechte Arbeitslosigkeit, sondern eine Form der klassischen Arbeitslosigkeit aus strukturellen Gründen.

---

[248] Vgl. KLÖS, H.-P. [1998], S. 19.
[249] Vgl. BMA [21.12.2000].

5.5.5. Sozialrechtsarbeitslosigkeit

5.5.5.1. Wahrung von sozialen Ansprüchen

Die gängige Gesetzgebung zur Verteilung der Sozialleistungen macht es für bestimmte Personengruppen erforderlich, in der Karteistatistik als Arbeitslose registriert zu sein. Mit der Registrierung beim Arbeitsamt sind keine finanziellen Ansprüche an die Bundesanstalt für Arbeit verbunden, sondern ein geldwerter Vorteil bei einem anderen Träger des sozialen Sicherungssystems. Die quantitativ bedeutendsten Fälle sind die Anwartschaftsarbeitslosigkeit, die Sozialhilfearbeitslosigkeit und die Kindergeldarbeitslosigkeit.[250]

Eine Untersuchung von B. v. ROSENBLADT hat für das Jahr 1989 ermittelt, daß bei 8% der registrierten Arbeitslosen sozialrechtliche Motive im Vordergrund der Meldung beim Arbeitsamt stehen. 3% der registrierten Arbeitslosen stellen nach dieser Untersuchung unechte Arbeitslose dar, weil sie ausschließlich sozialrechtlichen Motiven angeben und nach eigenen Angaben keine Arbeit suchen.[251] H.-P. KLÖS weist in einer Studie für die IHK Düsseldorf für den September 1997 einen Anteil von 8,1% Sozialrechtsarbeitslosen aus, wobei, wie in Tabelle 5.19 dargestellt, die Anwartschaftsarbeitslosigkeit überwiegt.[252]

	Proportionalansatz Düsseldorf (Bezug: 49.392 Arbeitslose, September 1997)	Überschlag Deutschland (Bezug: 4.308.097 Arbeitslose September 1997)	In % der AL^{reg}
Anwartschaftsarbeitslose	2.850	250.000	5,8
Sozialhilfearbeitslose	850	74.000	1,7
Kindergeldarbeitslose	300	26.000	0,6
Sozialrechtsarbeitslose	4.000	350.000	8,1

Tabelle 5.19: *Sozialrechtsarbeitslosigkeit im September 1997 in Deutschland.*

Daten: Vgl. KLÖS, H.-P. [1998], S. 32, eigene Berechnungen.

---

[250] Vgl. KLÖS, H.-P. [1998], S. 15 f.
[251] Vgl. ROSENBLADT, B. v. [1991], S. 154 f.
[252] Vgl. KLÖS, H.-P. [1998], S. 32.

5.5.5.2. Anwartschaftsarbeitslosigkeit

Unter dem Begriff der **Anwartschaftsarbeitslosigkeit** wird eine sozialrechtlich motivierte Meldung beim Arbeitsamt verstanden, um Anrechnungszeiten bei der Rentenversicherung geltend machen zu können. Damit erhöht die Meldung beim Arbeitsamt die spätere Rente. Anwartschaftsarbeitslose beziehen keine Leistungen vom Arbeitsamt.[253] Der Tatbestand der Anwartschaftsarbeitslosigkeit wird vor allem Teilzeitarbeit suchenden Frauen unterstellt. Schätzungen gehen von rund 6% Anwartschaftsarbeitslosen aus.[254] Anwartschaftsarbeitslose gehören zu den unechten Arbeitslosen, wenn sie keine Arbeit suchen, sich nur aus sozialrechtlichen Motiven arbeitslos melden und nicht auf gesellschaftliche Unterstützung angewiesen sind, um ihren Lebensunterhalt zu bestreiten. Dieser Tatbestand kann im Einzelfall für Frauen, die eine Teilzeitarbeit suchen, nicht ausgeschlossen werden. Doch wie in Kapitel 5.5.4 gezeigt wurde, ist die Arbeitslosen-Teilzeitquote unterdurchschnittlich hoch. Daraus läßt sich nicht schließen, daß der Tatbestand der Anwartschaftsarbeitslosigkeit ein Massenphänomen ist. Mißbrauch im Einzelfall läßt sich empirisch nur schwer ermitteln, kaum quantifizieren und soll nicht zu einer Pauschalisierung führen.[255] Daher werden Anwartschaftsarbeitslose der Arbeitslosigkeit im ökonomischen Sinn zugerechnet, auch wenn es damit möglicherweise zu einer Übererfassung kommt.

5.5.5.3. Sozialhilfearbeitslosigkeit

„Die Sozialhilfe hat die Funktion, in Not geratenen Personen ohne anderweitige Unterstützung eine der Menschenwürde entsprechende Lebensführung zu ermöglichen. Sie wird bei Vorliegen der Anspruchsvoraussetzungen nachrangig zur Deckung des individuellen Bedarfs mit dem Ziel der Hilfe zur Selbsthilfe gewährt. Nachrangig bedeutet dabei, daß die Sozialhilfe als „Netz unter dem sozialen Netz" nur dann eingreift, wenn die Betroffenen nicht in der Lage sind, sich aus eigener Kraft zu helfen oder wenn die erforderliche Hilfe nicht von

---

[253] Vgl. KLÖS, H.-P. [1998], S. 16.
[254] Vgl. KLÖS, H.-P. [1998], S. 30 f.
[255] Vgl. HÖLZLE, J. [1988], S. 54.

anderen, insbesondere Angehörigen oder von Trägern anderer Sozialleistungen erbracht wird."[256] Da das Bundessozialhilfegesetz (BSHG) das Arbeitslosengeld, die Arbeitslosenhilfe und die Selbsthilfekräfte vor die Sozialhilfe stellt, muß bei der Beantragung der Sozialhilfe der Nachweis erbracht werden, daß keine anderen Ansprüche bestehen. Erwerbsfähige Sozialhilfeempfänger müssen daher beim Arbeitsamt als Arbeitslose registriert sein.

Gewährt wird Sozialhilfe als „Hilfe zum Lebensunterhalt", um den Bedarf an Nahrung, Unterkunft und Kleidung zu decken und als „Hilfe in besonderen Lebenslagen" für außergewöhnliche Notsituationen wie Krankheit und Behinderung.[257]

Untersuchungen haben ermittelt, daß ein Teil der arbeitslosen Sozialhilfeempfänger der Arbeitsvermittlung nicht zur Verfügung steht, weil sie sich nur arbeitslos melden, um ihre Ansprüche auf Sozialhilfe geltend zu machen.[258] Geschätzt wird die Zahl der Sozialhilfearbeitslosen im September 1997 auf 74.500 Personen, das entspricht einem Anteil von 1,7% an allen registrierten Arbeitslosen in Deutschland.[259] Dabei werden arbeitslose Sozialhilfeempfänger mit gleichzeitigem Leistungsbezug beim Arbeitsamt ausgeklammert, da in ihrem Fall die Sozialhilfe nur unterstützend wirkt.[260] Für den Rest kann nicht ausgeschlossen werden, daß kein Interesse an einer Arbeitsaufnahme besteht und damit unechte Arbeitslosigkeit vorliegt.

Sozialhilfearbeitslosen ist *„die Führung eines menschenwürdigen Lebens auf dem soziokulturellen Mindestniveau unserer Gesellschaft"*[261] ohne die Unterstützung der Allgemeinheit nicht möglich. Als registrierte Arbeitslose sind die betroffenen Sozialhilfeempfänger erwerbsfähig und damit arbeitslos im ökonomischen Sinn.

Bezieht man weitere Aspekte mit in die Diskussion um die Problematik der Sozialhilfearbeitslosigkeit ein, dann verändert sich die Situation dahingehend, daß das Arbeitskräftepotential der Sozialhilfeempfänger im Gegenteil sogar unter-

---

[256] SEEWALD, H. [1997], S. 720.
[257] Vgl. SEEWALD, H. [1998], S. 509.
[258] Vgl. KLÖS, H.-P. [1998], S. 16 f.
[259] Vgl. KLÖS, H.-P. [1998], S. 30 ff.
[260] Vgl. KLÖS, H.-P. [1998], S. 16 f.
[261] BREUER, W. und D. ENGELS [1999], S. 1.

schätzt wird. Denn die Erwerbsstruktur der Sozialhilfeempfänger deutet darauf hin, daß es neben den registrierten Sozialhilfeempfängern eine Form der **verdeckten Arbeitslosigkeit durch Sozialhilfe** gibt. Sie wird im Jahr 1997 mit 318.000 und im Jahr 1998 mit 271.000 Personen beziffert.

	1997	1998
Empfänger/-innen von Sozialhilfe i. e. S.	**2.893.000**	**2.879.000**
- Minderjährige	1.077.000	1.073.000
- Personen > 60	269.000	279.000
= Personen 18 bis 59	**1.547.000**	**1.527.000**
- Nichterwerbstätig wegen häuslicher Bindung	265.000	273.000
- Krankheit, Behinderung, Arbeitsunfähigkeit	109.000	112.000
= Brutto Arbeitskräftepotential	**1.173.000**	**1.142.000**
- Erwerbstätig (Voll-, Teilzeit)	133.000	144.000
- Nichterwerbstätige wegen Aus- u. Fortbildung	44.000	48.000
= Netto Arbeitskräftepotential	**996.000**	**950.000**
Davon registrierte Arbeitslose	**678.000**	**679.000**
Davon sonstige Nichterwerbstätige	**318.000**	**271.000**

Tabelle 5.20: Schätzung des Arbeitskräftepotentials der Sozialhilfeempfänger/-innen in Deutschland.

Daten: Vgl. SEEWALD, H. [1999], S. 103 und HAUSTEIN, TH. u. a. [2000], S. 450, eigene Berechnung. Abweichungen im Zahlenmaterial sind durch Rundung bedingt.

Wie die Aufstellung in Tabelle 5.20 zeigt, waren rund 40% der Empfänger von Sozialhilfe im Alter von 18 bis 64 Jahren 1997 und 1998 arbeitslos und nur 7,7% (1997) bzw. 8,4% (1998) waren erwerbstätig. Mehr als 50% der Sozialhilfeempfänger zwischen 18 und 60 Jahren waren nicht erwerbstätig. Insgesamt gehen ca. 20% der Sozialhilfeempfänger aus unbestimmten Gründen keiner Erwerbstätig nach, obwohl sie weder krank, noch zu alt, noch in Ausbildung oder an den Haushalt gebunden sind.[262] *„Unterstellt man für die zuletzt genannten Personen, daß diese grundsätzlich erwerbsfähig sind, dann bedeutet dies, daß schätzungsweise knapp eine Million (950 000) Arbeitsplätze notwendig wären,*

---

[262] Vgl. SEEWALD, H. [1999], S. 103 und HAUSTEIN, TH. u. a. [2000], S. 447.

um das unterstellte Arbeitskräftepotential unter den Sozialhilfeempfängern auszuschöpfen."[263] Da aus sonstigen Gründen nicht erwerbstätige Sozialhilfeempfänger nicht beim Arbeitsamt registriert sind, obwohl die Sozialhilfe nachrangig ist, müssen Gründe für die fehlende Arbeitslosenmeldung vorliegen, zumal im Bundessozialhilfegesetz (BSHG) festgelegt ist: *„Jeder Hilfesuchende muß seine Arbeitskraft zur Beschaffung des Lebensunterhalts für sich und seine unterhaltsberechtigten Angehörigen einsetzten.*"[264] Demnach müssen nicht erwerbstätige und nicht arbeitslose Sozialhilfeempfänger nicht erwerbsfähig sein.

Da Sozialhilfe eine Notlage voraussetzt, gibt es keine Wahlmöglichkeit zwischen dem Sozialhilfebezug und einer regulären Beschäftigung. *„Es ist schlicht falsch, wenn behauptet wird, für Sozialhilfeempfänger bestehe kein Anreiz zu arbeiten und eine niedrig entlohnte Tätigkeit aufzunehmen."*[265] Im folgenden werden daher alle registrierten Sozialhilfearbeitslosen zu den Arbeitslosen im ökonomischen Sinn gezählt, die sonstigen nicht erwerbstätigen Sozialhilfeempfänger hingegen nicht. Die Existenz von arbeitsunwilligen schwarzen Schafen läßt sich nicht ausschließen, doch handelt es sich dabei vorrangig um ein Kontrollproblem. Möglicherweise ist die Initiative der Bundesregierung zur Zusammenarbeit von Arbeitsämtern und den Trägern der Sozialhilfe ein Schritt in die richtige Richtung, um neue Aspekte in die Diskussion um den Tatbestand der Sozialhilfearbeitslosigkeit zu bringen.[266]

5.5.5.4. Kindergeldarbeitslosigkeit

Jugendliche zwischen dem 17. und 20. Lebensjahr können Kindergeld nach dem Bundeskindergeldgesetz beziehen, wenn sie sich beim Arbeitsamt arbeitslos melden und der Arbeitsvermittlung zur Verfügung stehen. Studien haben ermittelt, daß die Jugendlichen teilweise auf einen Ausbildungs- oder Studienplatz warten und daher für eine Arbeitsvermittlung eigentlich nicht zur Verfügung

---

[263] HAUSTEIN, TH. u. a. [2000], S. 449.
[264] § 18 Abs. 1 BSHG.
[265] ADAMY, W. [1998 b], S. 30.
[266] Vgl. BMA [30.11.2000].

stehen. Frühere Schätzungen für die alten Bundesländer gehen von 50.000 - 100.000 **Kindergeldarbeitslosen** aus.[267]

Der Zeitraum der Überbrückung zwischen zwei Ausbildungsabschnitten zählt zur Arbeitslosigkeit im ökonomischen Sinn, weil die gleichen Tatbestände vorliegen, wie bei der Fluktuationsarbeitslosigkeit, bei der Personen zwischen zwei Arbeitsstellen kurz arbeitslos sind. Es gibt keinen Grund, die betroffenen Jugendlichen als unechte Arbeitslose aus der Statistik zu eliminieren, wenn sie von der Bundesanstalt für Arbeit dem Arbeitsangebot zugerechnet werden.

5.5.5.5. Unechte Arbeitslosigkeit durch Trittbrettfahrer des sozialen Sicherungssystems

Die sozialrechtlich motivierte Meldung beim Arbeitsamt erfolgt aufgrund von Ansprüchen an andere Träger des sozialen Sicherungssystems. Die Ursache der Meldung beim Arbeitsamt liegt in der Grundstruktur der sozialen Gesetzgebung begründet. Die Verknüpfung im Sozialrecht zwischen der Bundesanstalt für Arbeit und den anderen Trägern des sozialen Sicherungssystems erfolgt, um das Sozialsystem vor Ausbeutung zu schützen. Damit impliziert das soziale Sicherungssystem automatisch Sozialrechtsarbeitslosigkeit.[268]

Im Falle der Sozialhilfearbeitslosigkeit ist das Problem der Vermittlungsferne ein Anreizproblem, für das theoretische Lösungskonzepte, wie z. B. das Bürgergeld diskutiert werden.[269] Durch die institutionell-administrative Überprüfung des Arbeitsamts und des Sozialamts bei der Antragstellung wird sichergestellt, daß die betroffenen Personen erwerbsfähig sind. Kindergeldarbeitslose werden wie Fluktuationsarbeitslose behandelt und sind daher ebenfalls arbeitslos im ökonomischen Sinn. Bei Anwartschaftsarbeitslosen kann Mißbrauch im Einzelfall vorliegen, der aber statistisch nicht zu erfassen ist.

---

[267] Vgl. IW [1998], S. 27 und KLÖS, H.-P. [1998], S. 17.
[268] Vgl. ROSENBLADT, B. V. [1991], S. 155.
[269] Siehe dazu: TOBIN, J. [1965], TOBIN, J. u. a. [1967], SESSELMEIER, W. u. a. [1996] oder SESSELMEIER, W. [1997].

5.5.6. Zweckmäßigkeitsarbeitslosigkeit

5.5.6.1. Scheidung, Überschuldung, Mißbrauch

Der Status der Arbeitslosigkeit ist für bestimmte Personengruppen erstrebenswert, wenn er sie vor finanziellen Verpflichtungen schützt bzw. ihre ökonomische Situation verbessert. So können sich Geschiedene durch die Meldung beim Arbeitsamt ihren Unterhaltsverpflichtungen entziehen. Bei überschuldeten Arbeitslosen lohnt sich eine Arbeitsaufnahme nicht, wenn mit Lohnpfändungen gerechnet werden muß. Mißbrauchsarbeitslosigkeit liegt vor, wenn arbeitslose Personen durch Arbeit erzieltes Einkommen nicht auf das Arbeitslosengeld anrechnen lassen.[270]

	Proportionalansatz Düsseldorf (Bezug: 49.392 Arbeitslose, September 1997)	Überschlag Deutschland (Bezug: 4.308.097 Arbeitslose September 1997)	In % der AL^{reg}
Scheidungsarbeitslose	100	9.000	0,2
Überschuldungsarbeitslose	2.300	200.000	4,6
Mißbrauchsarbeitslose	2.500	220.000	5,1
Zweckmäßigkeitsarbeitslose	4.900	429.000	9,9

Tabelle 5.21: Zweckmäßigkeitsarbeitslosigkeit.
Zahlen für Deutschland.
Daten: Vgl. KLÖS, H.-P. [1998], S. 32, eigene Berechnungen.

Die in Tabelle 5.21 dargestellten Ergebnisse wurden einer Studie von H.-P. KLÖS für die IHK Düsseldorf entnommen, die zu dem Ergebnis führt, daß im September 1997 bei rund jedem zehnten registrierten Arbeitslosen ein Fall von Zweckmäßigkeitsarbeitslosigkeit vorlag.[271]

---

[270] Vgl. KLÖS, H.-P. [2000], S. 4.
[271] Vgl. KLÖS, H.-P. [1998], S. 32.

5.5.6.2. Scheidungsarbeitslosigkeit

Das Phänomen der Scheidungsarbeitslosigkeit kann empirisch untermauert werden, wenn geschiedene Arbeitslose eine signifikant höhere Arbeitslosenquote aufweisen. Bei einer Überprüfung der spezifischen Erwerbslosenquoten zeigt sich, daß die Erwerbslosenquote der Geschiedenen annähernd doppelt so hoch ist, wie der gesamtwirtschaftliche Durchschnitt. 1988 betrug die Erwerbslosenquote der Geschiedenen 16,6%, während die durchschnittliche Erwerbslosenquote nur bei 8,7% lag.

Jahr	1976	1977	1987	1988
Erwerbslosenquote in %				
	4,1	4,1	9,0	8,7
Spezifische Erwerbslosenquoten in %				
Ledig	5,8	5,7	10,3	9,5
Verheiratet	3,1	3,1	7,4	7,3
Verwitwet	4,4	5,2	12,1	13,1
Geschieden	8,9	9,6	17,5	16,6

Tabelle 5.22: Spezifische Erwerbslosenquoten.

Daten: MAYER, H.-L. [1979], S. 25 und [1990], S. 20.

Diese Zahlen unterstützen die Behauptung, das es in Deutschland eine Form der unechten Arbeitslosigkeit durch **Scheidungsarbeitslose** gibt. Dennoch gehören Scheidungsarbeitslose zu den Arbeitslosen im ökonomischen Sinn, weil sie nicht in der Lage sind, sich und ihre Angehörigen ohne die Unterstützung der Gesellschaft zu versorgen.

5.5.6.3. Überschuldungsarbeitslosigkeit

Für das Jahr 1995 wird die Zahl der **Überschuldungsarbeitslosen** in Westdeutschland auf mindestens 200.000 Personen geschätzt.[272] Für überschuldete Arbeitslose kann die finanzielle Not eine Barriere darstellen, die eine Arbeitsaufnahme wegen bevorstehender Lohnpfändungen verhindert.

---

[272] Vgl. KLÖS, H.-P. [2000], S. 4 und [1998], S. 17 f und IW [1998], S. 28.

Dennoch sind überschuldete Arbeitslose nicht pauschal arbeitsunwillig. B. v. ROSENBLADT kommt in seiner Untersuchung 1989 zu dem Schluß, daß bei Überschuldungsarbeitslosen soziale Faktoren eine größere Rolle spielen als der Zusammenhang zwischen der finanziellen Situation und der Arbeitsmotivation. Arbeitslose mit großen finanziellen Schwierigkeiten weisen zu einem hohen Anteil qualifikatorische Vermittlungshemmnisse auf, die häufig zu Langzeitarbeitslosigkeit führen. Der Autor findet keine Belege dafür, daß sich Arbeitslose in finanziell schwierigen Situationen weniger um Arbeit bemühen als andere Arbeitslose.[273]

Des weiteren ist zu berücksichtigen, daß Arbeitslose maximal 67% des Nettoentgelts als Arbeitslosengeld erhalten,[274] so daß Arbeitslosigkeit an sich ein Armutsauslöser sein kann. Überschuldete Arbeitslose gehören zu den Arbeitslosen im ökonomischen Sinn, da sie erwerbsfähig sind und ihre Existenzsicherung ohne Arbeitsstelle der Gesellschaft obliegt.

5.5.6.4. Mißbrauchsarbeitslosigkeit

Von **Mißbrauchsarbeitslosigkeit** wird gesprochen, wenn Personen, die arbeitslos sind und deshalb von der Bundesanstalt für Arbeit Leistungen empfangen, gleichzeitig eine selbständige oder unselbständige Tätigkeit ausüben, ohne den Leistungsträger hiervon zu unterrichten. Dabei handelt es sich um eine Verletzung der Mitteilungspflicht.[275] Im Vordergrund steht für den Arbeitslosen die Erhöhung des Einkommens über das Arbeitslosengeld hinaus, ohne den zusätzlichen Betrag auf die Leistungen der Bundesanstalt für Arbeit anrechnen zu lassen.

Zur Mißbrauchsarbeitslosigkeit gehört die **Schwarzarbeit** durch Arbeitslose. Unter Schwarzarbeit versteht man im allgemeinen die Beschäftigung eines Arbeitnehmers ohne daß die Lohnsteuer und Sozialversicherungsbeiträge gemäß der gesetzlichen Bestimmungen abgeführt werden.[276]

---

[273] Vgl. ROSENBLADT, B. v. [1991], S. 151.
[274] Vgl. § 129 SGB III.
[275] Vgl. SCHÖNFELDER, M. [1999], S. 10.
[276] Vgl. SCHÖNFELDER, M. [1999], S. 9.

Die Bundesanstalt für Arbeit verfolgt die mißbräuchliche Inanspruchnahme von Lohnersatzleistungen, um die Versichertengemeinschaft zu schützen.[277] 1996 wurden bundesweit 220.000 Fälle, 1998 rund 225.000 Fälle der mißbräuchlichen Inanspruchnahme von Lohnersatzleistungen geahndet.[278] Im Falle von Mißbrauchsarbeitslosigkeit ist allerdings mit einer hohen Dunkelziffer zu rechen, weil Beweise notwendig sind, um einen Verdacht justiziabel zu machen.[279] Die Tatsache, daß der Status der Arbeitslosigkeit zur persönlichen Bereicherung benutzt wird, ändert nichts am Tatbestand der Arbeitslosigkeit. Mißbrauchsarbeitslose sind im ökonomischen Sinn arbeitslos. Sie sind nachweislich arbeitsfähig und erfüllen die formalen Kriterien der Arbeitslosigkeit im ökonomischen Sinn. Es ist die Aufgabe des Staats und der Gemeinschaft, das Sozialsystem von Anreizsystemen und Schlupflöchern zu befreien, die zu Schmarotzertum verleiten.

5.5.7. Sperrzeiten

5.5.7.1. Ruhender Leistungsanspruch durch Sperrzeiten

Der Anspruch auf Arbeitslosengeld bzw. Arbeitslosenhilfe ruht für 2 Wochen, wenn Arbeitslose zu einem Meldetermin beim Arbeitsamt, einer ärztlichen oder psychologischen Untersuchung oder zu einer Maßnahme der Arbeitsberatung trotz Belehrung und ohne wichtigen Grund nicht erschienen sind.[280] Die Bundesanstalt für Arbeit verhängt Sperrzeiten von 12 Wochen beim Anspruch auf Arbeitslosengeld, wenn ein Arbeitnehmer von sich aus das Beschäftigungsverhältnis gelöst hat, ein Arbeitsloser eine angebotene Arbeit oder eine berufliche Eingliederungsmaßnahme ohne wichtigen Grund abgelehnt hat oder eine berufliche Eingliederungsmaßnahme ohne wichtigen Grund abgebrochen hat.[281] Per-

---

[277] Vgl. KLÖS, H.-P. [2000], S. 4.
[278] Vgl. KLÖS, H.-P. [1998], S. 18 und [2000], S. 4.
[279] Vgl. ROSENBLADT, B. V. [1991], S. 152.
[280] Vgl. § 145 SGB III.
[281] Vgl. § 144 SGB III. Vor dem 01.01.1985 wurden Sperrzeiten von 8 Wochen verhängt. Vgl. NIESEL, K. [1995], S. 758.

sonen mit Sperrzeiten unter 24 Wochen sind bei den Arbeitsämtern als Arbeitslose registriert.

Sperrzeiten von 24 Wochen und mehr führen dazu, daß der Anspruch auf Arbeitslosengeld und -hilfe erlischt.[282] Die betroffenen Personen werden für 3 Monate nicht in der Arbeitslosenstatistik geführt. W. ADAMY schätzt den Anteil der Arbeitslose, deren Leistungsanspruch aufgrund von Sperrzeiten von insgesamt 24 Wochen erloschen ist, auf 950 Personen.[283]

5.5.7.2. Freiwillige Arbeitslosigkeit

Sperrzeiten werden von der Bundesanstalt für Arbeit im Interesse der Versichertengemeinschaft verhängt, damit diese nicht für Risiken aufkommen muß, die jeder einzelne Versicherte selbst zu vertreten hat.[284] Sperrzeiten deuten auf „freiwillige Arbeitslosigkeit" hin, wenn die betroffenen Personen auf das Arbeitsentgelt bzw. die Zahlung von Arbeitslosengeld oder -hilfe verzichten, indem sie zumutbare Arbeiten abgelehnt haben.[285] Diese Personen schließen sich damit bewußt aus der Versichertengemeinschaft aus, wodurch ihnen deren finanzielle Unterstützung verwehrt wird. Aus diesem Grund sind Arbeitslose mit Sperrzeiten im ökonomischen Sinn nicht arbeitslos, wenn sie keine finanziellen Forderungen an die Solidargemeinschaft stellen.

Bei der Beurteilung der Arbeitsunwilligkeit ist allerdings Vorsicht geboten. Die Argumentation des Arbeitsamts muß rechtlich haltbar sein und der Wille, daß der Arbeitslose nicht bereit ist, eine ihm angebotene Arbeit anzunehmen, muß eindeutig sein. Damit ist eine Dunkelziffer von unechter Arbeitslosigkeit durch Sperrzeiten nicht auszuschließen.

Zu berücksichtigen ist außerdem, daß aus der Ablehnung eines Stellenangebots nicht pauschal auf mangelnde Arbeitsbereitschaft geschlossen werden kann. Nach einer Untersuchung von B. v. ROSENBLADT gehen dieselben Personen nachweislich zu einem höheren Anteil in Beschäftigung.[286] Die Ablehnung eines

---

[282] Vgl. die §§ 147 bzw. 196 SGB III.
[283] Vgl. ADAMY, W. [1998 a], S. 379.
[284] Vgl. SCHAUB, G. [2000], S. 163.
[285] Vgl. HÖLZLE, J. [1988], S. 55.
[286] Vgl. ROSENBLADT, B. v. [1991], S. 151.

Stellenangebots kann auch als „*Ausdruck eines gewissen Selbstbewußtseins von Arbeitslosen mit eher guten Beschäftigungschancen*"[287] aufgefaßt werden. Im folgenden wird auf die gängige Praxis der Bundesanstalt für Arbeit zurückgegriffen, die Arbeitslose mit Sperrzeiten über 24 Wochen für 3 Monate befristet aus der Arbeitslosenstatistik ausschließt. Personen die die Bundesanstalt für Arbeit wegen Sperrzeiten aus der Arbeitslosenstatistik streicht, sind nicht arbeitslos im ökonomischen Sinn, weil sie wissentlich auf die finanzielle Unterstützung der Solidargemeinschaft verzichten.

5.5.8. Säumniszeiten

5.5.8.1. Mißachtung der Meldepflicht

Wenn sich Personen, die keine Leistungsansprüche an die Bundesanstalt für Arbeit haben, bei den Arbeitsämtern arbeitslos melden, um deren Vermittlungsfunktion in Anspruch zu nehmen, werden sie in der Statistik als Arbeitslose erfaßt. Danach müssen Nichtleistungsempfänger ihr Vermittlungsgesuch alle 3 Monate unaufgefordert erneuern, da es ansonsten erlischt. Wenn Arbeitslose ohne Leistungsbezug unabhängig von den Bemühungen des Arbeitsamts selbständig einen Arbeitsplatz finden oder aus anderen Gründen nicht mehr zu zählen sind, wird dies dem Arbeitsamt nicht immer sofort bekannt. Es kommt zu einer Übererfassung.[288] Im Extremfall ist eine Person fast 3 Monate arbeitslos gemeldet, obwohl sie bereits wieder erwerbstätig ist.

Arbeitslose mit Leistungsansprüchen müssen seit April 1998 ebenfalls regelmäßig alle drei Monate ihre Arbeitslosenmeldung beim Arbeitsamt erneuern. Ansonsten werden die Zahlungen automatisch eingestellt und die betroffenen Personen aus der Arbeitslosenstatistik gestrichen. Wenn sie sich dann verspätet melden, werden sie zwischenzeitlich der Stillen Reserve i. e. S. zugerechnet.[289] Der Umfang der Arbeitslosigkeit durch **Erfassungsfehler** wird bei Leistungsempfängern auf rund 25.000 Personen geschätzt.[290]

---

[287] ROSENBLADT, B. v. [1991], S. 151.
[288] Vgl. CRAMER, U. [1990], S. 14.
[289] Vgl. AUTORENGEMEINSCHAFT [1999], S. 9.
[290] Vgl. ADAMY, W. [1998 a], S. 379.

5.5.8.2. Erfassungsfehler durch Säumniszeiten

Säumniszeiten von Personen ohne Leistungsanspruch können zu unechter Arbeitslosigkeit führen, wenn es zu einer Übererfassung in der Karteistatistik kommt. Um diese Form der Übererfassung zu verhindern, wäre vor jeder monatlichen Karteiauszählung eine Bestandsprüfung nötig. Die einfachere Alternative der Bundesanstalt für Arbeit besteht darin, daß seit 1988 jedes Vermittlungsgesuch ohne Leistungsanspruch automatisch nach 3 Monaten erlischt, wenn es nicht erneuert wird. So wird verhindert, daß der Fortschreibungsfehler größere Dimensionen annimmt. Diese Verfahrensweise läßt sich damit erklären, daß in erster Linie Leistungsempfänger vermittelt werden sollen, da sie das Sozialbudget belasten.

Bei der Erfassung der Arbeitslosigkeit im ökonomischen Sinn wird davon ausgegangen, daß eine Bereinigung der registrierten Arbeitslosigkeit um Erfassungsfehler durch Arbeitslose ohne Leistungsanspruch nicht erforderlich ist, da bei dieser Gruppe im Gegenteil sogar mit unsichtbarer Arbeitslosigkeit zu rechnen ist. Nicht alle Arbeitsuchenden ohne Leistungsanspruch melden sich arbeitslos, sondern ein Großteil gehört der Stillen Reserve im engeren Sinn an.

Der Anteil der Leistungsempfänger, der die Meldefrist versäumt, und sich verspätet beim Arbeitsamt meldet, wird über die Stille Reserve i. e. S. bei der Ermittlung der Arbeitslosigkeit im ökonomischen Sinn erfaßt. Der Rest, der sich nicht zurückmeldet, kann nicht zugeordnet werden.[291]

5.5.9. Unechte Arbeitslosigkeit

Unechte Arbeitslose sind Personen, die in der Statistik der Bundesanstalt für Arbeit als Arbeitslose geführt werden, ohne daß sie an einer Arbeitsaufnahme interessiert sind. Sie sind arbeitslos im ökonomischen Sinn, wenn sie die Unterstützung der Gesellschaft in Anspruch nehmen, um ihren Lebensunterhalt zu bestreiten.

Der Umfang der unechten Arbeitslosigkeit ist nicht exakt zu quantifizieren, da es sich häufig um die mißbräuchliche Inanspruchnahme sozialer Leistungen im

---

[291] Vgl. AUTORENGEMEINSCHAFT [1999], S. 9.

Einzelfall handelt.[292] Sie wird bei der Bestimmung der Arbeitslosigkeit im ökonomischen Sinn vernachlässigt, auch wenn es dadurch zu einer Überschätzung kommt.

Zu unechter Arbeitslosigkeit führen auch Erfassungsfehler in der Karteistatistik, die durch die Meldepflicht entstehen. Auch in diesem Fall wird keine Korrektur der registrierten Arbeitslosigkeit vorgenommen, da sich nur wenige Nichtleistungsbezieher bei den Arbeitsämtern melden. Leistungsbezieher mit Sperrzeiten über 24 Wochen werden automatisch von der Bundesanstalt für Arbeit für 3 Monate aus der Kartei gestrichen.

5.6. Grenzen bei der Erfassung der Arbeitslosigkeit im ökonomischen Sinn

Bei der Bestimmung der Arbeitslosigkeit im ökonomischen Sinn ergeben sich verschiedene Probleme, die eine möglichst genaue Abschätzung erschweren: Aus der Inanspruchnahme der diversen arbeitsmarktpolitischen Maßnahmen läßt sich nicht immer ohne weiteres darauf schließen, in welchem Umfang dadurch Arbeitslosigkeit verdeckt wird. So kann es z. B. bei Strukturanpassungsmaßnahmen zu einer Verdrängung von regulärer Beschäftigung kommen. Bei der Ermittlung der ruhenden Arbeitslosigkeit, die dadurch entsteht, daß die Bundesanstalt für Arbeit Arbeitsplätze durch ihre finanzielle Unterstützung sichert, verschärft sich dieses Problem noch. Bei der Vergabe von Subventionen ist z. B. keine Abschätzung möglich, in wieweit sich dahinter Arbeitslosigkeit im ökonomischen Sinn verbirgt. Folglich wird die Arbeitslosigkeit im ökonomischen Sinn durch die Vernachlässigung von Subventionen unterschätzt. Für die unsichtbare Arbeitslosigkeit kann nur auf Schätzung zurückgegriffen werden, so daß von vorn herein Unsicherheiten im Datenmaterial bestehen. Im Fall der unechten Arbeitslosigkeit wiederum liegt Mißbrauch im Einzelfall vor, der im Rahmen der empirischen Wirtschaftsforschung nicht quantifiziert werden kann. Es ist daher nicht sinnvoll, die Arbeitslosigkeit im ökonomischen Sinn im folgenden in Größenordnungen unter 1.000 anzugeben, da dies eine Exaktheit der Ergebnisse vortäuschen würde, die es nicht gibt.

---

[292] Vgl. ROSENBLADT, B. v. [1991], S. 151.

5.7. Zusammenfassung

In diesem Kapitel wurden 4 Korrekturfaktoren abgegrenzt, mit deren Hilfe die ökonomisch relevante Arbeitslosigkeit, hier Arbeitslosigkeit im ökonomischen Sinn genannt, aus der registrierten Arbeitslosigkeit ermittelt werden soll.

Der **erste Korrekturfaktor** (K^1) erhöht die Zahl der registrierten Arbeitslosen um die Zahl der Personen, die sich beim Arbeitsamt arbeitsuchend gemeldet haben, sich jedoch zur Zeit in einer beschäftigungschaffenden Maßnahmen befinden und daher nicht in der Arbeitslosenstatistik geführt werden. Ohne den Besuch der von der Bundesanstalt für Arbeit finanzierten Maßnahmen wären die betroffenen Personen weiterhin arbeitslos. Sie werden daher als **verdeckte Arbeitslose** bezeichnet und bei der Erfassung der Arbeitslosigkeit im ökonomischen Sinn berücksichtigt.

Der **zweite Korrekturfaktor** (K^2) betrifft Personen, die nur deshalb noch erwerbstätig sind, weil ihr Arbeitsplatz durch die finanzielle Unterstützung der Bundesanstalt für Arbeit gesichert wird. Auf diese Weise wird das Risiko der Arbeitslosigkeit der betroffenen Personen zunächst verhindert, so daß die Gefahr der **Arbeitslosigkeit ruht**. Da zumindest ein Teil dieser Personen ohne die Unterstützung der Bundesanstalt für Arbeit arbeitslos wäre, gehört dieser Teil zur Arbeitslosigkeit im ökonomischen Sinn.

Am schwierigsten zu quantifizieren ist die Zahl der Personen, die sich nicht arbeitslos meldet, nicht erwerbstätig ist und dennoch eine Arbeit sucht. **Diese unsichtbare Arbeitslosigkeit** wird mit dem **dritten Korrekturfaktor** (K^3) erfaßt und beruht auf den Schätzungen des IAB zur Stillen Reserve im engeren Sinn.

Der **vierte Korrekturfaktor** (K^4) soll der Kritik Rechnung tragen, daß ein Teil der registrierten Arbeitslosen nicht oder nur schwer vermittelt werden kann. Es zeigt sich jedoch, daß **vermittlungsferne Arbeitslosigkeit** klassische Arbeitslosigkeit darstellt und die Fälle von **unechter Arbeitslosigkeit**, die auf Arbeitsunwilligkeit hinweisen, nicht quantifiziert werden können. Die unechte Arbeitslosigkeit müßte von der registrierten Arbeitslosigkeit abgezogen werden. Da Mißbrauch im Einzelfall nicht quantifiziert werden kann, kommt es zu einer Überschätzung der Arbeitslosigkeit im ökonomischen Sinn.

Im nachfolgenden Kapitel werden die Korrekturfaktoren dazu verwendet, die Arbeitslosigkeit im ökonomischen Sinn zu bestimmen.

6. Die Arbeitslosigkeit im ökonomischen Sinn

6.1. Bestimmung und Analyse der Arbeitslosigkeit im ökonomischen Sinn

Nachdem im 5. Kapitel die verschiedenen Formen der verdeckten, der ruhenden, der unsichtbaren und der unechten Arbeitslosigkeit daraufhin untersucht wurden, ob und gegebenenfalls in welchem Umfang sie Arbeitslosigkeit im ökonomischen Sinn darstellen, werden nun die quantitativen Einzelergebnisse zu 4 Korrekturfaktoren zusammengefaßt. Dabei kommt es zu einer analytischen Betrachtung der einzelnen Korrekturfaktoren im Zeitablauf. Anschließend wird anhand der 4 Korrekturfaktoren K^1, K^2, K^3 und K^4 ein saldierter Korrekturfaktor K ermittelt, um mit dessen Hilfe die Arbeitslosigkeit im ökonomischen Sinn ($AL^{i.ö.S.}$) zu bestimmen.

Die ermittelte Arbeitslosigkeit im ökonomischen Sinn stellt den Angebotsüberhang auf dem Arbeitsmarkt dar. Sie wird den amtlichen Zahlen zum Angebotsüberhang, der registrierten Arbeitslosigkeit und der Erwerbslosigkeit gegenübergestellt, und das Ergebnis kritisch reflektiert. Abweichungen zwischen den einzelnen Größen müssen begründbar sein und die sich daraus ergebenden Folgen abgeschätzt werden.

Im weiteren wird der gesamte Untersuchungszeitraum von 1970 bis 2000 mit Daten für Westdeutschland bis 1990 und Daten für Gesamtdeutschland ab 1991 bis zum Jahr 2000 betrachtet.

6.1.1. Korrekturfaktor 1: Verdeckte Arbeitslosigkeit

Bei der verdeckten Arbeitslosigkeit handelt es sich um Personen, die sich bei den Arbeitsämtern arbeitslos melden und daraufhin an einer arbeitsmarktpolitischen Maßnahmen der Bundesanstalt für Arbeit teilnehmen, um ihre Wiedereingliederung in den ersten Arbeitsmarkt zu erleichtern. Alle Teilnehmer an arbeitsmarktpolitischen Maßnahmen werden von der Bundesanstalt für Arbeit nicht als registrierte Arbeitslose ausgewiesen.

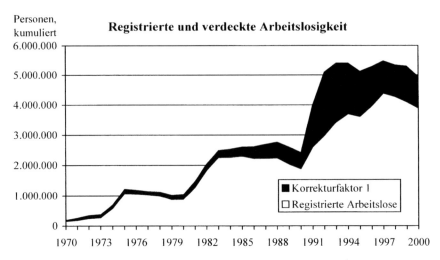

Abbildung 6.1: Registrierte und verdeckte Arbeitslosigkeit (K^1).

Zahlen für Westdeutschland bis 1990, ab 1991 Zahlen für Deutschland.
Daten: Siehe Anhang A1, eigene Berechnungen.

Abbildung 6.1 gibt für den gesamten Untersuchungszeitraum von 1970 bis zum Jahr 2000 einen Überblick über die verdeckte und die registrierte Arbeitslosigkeit. Es zeigt sich, daß die arbeitsmarktpolitischen Maßnahmen der Bundesanstalt für Arbeit vor allem nach der Wiedervereinigung zu einer Entlastung des Arbeitsmarkts beigetragen haben.

Der Umfang der verdeckten Arbeitslosigkeit nach der Wiedervereinigung ist in Abbildung 6.2 graphisch dargestellt. Im Jahr 1992 befanden sich bis zu 2 Millionen Menschen ohne festen Arbeitsplatz in Maßnahmen der Bundesanstalt für Arbeit. Bis zum Jahr 2000 hat sich die verdeckte Arbeitslosigkeit auf fast die Hälfte reduziert. Die Ursache für das Absinken der verdeckten Arbeitslosigkeit zeigt sich in Abbildung 6.2 deutlich: die Einschränkung der Altersübergangsregelungen. Zwischen 1991 und 1994 bestand die verdeckte Arbeitslosigkeit zu rund 40% aus Empfängern von Vorruhestandsgeld und Altersübergangsgeld.

In den folgenden Jahren bestand die verdeckte Arbeitslosigkeit überwiegend aus Teilnehmern an Arbeitsbeschaffungsmaßnahmen (ABM), Strukturanpassungsmaßnahmen (SAM), Maßnahmen zur Förderung der beruflichen Weiterbildung

Die Arbeitslosigkeit im ökonomischen Sinn 129

(FbW) und aus älteren Arbeitslosen, für die das Nichtverfügbarkeitsprivileg nach § 428 SGB III gilt.

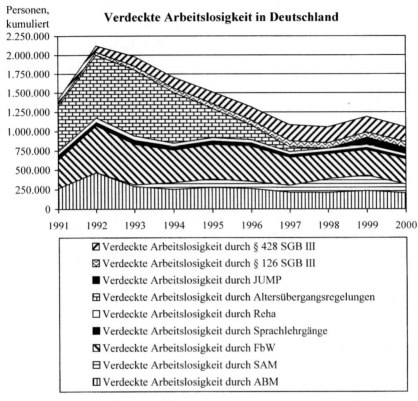

Abbildung 6.2: Korrekturfaktor 1: Verdeckte Arbeitslosigkeit in Deutschland.
Daten: Siehe Anhang A1.

In Tabelle 6.1 wird das Verhältnis zwischen der registrierten Arbeitslosigkeit und der verdeckten Arbeitslosigkeit im wiedervereinigten Deutschland genauer betrachtet. Die verdeckte Arbeitslosigkeit entsprach im Jahr 1992 einem Anteil von 42% an allen Personen, die bei den Arbeitsämtern vorstellig wurden, weil sie keinen festen Arbeitsplatz haben. Entsprechend wurden im Jahr 1992 nur 58% der Personen, die bei den Arbeitsämtern einen entsprechenden Geschäftsgang ausgelöst haben, als registrierte Arbeitslose ausgewiesen. Insgesamt waren nach der Wiedervereinigung in Deutschland im Jahresdurchschnitt über 5 Millionen Menschen bei den Arbeitsämtern gemeldet, weil sie über keine oder über keine ausreichende Beschäftigung auf dem ersten Arbeitsmarkt verfügten, während in der öffentlichen und politischen Diskussion um die Arbeitslosigkeit nur von der magischen 4 Millionengrenze gesprochen wurde.[293]

Jahr	AL^{reg}	K^1	$K^1 + AL^{reg}$	Davon K^1 in %
1991	2.602.000	1.413.000	4.015.000	35
1992	2.978.000	2.122.000	5.100.000	42
1993	3.419.000	1.982.000	5.401.000	37
1994	3.698.000	1.704.000	5.402.000	32
1995	3.612.000	1.511.000	5.123.000	29
1996	3.965.000	1.317.000	5.282.000	25
1997	4.385.000	1.085.000	5.470.000	20
1998	4.279.000	1.057.000	5.336.000	20
1999	4.100.000	1.191.000	5.291.000	23
2000	3.889.000	1.054.000	4.943.000	21

Tabelle 6.1:   Der 1. Korrekturfaktor und die registrierte Arbeitslosigkeit.
Zahlen für Deutschland.
Daten: Siehe Anhang A1, eigene Berechnungen.

6.1.2. Korrekturfaktor 2: Ruhende Arbeitslosigkeit

Ruhende Arbeitslosigkeit liegt vor, wenn Beschäftigungsverhältnisse durch Maßnahmen der Beschäftigungssicherung und –förderung stabilisiert werden. Dadurch wird die akute Gefahr der Arbeitslosigkeit für eine bestimmte Zeit vermieden. Die Empfänger von Maßnahmen zur Beschäftigungssicherung und –förderung sind erwerbstätig. Dazu gehören Kurzarbeiter, Empfänger von Winterausfallgeld in der Bauwirtschaft und Personen in Altersteilzeitarbeit. Die ruhende Arbeitslosigkeit entspricht dem Beschäftigungsäquivalent, welches sich in Höhe des Arbeitsausfallvolumens ergibt, das durch die Bundesanstalt für Arbeit im Rahmen der Maßnahmen zur Beschäftigungssicherung und –förderung abgegolten wird.

---

[293] Siehe z. B. IW [02.01.1997].

Die Arbeitslosigkeit im ökonomischen Sinn 131

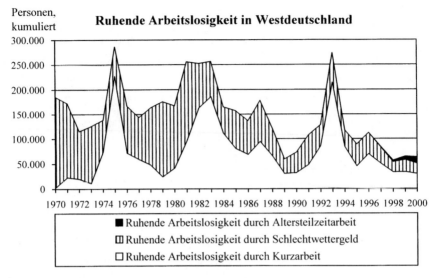

Abbildung 6.3: Korrekturfaktor 2: Ruhende Arbeitslosigkeit in Westdeutschland.

Daten: Siehe Anhang A1.

Die ruhende Arbeitslosigkeit, dargestellt in Abbildung 6.3, weist ausgeprägte Schwankungen im Zeitablauf auf. Diese sind sowohl konjunkturellen als auch witterungsbedingten Ursprungs, da sich die ruhende Arbeitslosigkeit im Mittel zu gleichen Teilen aus dem Arbeitsausfallvolumen durch Kurzarbeit und aus dem witterungsbedingten Arbeitsausfallvolumen in der Bauwirtschaft zusammensetzt. Die hohen Varianzen bestätigen die Tatsache, daß die Anteile durch Kurzarbeit und witterungsbedingten Arbeitsausfall in der Bauwirtschaft stark streuen. Die dritte Form der ruhenden Arbeitslosigkeit, die Altersteilzeitarbeit, wird zur Zeit noch in geringem Umfang praktiziert.

Betrachtet man den Verlauf der registrierten und der ruhenden Arbeitslosigkeit in Abbildung 6.4, dann zeigt sich, wie beim 1. Korrekturfaktor, nach der Wiedervereinigung ein starker Anstieg der Maßnahmen zur Beschäftigungssicherung und -förderung, der mit einer entsprechend starken Entlastung des Arbeitsmarkts verbunden ist.

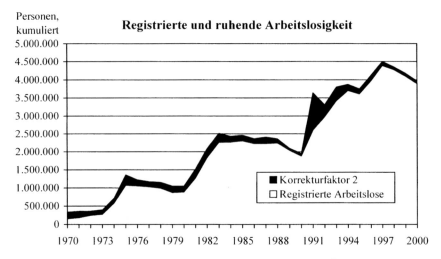

Abbildung 6.4: Registriert und ruhende Arbeitslosigkeit (K^2).

Zahlen für Westdeutschland bis 1990, ab 1991 Zahlen für Deutschland.
Daten: Siehe Anhang A1, eigene Berechnungen.

Die direkten Gegenüberstellung der registrierten Arbeitslosigkeit und der ruhenden Arbeitslosigkeit nach der Wiedervereinigung erfolgt in Tabelle 6.2:

Jahr	AL^{reg}	K^2	$K^2 + AL^{reg}$	Davon K^2 in %
1991	2.602.000	1.041.000	3.643.000	29
1992	2.978.000	335.000	3.313.000	10
1993	3.419.000	377.000	3.796.000	10
1994	3.698.000	172.000	3.870.000	4
1995	3.612.000	140.000	3.752.000	4
1996	3.965.000	160.000	4.125.000	4
1997	4.385.000	113.000	4.498.000	3
1998	4.279.000	76.000	4.355.000	2
1999	4.100.000	82.000	4.182.000	2
2000	3.889.000	83.000	3.972.000	2

Tabelle 6.2: Der 2. Korrekturfaktor und die registrierte Arbeitslosigkeit.

Zahlen für Deutschland.
Daten: Siehe Anhang A1, eigene Berechnungen.

Die Arbeitslosigkeit im ökonomischen Sinn

Der Anteil der ruhenden Arbeitslosigkeit durch Kurzarbeit und witterungsbedingten Arbeitsausfall im Winter ist von 29% im Jahr 1991 bis auf 2% im Jahr 1998 gesunken, wenn die Summe der beiden Größen den Bezugsrahmen darstellt. Die Ursache für die rückläufige Inanspruchnahme dieser Maßnahmen ist in den gesetzlichen Neuregelungen zu sehen, die die Inanspruchnahme von Kurzarbeitergeld und Winterausfallgeld durch eine entsprechende finanzielle Beteiligung der Arbeitsmarktparteien reduziert hat.

6.1.3. Korrekturfaktor 3: Unsichtbare Arbeitslosigkeit

Unsichtbare Arbeitslosigkeit entsteht durch Personen, die sich nicht beim Arbeitsamt melden, aber dennoch als Anbieter auf dem Arbeitsmarkt auftreten. Erfaßt wird die unsichtbare Arbeitslosigkeit durch die Stille Reserve i. e. S., wie sie vom IAB geschätzt wird.

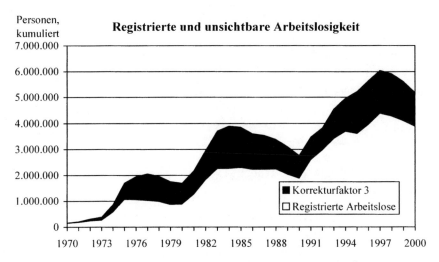

Abbildung 6.5: Registrierte und unsichtbare Arbeitslosigkeit (K^3).

Zahlen für Westdeutschland bis 1990, ab 1991 Zahlen für Deutschland.
Daten: Siehe Anhang A1, eigene Berechnungen.

Die Stille Reserve verläuft prozyklisch zur registrierten Arbeitslosigkeit, so daß sie in der Rezession zu einer zusätzlichen Entlastung des Arbeitsmarkts führt.

Jahr	AL^{reg}	K^3	K^3 + AL^{reg}	Davon K^3 in %
1991	2.602.000	838.000 [a]	3.440.000	24
1992	2.978.000	852.000	3.830.000	22
1993	3.419.000	1.129.000	4.548.000	25
1994	3.698.000	1.263.000	4.961.000	25
1995	3.612.000	1.613.000	5.235.000	31
1996	3.965.000	1.681.000	5.646.000	30
1997	4.385.000	1.661.000	6.046.000	27
1998	4.279.000	1.637.000	5.916.000	28
1999	4.100.000	1.512.000	5.612.000	27
2000	3.889.000	1.301.000	5.190.000	25

Tabelle 6.3:   *Der 3. Korrekturfaktor und die registrierte Arbeitslosigkeit.*

[a] Wert für Westdeutschland.
Zahlen für Deutschland.
Daten: Siehe Anhang A1, eigene Berechnungen.

Die Summe aus registrierter und unsichtbarer Arbeitslosigkeit ist in Tabelle 6.3 dargestellt und gibt einen Überblick über die Entwicklung der beiden Größen nach der Wiedervereinigung. Im Mittel beträgt der Anteil der unsichtbaren Arbeitslosigkeit 26% an der Summe aus registrierter und unsichtbarer Arbeitslosigkeit.

6.1.4. Korrekturfaktor 4: Unechte Arbeitslosigkeit

Unechte Arbeitslose sind registrierte Arbeitslose, die nicht an einer Arbeitsaufnahme interessiert sind. In diesem Fall wird die registrierte Arbeitslosigkeit durch die Existenz von unechten Arbeitslosen zu hoch ausgewiesen. Unechte Arbeitslose sind bei der Bestimmung der Arbeitslosigkeit im ökonomischen Sinn nur dann von der registrierten Arbeitslosigkeit abzuziehen, wenn sie ihren Lebensunterhalt selbst finanzieren und daher auf die Unterstützung der Versichertengemeinschaft nicht angewiesen sind.

Die unechte Arbeitslosigkeit konnte nicht quantifiziert werden, weil Mißbrauch im Einzelfall unterstellt werden muß. Daher kommt es zu keiner Reduzierung der registrierten Arbeitslosigkeit um unechte Arbeitslose bei der Ermittlung der

Arbeitslosigkeit im ökonomischen Sinn. Im folgenden entfällt der 4. Korrekturfaktor. Allerdings kann durch dieses Vorgehen nicht ausgeschlossen werden, daß die Arbeitslosigkeit im ökonomischen Sinn leicht überschätzt wird.

6.1.5. Vom saldierten Korrekturfaktor zur Arbeitslosigkeit im ökonomischen Sinn

Die Arbeitslosigkeit im ökonomischen Sinn ergibt sich aus der registrierten Arbeitslosigkeit, indem diese wie folgt mit Hilfe der verbleibenden 3 Korrekturfaktoren erweitert und bereinigt wird:

$$AL^{i.ö.S.}_t = AL^{reg}_t + K^1_t + K^2_t + K^3_t$$

wobei: $AL^{i.ö.S.}$ Arbeitslosigkeit im ökonomischen Sinn
            AL^{reg} Registrierte Arbeitslose
            K^1, K^2, K^3 Korrekturfaktoren 1 bis 3

Formal werden dazu in einem ersten Schritt die 3 Korrekturfaktoren zu einem saldierten Korrekturfaktor verrechnet:

$$K_t = K^1_t + K^2_t + K^3_t$$

wobei: K Saldierter Korrekturfaktor
            K^1, K^2, K^3 Korrekturfaktoren 1 bis 3

In Abbildung 6.6 ist die Zusammensetzung des saldierten Korrekturfaktors für den gesamten Untersuchungszeitraum dargestellt. Zwischen 1970 und dem Jahr 2000 ist die unsichtbare Arbeitslosigkeit (K^3), die der Stillen Reserve i. e. S. entspricht, im Mittel mit einem Anteil von über 50% der größte Korrekturfaktor. Die verdeckte Arbeitslosigkeit, die mit dem 1. Korrekturfaktor erfaßt wird, macht im Mittel 29% des saldierten Korrekturfaktors aus und der 2. Korrekturfaktor, die ruhende Arbeitslosigkeit, stellt mit einem Anteil von 16% die kleinste Größe dar.

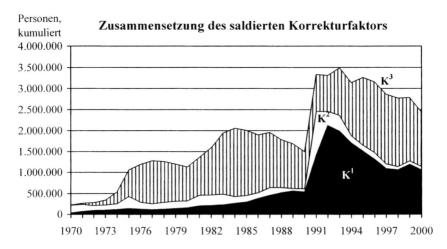

Abbildung 6.6: Zusammensetzung des saldierten Korrekturfaktors.

Zahlen für Westdeutschland bis 1990, ab 1991 Zahlen für Deutschland.
Daten: Siehe Anhang A1, eigene Berechnungen.

Die quantifizierbaren Korrekturfaktor K^1, K^2 und K^3 weisen einen Strukturbruch auf, der mit dem Beitritt der neuen Bundesländer am 03.10.1990 entstanden ist. Es ist daher sinnvoll, den Zeitraum von 1991 bis zum Jahr 2000 in Tabelle 6.4 gesondert zu betrachten. Es zeigt sich, daß nach der Wiedervereinigung Deutschlands das Niveau der Korrekturfaktoren unterschiedlich stark ansteigt. Dadurch ändert sich das Verhältnis der Korrekturfaktoren zu einander. Die verdeckte Arbeitslosigkeit wächst durch den massiven Einsatz arbeitsmarktpolitischer Maßnahmen auf ein hohes Niveau mit einem Anteil von 47% (gegenüber 29%) am saldierten Korrekturfaktor an, während der Anteil der unsichtbaren Arbeitslosigkeit leicht auf 46% sinkt und sich der 2. Korrekturfaktor auf einen Anteil von 8% halbiert.

Die Arbeitslosigkeit im ökonomischen Sinn 137

Jahr	K¹	K²	K³	K
1991	1.413.000	1.041.000	838.000 [a]	3.292.000
1992	2.122.000	335.000	852.000	3.309.000
1993	1.982.000	377.000	1.129.000	3.488.000
1994	1.704.000	172.000	1.263.000	3.139.000
1995	1.511.000	140.000	1.613.000	3.264.000
1996	1.317.000	160.000	1.681.000	3.158.000
1997	1.085.000	113.000	1.661.000	2.859.000
1998	1.057.000	76.000	1.637.000	2.770.000
1999	1.191.000	82.000	1.512.000	2.785.000
2000	1.054.000	83.000	1.301.000	2.438.000

Tabelle 6.4:   *Der saldierte Korrekturfaktor.*

[a] Wert für Westdeutschland.
Zahlen für Deutschland.
Daten: Siehe Anhang A1, eigene Berechnungen.

Die Arbeitslosigkeit im ökonomischen Sinn ergibt sich, wie in Tabelle 6.5 ermittelt, aus der Summe der registrierten Arbeitslosigkeit und dem saldierten Korrekturfaktor:

$$AL^{i.ö.S.}_t = AL^{reg}_t + K_t$$

wobei: $AL^{i.ö.S.}$ Arbeitslosigkeit im ökonomischen Sinn
           AL^{reg} Registrierte Arbeitslose
           K   Saldierter Korrekturfaktor

Durch die registrierte Arbeitslosigkeit wird nach der deutschen Wiedervereinigung im Mittel nur 54% der Arbeitslosigkeit im ökonomischen Sinn ausgewiesen. Der Anteil der nicht ausgewiesenen Arbeitslosigkeit war 1991 mit 56% aller Personen, die aus ökonomischer Sicht arbeitslos waren, am höchsten. Ihr Maximum erreicht die Arbeitslosigkeit im ökonomischen Sinn mit 7,2 Millionen Personen im Jahr 1997, während von amtlicher Seite nur 4,4 Millionen Arbeitslose diskutiert wurden. Damit besteht zwischen der amtlichen Statistik und der aus ökonomischer Sicht relevanten Arbeitslosigkeit eine **erhebliche Diskrepanz**.

Jahr	K	AL^{reg}	Al$^{i.ö.S.}$	Davon K in %
1991	3.292.000	2.602.000	5.894.000	56
1992	3.309.000	2.978.000	6.287.000	53
1993	3.488.000	3.419.000	6.907.000	50
1994	3.139.000	3.698.000	6.837.000	46
1995	3.264.000	3.612.000	6.876.000	47
1996	3.158.000	3.965.000	7.123.000	44
1997	2.859.000	4.385.000	7.244.000	39
1998	2.770.000	4.279.000	7.049.000	39
1999	2.785.000	4.100.000	6.885.000	40
2000	2.438.000	3.889.000	6.327.000	39

Tabelle 6.5: Bestimmung der Arbeitslosigkeit im ökonomischen Sinn.
Zahlen für Deutschland.
Daten: Siehe Anhang A1, eigene Berechnungen.

In Abbildung 6.7 ist die Arbeitslosigkeit im ökonomischen Sinn für den Zeitraum von 1970 bis zum Jahr 2000 dargestellt.

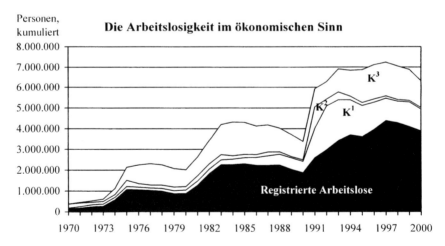

Abbildung 6.7: Die Arbeitslosigkeit im ökonomischen Sinn.
Zahlen für Westdeutschland bis 1990, ab 1991 Zahlen für Deutschland.
Daten: Siehe Anhang A1, eigene Berechnungen.

Das verwendete Datenmaterial für die langfristige Betrachtung ist im Anhang A7 dokumentiert. Die registrierte Arbeitslosigkeit stellt in den Jahren von 1970 bis 2000 im Mittel einen Anteil von 51% der Arbeitslosigkeit im ökonomischen Sinn dar, so daß auch in der langfristigen Betrachtung **fast die Hälfte der Arbeitslosigkeit**, die sich unter ökonomischen Gesichtspunkten für die Bundesrepublik Deutschland ergibt, **in der amtlichen Statistik nicht ausgewiesen** wird. Dieser Sachverhalt wird im folgenden genauer betrachtet.

6.2. Arbeitslosigkeit im ökonomischen Sinn versus amtliche Statistik

Zwischen der in dieser Arbeit ermittelten Arbeitslosigkeit im ökonomischen Sinn und den amtlichen Zahlen zum Angebotsüberhang auf dem Arbeitsmarkt gibt es erhebliche Abweichungen, die die Gegenüberstellung der Jahresdurchschnitte in Abbildung 6.8 veranschaulicht.

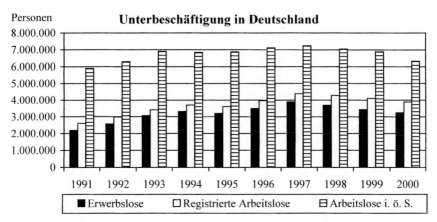

Abbildung 6.8:   *Unterbeschäftigung in Deutschland.*
Zahlen für Deutschland.
Daten: Anhang A1, AUTORENGEMEINSCHAFT [1996], [2000], STATISTISCHES BUNDESAMT [2001], eigene Berechnungen.

Die Beurteilung der Arbeitsmarktsituation in Deutschland erfolgt normalerweise über die von der Bundesanstalt für Arbeit ermittelten Zahl zur registrierten Arbeitslosigkeit. Des weiteren wird vom Statistischen Bundesamt die Zahl der Erwerbslosen ausgewiesen. Diese beiden amtlichen Größen unterscheiden sich hauptsächlich deshalb um rund ½ Million Personen, weil konzeptionelle Unterschiede dazu führen, daß geringfügig beschäftigte registrierte Arbeitslose nicht als Erwerbslose ausgewiesen werden, sondern als Erwerbstätige.[294]

Im ökonomischen Sinn sind alle Personen arbeitslos, die keine Arbeit haben, obwohl sie arbeiten können, und müssen oder wollen, um ihren Lebensunterhalt zu bestreiten oder ihren Lebensstandard zu erhöhen. Damit gehören zu den Arbeitslosen im ökonomischen Sinn zusätzlich zu den registrierten Arbeitslosen alle verdeckt, ruhend und unsichtbar arbeitslosen Personen, wie sie im 5. Kapitel ausführlich diskutiert wurden. Die Arbeitslosigkeit im ökonomischen Sinn ist in diesem Fall rund doppelt so hoch wie die offizielle Arbeitslosigkeit.

Die Diskrepanz zwischen der amtlichen Statistik und der Arbeitslosigkeit im ökonomischen Sinn stellt ein Problem dar, welches genauer analysiert werden muß. Die Ursache der Diskrepanz ist die unterschiedliche Definition des Begriffs der „Arbeitslosigkeit", dessen Hintergründe und die sich daraus ergebenden Folgen für die Volkswirtschaft im allgemeinen und die Politik im speziellen im folgenden diskutiert werden.

6.3. Wieviel Arbeitslosigkeit verträgt eigentlich die Demokratie?

Die zunächst einmal überraschende Tatsache, daß die ausgewiesenen Arbeitslosenzahlen die Arbeitslosigkeit der deutschen Volkswirtschaft aus ökonomischer Sicht nur unvollständig erfassen, läßt sich mit der politischen Bedeutung dieser Größe begründen:

Die offiziellen Daten zur Arbeitslosigkeit sollen ein Maß für die Unterauslastung des Produktionsfaktors Arbeit sein. Wenn Arbeitslosigkeit vorliegt, werden die vorhandenen Ressourcen nicht optimal verwendet. Dieses **allokative Problem** ist für die Volkswirtschaft gleichbedeutend mit einem Outputausfall. Gleichzeitig deuten die Dimensionen der offiziell ausgewiesenen Arbeitslosigkeit darauf hin, in welchem Umfang ein **sozialpolitisches Problem** besteht, weil die betroffenen Individuen unter dem Einkommensausfall und der psychosozialen Belastung durch die Arbeitslosigkeit leiden. In internationalen Verglei-

---

[294] Vgl. AUTORENGEMEINSCHAFT [2000], S. 26

chen stellt die Zahl der offiziell ausgewiesenen Arbeitslosen einen Indikator dar, der die **Performance** einer Volkswirtschaft mißt.[295] Im **ideologischen Wettstreit** zwischen Marktwirtschaft und Sozialismus ist es eine politische Bankrotterklärung, wenn die Marktwirtschaft nicht dazu in der Lage ist, im freien Spiel zwischen Angebot und Nachfrage einen Ausgleich auf dem Arbeitsmarkt herzustellen.[296] Die Bundesregierung stützt sich außerdem bei der politischen Planung und Entscheidung auf amtliche Statistiken. Damit stellen die offiziellen Arbeitslosenzahlen ein Instrument dar, um Probleme auf dem Arbeitsmarkt zu erkennen und um entsprechende arbeitsmarktpolitische Maßnahmen zu dosieren. Auf Länderebene ist die Höhe der Arbeitslosigkeit ein wichtiger Schlüssel für die Zuteilung finanzieller Mittel.[297] Die Zahl der registrierten Arbeitslosen ist somit ein Indikator, der einem sehr heterogenen Anwendungsfeld gerecht werden muß. Es stellt sich daher die Frage, warum für diese wichtige Größe eine erhebliche Diskrepanz zwischen der amtlichen Statistik und der ökonomischen Realität besteht?

Diese Frage bekommt ein neues Gesicht, wenn die Gedanken von K. E. BECKER einbezogen werden: *„Wieviel Arbeitslosigkeit verträgt eigentlich die Demokratie? Oder, angelehnt an Poppers Terminologie: Was ist das demokratisch noch schickliche »Mindestmaß« der Arbeitslosigkeit?"*[298] Zum einen kann es aus sozial- und gesellschaftspolitischen Gründen nützlich sein, die Arbeitslosigkeit nicht in einer Höhe auszuweisen, die einen Großteil der Bevölkerung allein dadurch demoralisiert, weil sie mit Arbeitslosigkeit rechnen oder bereits arbeitslos sind. Denn Arbeitslosigkeit führt vor allem bei den Betroffenen zu psychosozialen Problemen.[299] Zum anderen muß sich die Regierung an dem Erfolg messen lassen, mit dem sie das Problem der Arbeitslosigkeit bekämpft. Aus diesem Grund stehen die Arbeitslosenzahlen immer im Zentrum der politischen Diskussion, und Regierungen sind bestrebt, nur den Anteil der Arbeitsmarktlücke offiziell als Arbeitslosigkeit auszuweisen, der politisch noch vertretbar erscheint.[300]

---

[295] Vgl. RIESE, M. [1986], S. 18 ff.
[296] Vgl. NIESS, F. [1982], S. 88.
[297] Vgl. ZYPRIES, B. [2001], S. 141 f.
[298] BECKER, K. E. [1998], S. 14.
[299] Vgl. FREY, B. S. und G. KIRCHGÄSSNER [1994], S. 319.
[300] Vgl. GATTINGER, J. [1980], S. 25.

Aus der Sicht der traditionellen Wirtschaftspolitik wird die Arbeitslosigkeit von der Regierung, die wie ein „gütiger Diktator" agiert, durch eine entsprechende Stabilitätspolitik weitgehend ausgeglichen, damit ein hoher Beschäftigungsstand und stabile Preise erreicht werden.[301]
Entfernt man sich von der Ideologie des gütigen Diktators, dann verfügen Politiker über eigene Interessen, die sie so gut wie möglich durchsetzen wollen. Die Neue Politische Ökonomie, auch Public Choice Theorie genannt, sieht in einem Politiker einen Stimmenmaximierer, dessen Zeithorizont nur von der Länge der Legislaturperiode bestimmt wird.[302] Die Regierung will die nächste Wahl gewinnen und setzt dazu alle ihr zur Verfügung stehenden Mittel ein. Dazu gehören die Instrumente der Wirtschaftspolitik und speziell für den Arbeitsmarkt die Arbeitsmarkt- und Beschäftigungspolitik. Durch ihr zielgerichtetes Handeln erzeugt die Regierung zusätzlich zu den bestehenden konjunkturellen Schwankungen sogenannte politische Konjunkturzyklen. Die Existenz politischer Konjunkturzyklen wird normalerweise mit den Daten der amtlichen Statistik überprüft. Aufgrund der Diskrepanz zwischen der ökonomischen Wirklichkeit und der amtlichen Statistik, deren Ausmaß von der Politik bei der gesetzlichen Fixierung des offiziellen Begriffs der „Arbeitslosigkeit" bestimmt wird, ergibt sich in dieser Arbeit durch die Ermittlung der nicht ausgewiesenen Arbeitslosigkeit eine weitere Möglichkeit, um die Existenz von politischen Konjunkturzyklen zu prüfen. Auch wenn die registrierte Arbeitslosigkeit keinen politischen Konjunkturzyklus aufweist, so kann der Anteil der nicht ausgewiesenen Arbeitslosigkeit, der über die Korrekturfaktoren bestimmt wird, dennoch zyklisch schwanken.
Im folgenden wird für die amtlichen Daten und anhand der in dieser Arbeit ermittelten Arbeitslosigkeit im ökonomischen Sinn geprüft, ob politische Konjunkturzyklen vorliegen.

---

[301] Vgl. FREY, B. S. und G. KIRCHGÄSSNER [1994], S. 299.
[302] Vgl. FREY, B. S. und G. KIRCHGÄSSNER [1994], S. 68.

7. Arbeitsmarktpolitik als wahlpolitisches Instrument?

7.1. Politik und Arbeitslosigkeit

Die öffentliche Diskussion wird nicht nur im Wahlkampf durch das Thema Arbeitslosigkeit geprägt.[303] Daher ist es im Interesse jeder Regierung, wenn zum Zeitpunkt der Wahl eine Arbeitsmarktsituation besteht, die von den Wählern positiv beurteilt wird.[304] Besonders in wirtschaftlich angespannten Zeiten kann das im „Gesetz zur Förderung der Stabilität und des Wachstums der Wirtschaft" (StabG) verankerte Ziel eines hohen Beschäftigungsstands nicht zufriedenstellend erreicht werden.[305]

Die Zusammenhänge zwischen Wirtschaft und Politik sind der Forschungsgegenstand der **Neuen Politischen Ökonomie**.[306] Abbildung 7.1 stellt ein politisch-ökonomisches Modell für die Bundesrepublik Deutschland dar, anhand dessen die grundlegenden Zusammenhänge kurz erläutert werden:

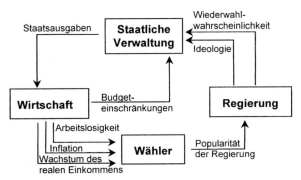

Abbildung 7.1:   *Ein politisch-ökonomisches Modell für die Bundesrepublik Deutschland.*

Quelle: FREY, B. S. und G. KIRCHGÄSSNER [1994], S. 15.

---

[303] Vgl. KOPPER, H. [1994], S. 2.
[304] Vgl. SCHEUERLE, A. [1999], S. 8.
[305] Vgl. § 1 StabG.
[306] Die Neue Politische Ökonomie wird auch als Ökonomische Theorie der Politik oder als Public Choice Theorie bezeichnet. Vgl. FREY, B. S. und G. KIRCHGÄSSNER [1994], S. 3.

Die Wirtschaft hängt über die Allokation der Ressourcen, die Einkommensverteilung und die Maßnahmen zur Stabilisierungspolitik von der Politik ab. Die Politik wiederum ist von der Unterstützung der Wirtschaft abhängig, wenn sie ihre Ziele erreichen will. Außerdem richtet sich die Popularität einer Regierung nach der wirtschaftlichen Lage.[307] Die Wähler beurteilen die Leistungen einer Regierung an für sie wichtigen makroökonomischen Indikatoren: der Arbeitslosenquote, der Inflationsrate und dem verfügbaren Einkommen. Je geringer die Inflationsrate und die Arbeitslosenquote sind, um so zufriedener sind die Wähler mit der Regierung. Damit rücken diese Größen automatisch ins Zentrum der politischen Handlungen.[308]

Die Vertreter der Neuen Politischen Ökonomie sehen in einem Politiker einen Stimmenmaximierer, der nur zwei Ziele hat: die Wiederwahl und die Durchsetzung der ideologischen Ziele seiner Partei.[309] Durch diese Ziele werden Regierungen bei ihrem Handeln dazu motiviert, die wirtschaftliche Aktivität bewußt und zielgerichtet zu beeinflussen. Erfolgt diese Beeinflussung regelmäßig im Rhythmus der Wahlen, dann entsteht ein politischer Konjunkturzyklus.[310]

Unter Konjunktur versteht man im allgemeinen *„wiederkehrende, wellenförmige Veränderungen der wirtschaftlichen Aktivität einer Volkswirtschaft"*[311]. Ein politischer Konjunkturzyklus läßt sich, wie alle Konjunkturzyklen, über seine Länge, Amplitude und Frequenz charakterisieren. Die Dauer der politischen Konjunkturzyklen wird durch die Länge der Legislaturperiode bestimmt. Die Frequenz legt die Anzahl der Schwingungen in einer Zeitperiode fest und die Amplitude mißt die Abweichung vom natürlichen Niveau.[312]

Das temporäre Monopol der Regierung über die Instrumente der Stabilisierungspolitik während einer Legislaturperiode kann zu eigennützigen Eingriffen in den Wirtschaftskreislauf führen, die statt zu einer Glättung der Konjunkturschwankungen beizutragen, zusätzliche politische Konjunkturzyklen erzeu-

---

[307] Vgl. FREY, B. S. und G. KIRCHGÄSSNER [1994], S. 3 f.
[308] Vgl. BANKART, CH. B. [1991], S. 104.
[309] Vgl. BELKE, A. [1996], S. 1.
[310] Vgl. BELKE, A. [1996], S. 7.
[311] ASSENMACHER, W. [1998], S. 4.
[312] Vgl. ASSENMACHER, W. [1998], S. 12 ff.

gen.[313] Bei einer ständig wachsenden Staatsquote[314] (47,2 % im Jahr 2000)[315] ist die Gefahr, daß Politiker nicht nur das Gemeinwohl wie ein gütiger Diktator vertreten, sondern ihre eigenen Interessen verfolgen, für die Entwicklung einer Volkswirtschaft nicht wünschenswert.[316] Politische Konjunkturzyklen sind aus der Sicht der Wohlfahrtstheorie unnötige Konjunkturschwankungen und damit suboptimal.[317]

7.2. Politische Konjunkturzyklen: Das Nordhaus Modell

Die Begründer der politischen Konjunkturtheorie[318], W. D. NORDHAUS [1975] und D. C. MACRAE [1977] werden der Opportunistischen Theorie mit adaptiven Erwartungen zugeordnet. Sie gehen in der Tradition des Public Choice Ansatzes davon aus, daß Politiker durch das Ziel der Wiederwahl Stimmenmaximierer sind. Die Regierung bedient sich aller Instrumente, die ihr zur Verfügung stehen, um das Ziel der Wiederwahl zu erreichen. Dazu gehören neben der Geldpolitik, die Fiskalpolitik und, wie diese Untersuchung zur Arbeitslosigkeit im ökonomischen Sinn gezeigt hat, möglicherweise auch die Arbeitsmarktpolitik. Die Wähler messen die Qualität der Regierung am Zielerreichungsgrad. Wenn sie den wirtschaftspolitischen Erfolg der amtierenden Regierung für zu gering erachten, wird die Opposition gewählt.[319]

---

[313] Vgl. BLANKART, CH. B. [1991], S. 103 f.
[314] Die Staatsquote ist definiert als der Anteil des Staats am Sozialprodukt. Vgl. BLANKART, CH. B. [1991], S. 119.
[315] Vgl. IW [2001], S. 127.
[316] Vgl. SCHEUERLE, A. [1999], S. 1.
[317] Vgl. BELKE, A. [1996], S. 17.
[318] Weitere Vertreter politischer Konjunkturmodelle sind: ROGOFF, K. und A. SIBERT [1988], PERSSON, T. und G. TABELLINI [1990] (Rationale Opportunismus Theorie), HIBBS, D. A. [1977] (Adaptive Ideologie Theorie), ALESINA, A. [1987] (Rationale Ideologie Theorie). Siehe z. B. SIEG, G. [2000], BELKE, A. [1996] oder BERTHOLD, N. und R. FEHN [1994].
[319] Vgl. SIEG, G. [2000], S. 4.

W. D. NORDHAUS hat über die Idee der modifizierten Phillips-Kurve[320] ein Modell entwickelt, um für Regierungen politische Konjunkturzyklen zu bestimmen. Die modifizierte Phillips-Kurve in Abbildung 7.2 stellt den wirtschaftspolitischen Zielkonflikt zwischen der Vollbeschäftigung und der Preisniveaustabilität dar. Dabei wird zwischen der Arbeitslosenquote und der Inflationsrate ein monoton fallender Zusammenhang unterstellt. Als Konsequenz aus der Diskussion um die Phillips-Kurve kann eine Regierung die Inflation und die Arbeitslosigkeit nicht gleichzeitig minimieren.[321] Aus diesem sogenannten Trade-off folgt, daß eine Regierung nur wählen kann zwischen hoher Arbeitslosigkeit bei moderater Inflation und geringer Arbeitslosigkeit bei höherer Inflation.[322]

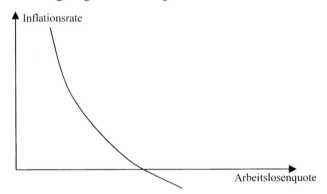

Abbildung 7.2: Modifizierte Phillips-Kurve.

Quelle: Vgl. PATZIG, W. [1990], S. 212.

In dem Modell von W. D. NORDHAUS können Politiker ihren Nutzen maximieren, wenn sie vor der Wahl über eine expansive Geldpolitik die Wirtschaft stimulieren, so daß die Arbeitslosenquote sinkt. Den Wählern bietet sich dann das Bild einer erfolgreichen Regierung, da die Inflationsrate erst später mit einem

---

[320] Die ursprüngliche Phillips-Kurve ist nach ARTHUR W. PHILLIPS [1958] benannt, der 1958 eine empirische Untersuchung in Großbritannien durchgeführt hat und zu dem Ergebnis kam, daß zwischen der Nominallohnänderungsrate und der Arbeitslosenquote eine monoton fallende Beziehung besteht. Die modifizierte Phillips-Kurve, in der die Nominallohnänderungsrate durch die Inflationsrate ersetzt wird, hat sich aus der anschließenden wissenschaftlichen Diskussion entwickelt. Vgl. BLÜMLE, G. und W. PATZIG [1999], S. 623 f.
[321] Vgl. BLANKART, CH. B. [1991], S. 104.
[322] Vgl. LANDMANN, O. und J. JERGER [1999], S. 30.

Arbeitsmarktpolitik als wahlpolitisches Instrument? 147

Lag von einem halben Jahr steigt.[323] Über mehrere Legislaturperioden betrachtet, stellt sich für die Indikatoren Inflation und Arbeitslosigkeit ein vierjähriger Konjunkturzyklus ein. Nach der Wahl wird mittels kontraktiver Geldpolitik die Inflationsrate gesenkt und die Inflationserwartungen gedämpft. Dadurch steigt unweigerlich die Arbeitslosigkeit an, die dann vor der Wahl wieder über den Trade-off der Phillips-Kurve gesenkt wird. Es entsteht das bekannte Sägemuster, wie es in Abbildung 7.3 dargestellt ist.[324]

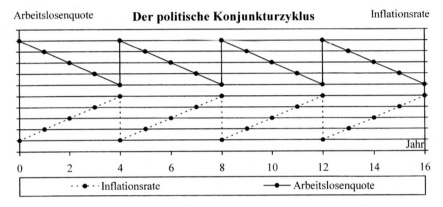

Abbildung 7.3:   *Der politische Konjunkturzyklus.*

Quelle: Vgl. NORDHAUS, W. D. [1975], S. 185.

Eine Überprüfung der Theorie politischer Konjunkturzyklen von W. D. NORDHAUS soll im folgenden durchgeführt werden. Zunächst steht dabei der Phillips-Kurven-Zusammenhang im Vordergrund. Er wird sowohl für die amtlichen Zahlen als auch für die in dieser Arbeit ermittelte Arbeitslosigkeit im ökonomischen Sinn dargestellt, überprüft und beurteilt. Da zwischen der Arbeitslosigkeit im ökonomischen Sinn und der amtlichen Statistik eine Differenz besteht, interessiert auch die Frage, in welchem Umfang sich der theoretische Zusammenhang der Phillips-Kurve mit den ermittelten Daten zur Arbeitslosigkeit im ökonomischen Sinn erklären läßt.

---

[323] Vgl. HAYNES, S. E. und J. STONE [1988], S. 276.
[324] Vgl. BLANKART, CH. B. [1991], S. 104 f.

Falls sich auf empirischem Weg Hinweise für die Existenz des Phillips-Kurven-Zusammenhangs finden lassen, steht er der Regierung zumindest theoretisch als Instrument zur Zielerreichung zur Verfügung. Ob der Trade-off der Phillips-Kurve in der Praxis Anwendung findet, soll anschließend empirisch für die einzelnen Phasen einer Legislaturperiode, die aus drei Nichtwahljahren und einem Wahljahr besteht, untersucht werden. Für diese vier Phasen einer Legislaturperiode werden sowohl die in dieser Arbeit ermittelte Quote der Arbeitslosigkeit im ökonomischen Sinn als auch die offizielle Arbeitslosenquote auf signifikante Unterschiede geprüft. Das gleiche Verfahren wird auf die Inflationsrate angewendet.

Bei der Bestimmung der Arbeitslosigkeit im ökonomischen Sinn hat sich außerdem gezeigt, daß die gängige Methode zur Erfassung der amtlichen Arbeitslosenzahlen diverse Möglichkeiten bietet, um durch einen entsprechenden Einsatz arbeitsmarktpolitischer Maßnahmen und Sonderprogramme von Seiten der Politik auf das Erscheinungsbild des Arbeitsmarkts Einfluß zu nehmen. Die ermittelte Zeitreihe zur Arbeitslosigkeit im ökonomischen Sinn macht es daher möglich, anhand der einzelnen Korrekturfaktoren zu prüfen, ob spezielle arbeitsmarktpolitische Instrumente wie Umschulungs-, Fortbildungs- und Arbeitsbeschaffungsmaßnahmen vor anstehenden Wahlen höher ausfallen als in den anderen Phasen einer Legislaturperiode. Damit kann festgestellt werden, ob die Instrumente der Arbeitsmarktpolitik von der jeweiligen Regierung so gesteuert werden, daß sie das Ziel der Wiederwahl unterstützen, indem der Arbeitsmarkt verstärkt entlastet wird.

7.3. Empirische Untersuchung

7.3.1. Der Phillips-Kurven-Zusammenhang

7.3.1.1. Ein erster Ansatz

Die Überprüfung des Phillips-Kurven-Zusammenhangs soll Aufschluß darüber geben, ob politische Konjunkturzyklen im Sinne des Nordhaus Modells in Deutschland überhaupt entstehen können. Gleichzeitig kann durch die Überprüfung des Phillips-Kurven-Zusammenhangs der Motivation eines Wirtschaftswissenschaftlers, wirtschaftliche Sachverhalte nicht nur theoretisch, sondern auch quantitativ „*zu durchschauen*"[325], entsprochen werden. Im Vordergrund steht dabei der Gedanke, daß die empirische Beweiskraft auch von der Existenz von Diskrepanzen zwischen der ökonomischen Realität und der amtlichen Statistik beeinflußt wird.[326] Daher soll im folgenden der Zusammenhang zwischen der Inflationsrate und der Arbeitslosenquote, den die modifizierte Phillips-Kurve beschreibt, auch für die Arbeitslosigkeit im ökonomischen Sinn überprüft werden.

Zunächst ist es notwendig, eine Quote für die Arbeitslosigkeit im ökonomischen Sinn zu bestimmen: Als Basis bietet sich die Zahl der abhängigen zivilen Erwerbspersonen an, da die entsprechende offizielle Arbeitslosenquote in Deutschland die längere Tradition hat und als Zeitreihe seit 1970 verfügbar ist.[327] Der Nenner der offiziellen Arbeitslosenquote und der **Quote der Arbeitslosigkeit im ökonomischen Sinn** sollen, um eine bessere Vergleichbarkeit zu gewährleisten, im folgenden zunächst gleich sein (1. Quote der $AL^{i.ö.S.}$). Bei der 2. Quote werden im Nenner Korrekturen entsprechend der Konzeption zur Ermittlung der Arbeitslosigkeit im ökonomischen Sinn vorgenommen. Zur besseren Veranschaulichung werden die beiden ermittelten Quoten zur Arbeitslosigkeit im ökonomischen Sinn in Abbildung 7.4 der offiziellen Arbeitslosenquote gegenübergestellt. Die 2. Quote der Arbeitslosigkeit im ökonomischen Sinn ist kleiner als die 1. Quote, da der Nenner um die Stille Reserve im engeren Sinn, Personen in Vollzeitmaßnahmen zur Förderung der beruflichen Weiterbildung, Teilnehmer an Sprachlehrgängen, Rehabilitanden, ältere Personen in Altersübergangsregelungen, Teilnehmer am Sofortprogramm Jump und Personen, für die die Regelungen der §§ 126 und 428 SGB III gelten, erweitert wurde. Die 2. Quote wird für alle folgenden Berechnungen verwendet ($ALQ^{i.ö.S.}$), da sie formal auf dem richtigen Nenner basiert. Die empirische Untersuchung erstreckt sich über den Zeitraum von 1970 bis 2000 mit Zahlen für Westdeutschland von 1970 bis 1990 und Zahlen für Gesamtdeutschland ab 1991 bis zum Jahr 2000.

---

[325] HAUSER, S. [1983], S. 423.
[326] Siehe dazu: SCHERF, H. [1988], S. 80.
[327] Siehe Kapitel 2.2.6.

Abbildung 7.4: Arbeitslosenquoten.

* In Prozent der abhängigen zivilen Erwerbspersonen.
Zahlen für Westdeutschland bis 1990, ab 1991 Zahlen für Deutschland.
Daten: Siehe Anhang A1, eigene Berechnungen.

Der Phillips-Kurven-Zusammenhang soll ökonometrisch mit Hilfe der Regressionsanalyse überprüft werden. Zunächst wird eine einfache lineare Beziehung zwischen der Arbeitslosenquote und der Inflationsrate unterstellt. Das ökonometrische Modell zur Überprüfung des Phillips-Kurven-Zusammenhangs stellt sich für die offizielle Arbeitslosenquote wie folgt dar:

$$\pi_t = \alpha + \beta \cdot ALQ_t + u_t$$

Für die Quote der Arbeitslosigkeit im ökonomischen Sinn ergibt sich analog:

$$\pi_t = \alpha + \beta \cdot ALQ^{i.ö.S.}_t + u_t$$

wobei:
- π Inflationsrate
- α, β Regressionskoeffizienten
- ALQ Arbeitslosenquote
- $ALQ^{i.ö.S.}$ Quote der Arbeitslosigkeit im ökonomischen Sinn
- u Störgröße

Die Arbeitslosenquote weist auch in Deutschland das Phänomen der Hysterese[328] auf, da sie sich nach jeder Depression auf einem höheren Niveau weiterentwickelt.[329] Die traditionelle Ökonometrie geht jedoch in ihren Modellen von

---

[328] Zur begrifflichen Abgrenzung siehe Fußnote 19.
[329] Siehe dazu Abbildung 7.4.

der Annahme der **Stationarität**[330] der betrachteten Zeitreihen aus.[331] Aufgrund der beobachtbaren Niveauveränderung handelt es sich bei der Arbeitslosenquote um eine Zeitreihe mit einem deterministischen oder stochastischen Trend. Ein deterministischer Trend läßt sich über eine Trendkomponente im Regressionsmodell isolieren. Man spricht in diesem Fall von einer trendstationären Zeitreihe.[332] Bei einem stochastischen Trend rückt das Problemfeld der „Spurious Regression"[333] in den Vordergrund. Durch die Instationarität der Varianzkomponenten sind außerdem die Teststatistiken nicht mehr standardmäßig verteilt.[334] Bevor die Regressionsanalyse durchgeführt werden kann, müssen alle Größen, die für die empirische Überprüfung des Phillips-Kurven-Zusammenhangs benötigt werden, über den **Augmented-Dickey-Fuller-Test** (ADF-Test) auf ihre Stationarität geprüft werden. Neben der offiziellen Arbeitslosenquote werden die Inflationsrate und die Quote der Arbeitslosigkeit im ökonomischen Sinn verwendet. Die **Inflationsrate** wird durch den Preisindex für die Lebenshaltung aller privaten Haushalte dargestellt. Sie gibt die Veränderung der Preisentwicklung gegenüber dem Vorjahr in Prozent an.

Mit dem ADF-Test wird der Integrationsgrad der betrachteten Größen bestimmt. Nichtstationäre Prozesse, die nach d-maliger erster Differenzenbildung stationär sind, werden allgemein als integriert von Grad d, kurz I(d) bezeichnet. Bei einem I(1) Prozeß wird die Nullhypothese der Integration für den Niveauwert angenommen und für die erste Differenz abgelehnt, da diese stationär, daß heißt I(0) sein muß.[335] Durchgeführt wird der ADF-Test zuerst für das Modell C mit Absolutglied und Trend. Wenn der Trend nicht signifikant ist, wird der Test mit Modell B wiederholt, bei dem der Trend fehlt. Ist in Modell B auch die Kon-

---

[330] Relevant ist der Fall der schwachen Stationarität, bei dem gilt, daß der Erwartungswert, die Varianz und die Kovarianz einer Variablen im Zeitablauf konstant sind: $E(y_t) = E(y_{t-s}) = \mu$ und $E[(y_t-\mu)^2] = E[(y_{t-s}-\mu)^2] = \sigma_y^2$ und $E[(y_t-\mu)(y_{t-s}-\mu)] = E[(y_{t-j}-\mu)(y_{t-j-s}-\mu)] = \gamma_s$. Vgl. ENDERS, W. [1995], S. 69.
[331] Siehe z. B. ECKEY, H.-F. u. a. [1995], S. 197 ff.
[332] Vgl. ECKEY, H.-F. u. a. [1995], S. 199 f.
[333] Siehe dazu: GRANGER, C. W. J. und P. NEWBOLD [1974].
[334] Vgl. BELKE, A. [1996], S. 224.
[335] Vgl. ECKEY, H.-F. u. a. [1995], S. 205 f.

stante nicht signifikant, folgt Modell A.[336] Die Ergebnisse für den ADF-Test sind in Tabelle 7.1 zusammengefaßt:

Variable	Niveau			Differenz			Ergebnis
	Modell	$t(\hat{\gamma})$	K	Modell	$t(\hat{\gamma})$	K	
π_t	C	-3,50*	1	A	-4,10***	4	I(0)
ALQ_t	C	-3,43*	1	A	-2,63**	0	I(0)
$ALQ^{i.o.S.}_t$	B	-2,22	1	A	-3,10***	0	I(1)

Tabelle 7.1: Augmented-Dickey-Fuller-Test auf Integration (1).

* / ** / *** Signifikant auf dem 10% / 5% / 1% Niveau.

Modell A: $\Delta y_t = \gamma \cdot y_{t-1} + \sum_{i=1}^{K} \beta_i \cdot \Delta y_{t-i} + u_t$

Modell B: $\Delta y_t = a_0 + \gamma \cdot y_{t-1} + \sum_{i=1}^{K} \beta_i \cdot \Delta y_{t-i} + u_t$

Modell C: $\Delta y_t = a_0 + \gamma \cdot y_{t-1} + a_2 \cdot t + \sum_{i=1}^{K} \beta_i \cdot \Delta y_{t-i} + u_t$

Beobachtungszeitraum: 1970 – 2000. Zahlen für Westdeutschland bis 1990, ab 1991 Zahlen für Deutschland.
Quelle: Modelle und kritische Werte nach ENDERS, W. [1995], S. 222, 419.

Der ADF-Tests lehnt die Nullhypothese der Integration für die Inflationsrate und für die offizielle Arbeitslosenquote auf dem 10% Niveau ab. Da in beiden Fällen auch die erste Differenz I(0) ist, können diese Zeitreihen als stationär betrachtet werden. Beide Zeitreihen weisen mit Modell C einen signifikanten deterministischen Trend auf, der in der nachfolgen Regressionsanalyse berücksichtigt werden soll. Damit wird es notwendig, die einfache Gleichung zur Phillips-Kurve aufgrund der Beschaffenheit des Datenmaterials wie folgt zu modifizieren:

$\pi_t = \alpha + \beta \cdot Trend + \chi \cdot ALQ_t + u_t$

wobei:
    π Inflationsrate
    α, β, χ Regressionskoeffizienten
    ALQ Arbeitslosenquote
    u Störgröße

---

[336] Vgl. ENDERS, W. [1995], S. 257.

Die Quote der Arbeitslosigkeit im ökonomischen Sinn ist integriert vom Grad 1. Der stochastische Trend dieser Zeitreihe stellt eine Annahmenverletzung im Klassischen Modell der Linearen Regression dar, so daß die Schlüssigkeit der Inferenzergebnisse nicht sichergestellt ist. Das zweistufige Verfahren von R. F. ENGLE und C. W. J. GRANGER [1987] für **kointegrierte Zeitreihen** kann ebenfalls nicht angewendet werden, weil sich zwischen der integrierten Quote der Arbeitslosigkeit im ökonomischen Sinn und der stationären Inflationsrate keine kointegrative Beziehung nachweisen läßt. Allerdings erfüllt die **Regressionsanalyse** mit einem I(1) Regressor mit Drift und einem I(0) Regressand die Eigenschaft der **Konsistenz**, wobei die kritischen Werte der t- und F-Statistik asymptotisch verwendbaren sind.[337] Daher kann die Regressionsanalyse zur Phillips-Kurve auch für die Quote der Arbeitslosigkeit im ökonomischen Sinn mit der Methode der Kleinsten Quadrate durchgeführt werden, wobei auch in diesem Fall zur Erklärung der Inflationsrate (Modell C) ein deterministischer Trend berücksichtigt wird:

$$\pi_t = \alpha + \beta \cdot Trend + \chi \cdot ALQ^{i.ö.S.}_t + u_t$$

wobei: π Inflationsrate
α, β, χ Regressionskoeffizienten
$ALQ^{i.ö.S.}$ Quote der Arbeitslosigkeit im ökonomischen Sinn
u Störgröße

Abhängige Variable: Inflationsrate (π)	Offizielle Arbeitslosenquote			Quote der Arbeitslosigkeit i. ö. S.		
	Bestimmtheitsmaß: 0,52	DW: 0,66 SEE: 1,41	Ljung-Box-Q: 40,9 (0,00)	Bestimmtheitsmaß: 0,46	DW: 0,61 SEE: 1,49	Ljung-Box-Q: 44,4 (0,00)
Variable	Schätzwert	Standardabweichung	t-Wert	Schätzwert	Standardabweichung	t-Wert
Konstante	6,1964	0,5644	10,9789	6,4308	0,6695	9,6053
ALQ_t	-0,3963	0,0712	-5,5669	-	-	-
$ALQ^{i.ö.S.}_t$		-	-	-0,2405	0,0485	-4,9590

Tabelle 7.2: Schätzergebnisse für den Phillips-Kurven-Zusammenhang.
Zahlen für Westdeutschland von 1970 bis 1990, ab 1991 Zahlen für Deutschland.

---

[337] Vgl. PIAZOLO, M. und M. WÜRTH [1992], S. 17 f und die dort angegebene Literatur.

In Tabelle 7.2 sind die Ergebnisse der beiden Regressionsanalysen zusammengefaßt. Die Trendkomponenten erwiesen sich in beiden Regression nicht als signifikant, so daß sie wieder entfernt wurden. Mit Hilfe des Trendbereinigungsverfahrens von R. FRISCH und F. V. WAUGH [1933] läßt sich zeigen, daß sich die Trendkomponenten der Inflationsrate und der Arbeitslosenquote gegenseitig kompensieren. Für die Schätzfunktionen der Inflationsrate ergibt sich somit:

$$\hat{\pi}_t = 6{,}1964 - 0{,}3963 \cdot ALQ_t$$

und

$$\hat{\pi}_t = 6{,}4308 - 0{,}2405 \cdot ALQ^{i.ö.S.}_t$$

Die Schätzwerte bestätigen den negativen Zusammenhang, den die modifizierte Phillips-Kurve zwischen der Inflationsrate und der Arbeitslosenquote unterstellt. Eine Senkung der Arbeitslosigkeit um einen Prozentpunkt ist im Fall der offiziellen Arbeitslosenquote mit einem Anstieg der Inflationsrate im gleichen Jahr um 0,39 Prozentpunkte verbunden. Für die Arbeitslosigkeit im ökonomischen Sinn muß bei einem Absenken der Quote um einen Prozentpunkt mit einem Anstieg der Inflationsrate um 0,24 Prozentpunkte in der gleichen Periode gerechnet werden. Beide Schätzungen weisen, wie aus ökonomischer Sicht und aufgrund der Spezifikation zu erwarten, eine hohe Autokorrelation in den Residuen und eine relativ geringe Schätzanpassung auf.[338] Bei der Beurteilung der Ergebnisse ist die Tatsache hervorzuheben, daß die Phillips-Kurve nur einen partiellen Zusammenhang im Rahmen eines ökonometrischen Modells darstellt, so daß neben der Arbeitslosenquote direkt und indirekt weitere Einflußfaktoren auf den Verlauf der Inflationsrate wirken, die im Rahmen dieser einfachen Darstellung nicht erfaßt werden.

7.3.1.2. Von der Kritik zu einem modifizierter Ansatz

Der Monetarist MILTON FRIEDMAN [1968] wurde zum schärfsten Kritiker der Phillips-Kurve. Durch die Berücksichtigung von Inflationserwartungen der Marktakteure in der Spezifikationsfunktion verläuft die Phillips-Kurve in seinem

---

[338] Vgl. LÜDEKE, D. [1964], S. 150 ff.

Modell langfristig vertikal, so daß die sich ergebende „natürliche" Arbeitslosenquote allenfalls kurzfristig unterschritten werden kann.[339] Damit bestreitet M. FRIEDMAN die Existenz des Trade-off zwischen der Inflationsrate und der Arbeitslosenquote.[340] Die empirische Beweiskraft der Phillips-Kurven-Relation ist bis heute umstritten.[341]

Zur Veranschaulichung ist der Verlauf der modifizierten Phillips-Kurve für die offizielle Arbeitslosenquote und für die Quote der Arbeitslosigkeit im ökonomischen Sinn in Abbildung 7.5 dargestellt:

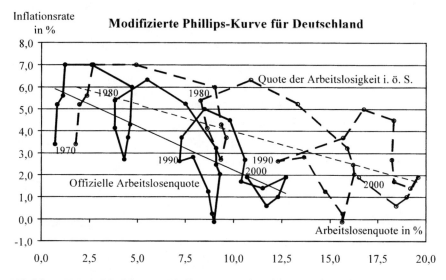

Abbildung 7.5: Modifizierte Phillips-Kurve für Deutschland.

Zahlen für Westdeutschland bis 1990, ab 1991 Zahlen für Deutschland.
Daten: Siehe Anhang A1, eigene Berechnungen.

Die modifizierte Phillips-Kurve für die Quote der Arbeitslosigkeit im ökonomischen Sinn verläuft flacher, da diese Quote fast doppelt so hoch ist wie die offizielle Arbeitslosenquote. Diskutiert werden vor allem die im Zeitablauf in Abbildung 7.5 erkennbaren Phasen der **Stagflation**, in denen die Inflationsrate

---

[339] In der weiteren Entwicklung entstand das Konzept der „Non Accelerating Inflation Rate of Unemployment" (NAIRU). Vgl. z. B. LANDMANN, O. und J. JERGER [1999], S. 122 ff.
[340] Vgl. LANDMANN, O. und J. JERGER [1999], S. 92 ff.
[341] Vgl. BLÜMLE, G. und W. PATZIG [1999], S. 624.

und die Arbeitslosenquote steigen. In diesen aus konjunkturtheoretischer Sicht nicht erklärbaren Phasen führt jede Form der Konjunkturpolitik zu einer Verschärfung der Krise.[342] Damit verbunden sind die konjunkturellen Schleifenbewegungen, die sich bei der Gegenüberstellung der Inflationsrate und der Arbeitslosenquote im Zeitablauf ergeben. Diese als **Phillips-Loops** bezeichneten spiralförmigen Bewegungen im Konjunkturverlauf verschieben sich sukzessive nach rechts und bestätigen damit das Hysterese-Phänomen.[343]

Auch durch eine weitere Modifikation der Phillips-Kurve durch zusätzliche erklärende Variablen und Dummy-Variablen konnte langfristig weder eine lineare noch eine nicht lineare, enge und stabile Relation nachgewiesen werden.[344] In neuesten Untersuchungen wird die Phillips-Kurve im dreidimensionalen Raum über „Canonical Catastrophe Models" geschätzt.[345]

Eine Verbesserung der Schätzanpassung gelingt für den in dieser Arbeit vorliegenden Datensatz durch einfache Modifikationen, indem die exogene Variable verzögert und die verzögert endogene Variable zusätzlich in die Regression aufgenommen wird. Die Verzögerung der Arbeitslosenquote bzw. der Arbeitslosenquote im ökonomischen Sinn kann mit dem bestehenden Lag in der Reaktion der Inflationsrate begründet werden.[346] Die Aufnahme der verzögert endogenen Variable läßt sich über die Inflationserwartungen der Wirtschaftssubjekte begründen. Der Strukturbruch, der durch die Wiedervereinigung Deutschlands vorliegt, wird für die Regression mit der Quote der Arbeitslosigkeit im ökonomischen Sinn durch eine Dummy-Variable für das Jahr 1992 aufgefangen. Die Anmerkungen zu der Problematik einer Regression mit nur einer I(1) Variablen gelten auch hier.[347]

$$\pi_t = \alpha + \beta \cdot Trend + \chi \cdot ALQ_{t-1} + \delta \cdot \pi_{t-1} + u_t$$

und

---

[342] Siehe z. B. PATZIG, W. [1990].
[343] Vgl. CASSEL, D. [1999], S. 324 f.
[344] Siehe z. B. ENKE, H. und H. MANEVAL [1967], ZAHN, P. [1973] und GOLDSTEIN, M. [1974].
[345] Vgl. ESTRELLA C. TH. [1995].
[346] Siehe dazu S. 147.
[347] Siehe dazu S. 153.

Arbeitsmarktpolitik als wahlpolitisches Instrument? 157

$$\pi_t = \alpha + \beta \cdot Trend + \chi \cdot ALQ^{i.ö.S.}{}_{t-1} + \delta \cdot \pi_{t-1} + \gamma \cdot Dummy(92) + u_t$$

wobei:
- π — Inflationsrate
- α, β, χ, δ, γ — Regressionskoeffizienten
- ALQ — Arbeitslosenquote
- $ALQ^{i.ö.S.}$ — Quote der Arbeitslosigkeit im ökonomischen Sinn
- Dummy(92) — Dummy-Variable für das Jahr 1992
- u — Störgröße

Für die Schätzungen der zusätzlich modifizierten Phillips-Kurve ergeben sich die in Tabelle 7.3 dargestellten Ergebnisse:

Abhängige Variable: Inflationsrate (π)	Offizielle Arbeitslosenquote			Quote der Arbeitslosigkeit i. ö. S.		
	Bestimmtheitsmaß: 0,92	DW: 2,01 SEE: 0,62	Ljung-Box-Q: 12,6 (0,08)	Bestimmtheitsmaß: 0,90	DW: 1,87 SEE: 0,70	Ljung-Box-Q: 13,5 (0,06)
Variable	Schätzwert	Standardabweichung	t-Wert	Schätzwert	Standardabweichung	t-Wert
Konstante	3,9491	0,5660	6,9768	3,9908	0,6465	6,1733
Trend	0,1934	0,0374	5,1646	0,1337	0,0401	3,3319
ALQ_{t-1}	-0,7507	0,0990	-7,5830	-	-	-
$ALQ^{i.ö.S.}{}_{t-1}$	-	-	-	-0,3706	0,0636	-5,8227
π_{t-1}	0,4303	0,0821	5,2383	0,5154	0,0885	5,8256
Dummy(92)	-	-	-	1,8299	0,7243	2,5263

Tabelle 7.3:   Schätzergebnisse für den modifizierten Phillips-Kurven-Zusammenhang.

Zahlen für Westdeutschland von 1970 bis 1990, ab 1991 Zahlen für Deutschland.

Die Schätzfunktionen für die Inflationsrate ergeben sich wie folgt:

$$\hat{\pi}_t = 3{,}9491 + 0{,}1934 \cdot Trend - 0{,}7507 \cdot ALQ_{t-1} + 0{,}4303 \cdot \hat{\pi}_{t-1}$$

und

$$\hat{\pi}_t = 3{,}9908 + 0{,}1337 \cdot Trend - 0{,}3706 \cdot ALQ^{i.ö.S.}{}_{t-1} + 0{,}5154 \cdot \hat{\pi}_{t-1}$$
$$+ 1{,}8299 \cdot Dummy(92)_t$$

Der **negative Zusammenhang** zwischen der Inflationsrate und der Arbeitslosenquote bestätigt sich auch für das erweiterte Modell mit Lagstrukturen. Eine

Minderung der offiziellen Arbeitslosenquote um einen Prozentpunkt erhöht die Inflation in der Folgeperiode um 0,75 Prozentpunkte. Betrachtet man die Arbeitslosigkeit im ökonomischen Sinn, so wird eine Senkungung der Arbeitslosenquote um einen Prozentpunkt mit einem Anstieg der Inflationsrate in der nachfolgenden Periode um 0,37 Prozentpunkte „erkauft". Die verzögert endogene Inflationsrate trägt zur Erklärung des Zusammenhangs bei, ohne die Regression zu dominieren. Der Trend ist signifikant, widerspricht aber mit seinem positiven Vorzeichen dem Verlauf der Inflationsrate. Er ist die Resultierende, die sich ergibt, nachdem sich die Trends der Einzelgrößen gegenseitig kompensiert haben. Der Erklärungsgehalt ist für die Regression mit der offiziellen Arbeitslosenquote und für die Quote der Arbeitslosigkeit im ökonomischen Sinn fast gleich gut, bei einer hohen Schätzanpassung mit einem Bestimmtheitsmaß von 0,90. Damit ergeben sich für die Quote der Arbeitslosigkeit im ökonomischen Sinn keine anderen Schlußfolgerungen als für die offizielle Arbeitslosenquote. Einen abschließenden Überblick vermittelt das Schätzanpassungsdiagramm in Abbildung 7.6:

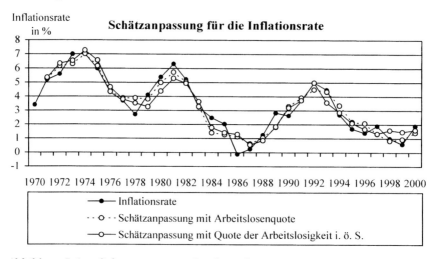

Abbildung 7.6: Schätzanpassung für die Inflationsrate.

Aufgrund der in dieser Arbeit durchgeführten Untersuchungen wird im folgenden davon ausgegangen, daß der Phillips-Kurven-Zusammenhang gilt, so daß eine Überprüfung der Daten auf politische Konjunkturzyklen im Sinne des Nordhaus Modells sinnvoll ist.

7.3.2. Arbeitslosigkeit und Inflation im Wahlzyklus

Eine Legislaturperiode besteht in Deutschland normalerweise aus 4 Jahren, so daß für einen politischen Konjunkturzyklus 4 Perioden unterstellt werden können. Nach einem Wahljahr folgen 3 Nichtwahljahre bis zur nächsten Bundestagswahl. In den Untersuchungszeitraum von 1970 bis zum Jahr 2000 fallen 8 Bundestagswahlen, von denen zwei vorgezogen wurden (1972 und 1982).[348] Aufgrund des in Abbildung 7.4 beobachtbaren Phänomens der Hysterese und der damit verbundenen Niveauveränderungen lassen sich politische Konjunkturzyklen bei der Betrachtung der Arbeitslosenquoten nicht isolieren. Daher werden im folgenden die Wachstumsraten der Arbeitsmarktgrößen betrachtet. Die Wachstumsrate der registrierten Arbeitslosigkeit sei als Beispiel angegeben:[349]

$$WR(AL^{reg}_t) = (AL^{reg}_t - AL^{reg}_{t-1}) / AL^{reg}_{t-1}$$

wobei: $WR(AL^{reg}_t)$ Wachstumsrate der registrierten Arbeitslosigkeit zum Zeitpunkt t
AL^{reg}_t Registrierte Arbeitslosigkeit zum Zeitpunkt t
AL^{reg}_{t-1} Registrierte Arbeitslosigkeit zum Zeitpunkt t-1

Der Verlauf der Wachstumsrate der registrierten Arbeitslosigkeit und der Arbeitslosigkeit im ökonomischen Sinn ist in Abbildung 7.7 dargestellt, wobei Wahlkampfjahre besonders gekennzeichnet sind.

---

[348] Wahltermine siehe Anhang A4.
[349] Zur Definition einer Wachstumsrate siehe ECKEY, H.-F. u. a. [2000], S. 52.

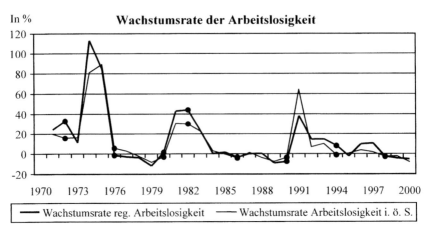

Abbildung 7.7: Wachstumsrate der Arbeitslosigkeit.

• Wahlkampfjahre
Zahlen für Westdeutschland bis 1990, ab 1991 Zahlen für Deutschland.
Daten: Siehe Anhang A1, eigene Berechnungen.

Eine erste Überprüfung des Datenmaterials auf die Existenz von politischen Konjunkturzyklen erfolgt über die Mittelwerte[350] der Wachstumsrate der registrierten Arbeitslosigkeit (AL^{reg}), der Wachstumsrate der Arbeitslosigkeit im ökonomischen Sinn ($AL^{i.ö.S.}$) und für die Inflationsrate (π) in den einzelnen Phasen einer Legislaturperiode. Idealtypisch erreicht die Arbeitslosigkeit nach der Theorie der politischen Konjunkturzyklen von W. D. NORDHAUS im Wahljahr ihren tiefsten Wert, die Inflation hat direkt nach der Wahl ihren höchsten Wert und wird dann durch eine restriktive Staatsausgaben- und Steuerpolitik bei einem gleichzeitigen Ansteigen der Arbeitslosigkeit gesenkt.[351] Eine Liste der Mittelwerte in den einzelnen Phasen einer Legislaturperiode ist in Tabelle 7.4 dargestellt:

---

[350] Der rechnerische Mittelwert oder Durchschnitt eines Wachstumsfaktors wird über das geometrische Mittel gebildet. Aus technischen Gründen wird in dieser Arbeit mit dem arithmetischen Mittel gerechnet, zumal nicht der sachlich korrekte Durchschnitt im Vordergrund der Untersuchung steht, sondern der Vergleich verschiedener Werte im Zeitablauf.
[351] Vgl. BLANKART, CH. B. [1991], S. 104 f.

	N	Wachstumsrate der AL^{reg}		Wachstumsrate der $Al^{i.ö.S.}$		Inflationsrate π	
		Mittelwert	Standardabw.	Mittelwert	Standardabw.	Mittelwert	Standardabw.
Wahljahr	8	0,0640	0,1436	0,0372	0,1024	0,0309	0,0201
Wahl + 1	8	0,1041	0,1927	0,1458	0,2290	0,0324	0,0232
Wahl + 2	9	0,2213	0,3755	0,1427	0,2831	0,0353	0,0210
Wahl + 3	5	0,1781	0,3909	0,1719	0,4132	0,0387	0,0158
Total	30	0,1409	0,2796	0,1203	0,2521	0,0339	0,0199

Tabelle 7.4:   Arbeitslosigkeit und Inflation im Wahlzyklus.

N = Anzahl der Beobachtungen.
Zahlen für Westdeutschland von 1970 bis 1990, ab 1991 Zahlen für Deutschland.

Die Mittelwerte sind für die Wachstumsrate der offiziellen Arbeitslosigkeit und für die Wachstumsrate der Arbeitslosigkeit im ökonomischen Sinn in den Wahljahren niedriger als in den folgenden 3 Nichtwahljahren. In dem Modell von W. D. NORDHAUS sinkt die Arbeitslosigkeit und steigt die Inflation vor den Wahlen aufgrund eines Booms, während nach den Wahlen die Arbeitslosigkeit in der einsetzenden Rezession steigt, bei einer fallenden Inflationsrate. Die Wachstumsrate der Arbeitslosigkeit steigt auch im 1. Jahr nach der Wahl, aber sie erreicht dort nicht ihren Höhepunkt, um danach abzufallen, sondern erst in den folgenden Jahren. Damit sind im Wahljahr Anzeichen für die Existenz eines politischen Konjunkturzyklus im Sinne des Modells von W. D. NORDHAUS vorhanden, auch wenn die Arbeitslosigkeit in den Nichtwahljahren nicht der Ideallinie folgt. Die Inflationsrate ist ebenfalls in den Wahljahren am niedrigsten, wie Abbildung 7.8 verdeutlicht und sie steigt danach an, bis sie im nächsten Wahljahr wieder fällt. Der Verlauf der Inflationsrate folgt in den Nichtwahljahren dem geforderten Muster, weicht aber im Wahljahr davon ab. Es ist daher nicht zu erkennen, ob der Trade-off der Phillips-Kurve zur Wirkung kommt.

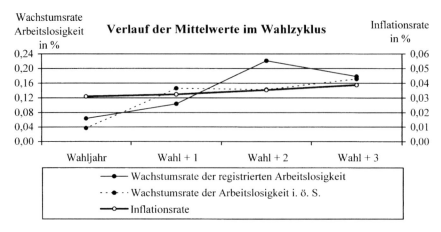

Abbildung 7.8: Verlauf der Mittelwerte im Wahlzyklus.

Im weiteren ist zu prüfen, ob die Unterschiede der Mittelwerte in den einzelnen Phasen eines Konjunkturzyklus zufällig sind oder statistisch signifikant. Zu beachten ist, daß bei einem Mittelwertvergleich für Längsschnittdaten nicht davon ausgegangen werden kann, daß die Daten derselben Grundgesamtheit entstammen. Vielmehr ist davon auszugehen, daß sich das gesellschaftliche, politische und ökonomische Umfeld im Zeitablauf ändert. Durch die hohen Standardabweichungen, die vor allem die Arbeitsmarktdaten aufweisen, wird zudem die Aussagefähigkeit eines Mittelwertvergleichs gemindert. Daher sind die Testergebnisse, die sich im Rahmen des folgenden Mittelwertvergleichs ergeben, mit Vorsicht zu betrachten.

Verwendet wird der **nicht-parametrische Tests** von Kolmogorov-Smirnov[352] für den Vergleich zweier Stichproben. Selbst bei einer Irrtumswahrscheinlichkeit von 10% läßt sich die Nullhypothese, daß die Mittelwerte der Wahljahre und der Nichtwahljahre derselben Grundgesamtheit entstammen, nicht ablehnen. Damit ist mit größter Wahrscheinlichkeit davon auszugehen, daß weder für die Inflationsrate noch für die Wachstumsrate der registrierten Arbeitslosigkeit oder

---

[352] Beim Kolmogorov-Smirnov-Test werden die empirischen Verteilungsfunktionen zweier Stichproben (Wahljahr / Nichtwahljahr) mit einander verglichen. Er ist der schärfste Homogenitätstest, da er alle Arten von Unterschieden in der Verteilungsform berücksichtigt: Mittelwert, Median, Streuung, Schiefe und Wölbung. Vgl. SACHS, L. [1997], S. 378.

für die Wachstumsrate der Arbeitslosigkeit im ökonomischen Sinn ein signifikanter Unterschiede zwischen den Mittelwerten der Wahljahre und der Nichtwahljahre besteht. Die großen Standardabweichungen der Arbeitsmarktdaten in allen 4 Jahren einer Legislaturperiode deuten ebenfalls nicht auf die Existenz einer Gesetzmäßigkeit im Sinne eines Wahlzyklus hin. Für die Bundesrepublik Deutschland lassen sich für den Zeitraum von 1970 bis 2000 keine politischen Konjunkturzyklen, wie sie W. D. NORDHAUS in seinem Modell beschreibt, nachweisen.

W. D. NORDHAUS hat seine Hypothese, daß die Arbeitslosigkeit vor der Wahl fällt und nach der Wahl steigt ebenfalls mit einem nicht-parametrischen Test für die Jahre 1947 bis 1972 für Deutschland bestätigt. Dabei fiel in allen 5 untersuchten Wahlterminen die Arbeitslosigkeit in der Vorwahlperiode, während sie in der Nachwahlperiode zweimal stieg und zweimal fiel.[353] Spätere Untersuchungen können dieses Ergebnis nicht bestätigen: H. BERGER und U. WOITEK [1997] ermitteln mit einem autoregressiven Modell für Monatsdaten, daß die Arbeitslosenquote zwar 18 Monate vor der Wahl statistisch signifikant niedriger ist, der Effekt für 12 und 6 Monate vor der Wahl jedoch nicht vorzufinden ist. Entsprechend ist die Arbeitslosenquote erst 18 Monate nach der Wahl statistisch signifikant höher und nicht direkt nach der Wahl. Damit finden H. BERGER und U. WOITEK und andere Autoren[354] ebenfalls keine eindeutigen Beweise für die Existenz von politischen Konjunkturzyklen im Sinne des Nordhaus-Modells.[355]

Daß die Inflationsrate und die Arbeitslosigkeit keine nachweisbaren Anzeichen dafür aufweisen, daß der Trade-off der Phillips-Kurve von Seiten der Regierung zur politischen Zielerreichung eingesetzt wird, liegt möglicherweise daran, daß der Regierung ein anderes Instrument zur Verfügung steht. Die These, daß die Arbeitsmarktpolitik das Instrument ist, um die Arbeitslosigkeit vor der Wahl zu senken, wird nachfolgend anhand der drei Korrekturfaktoren geprüft.

---

[353] Vgl. NORDHAUS, W. D. [1975], S. 186.
[354] Vgl. FREY, B. S. [1976], S. 99 ff und SCHEUERLE, A. [1999], S. 158 f.
[355] Vgl. BERGER, H. und U. WOITEK [1997], S. 188 ff.

7.3.3. Arbeitsmarktpolitik und Wahlen

Die Korrekturfaktoren stellen die Differenz zwischen der Arbeitslosigkeit im ökonomischen Sinn und der offiziellen Arbeitslosigkeit dar. Im folgenden wird erläutert, in welcher Form die einzelnen Korrekturfaktoren von der Regierung beeinflußt werden können, um das Ziel der Wiederwahl zu erreichen. Anschließend wird geprüft, ob die Korrekturfaktoren Muster aufweisen, die einem politischen Konjunkturzyklus entsprechen.

7.3.3.1. Verdeckte Arbeitslosigkeit

Der 1. Korrekturfaktor, der die **verdeckte Arbeitslosigkeit** umfaßt, richtet sich in seiner Dimension nach der Inanspruchnahme der Maßnahmen der Bundesanstalt für Arbeit. Neben der konjunkturellen Lage hängt die Inanspruchnahme auch von den Haushaltsmitteln ab, die die Bundesanstalt für Arbeit zur Verfügung hat. Genehmigt wird der Haushalt der Bundesanstalt für Arbeit von der Bundesregierung. Außerdem erhält die Bundesanstalt für Arbeit von der Regierung einen Bundeszuschuß, der 1997 rund 4,1 Mrd. DM betrug. Durch entsprechende Auflagen kann die Bundesregierung die Verwendung der Mittel quantitativ und zeitlich steuern.[356] Damit hat die Regierung über den Haushalt die Möglichkeit, Einfluß auf den Umfang der Maßnahmen der Bundesanstalt für Arbeit zu nehmen. Durch Einbrüche in der Arbeitsförderung steigt das Niveau der Arbeitslosigkeit an.

Die verdeckte Arbeitslosigkeit weist Eigenschaften auf, die sie zu einem Instrument der Arbeitsmarktpolitik macht, welches zur **Feinsteuerung** geeignet ist. Die Höhe der verdeckten Arbeitslosigkeit hängt in vollem Umfang von den eingesetzten Mitteln ab. Arbeitsbeschaffungsmaßnahmen, Maßnahmen zur Fortbildung und Umschulung und Sprachlehrgänge führen kurzfristig und in voller Höhe zu einer Entlastung des Arbeitsmarkts, da die zuvor registrierten Arbeitslosen aus der offiziellen Arbeitslosenstatistik ausgebucht werden. Für eine erste Analyse ist die Entwicklung der Wachstumsrate der verdeckten Arbeitslosigkeit (K^1) in Abbildung 7.9 der Wachstumsrate der registrierten Arbeitslosigkeit gegenübergestellt, wobei Wahlkampfjahre gesondert gekennzeichnet sind.

---

[356] Vgl. ADAMY, W. [1998 c], S. 88 ff.

Arbeitsmarktpolitik als wahlpolitisches Instrument?

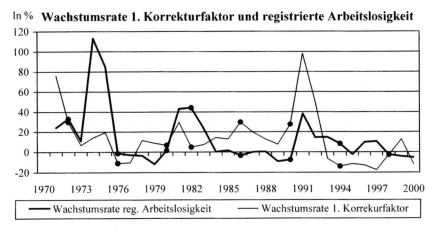

Abbildung 7.9: Wachstumsrate 1. Korrekturfaktor und registrierte Arbeitslosigkeit.

● Wahlkampfjahre
Zahlen für Westdeutschland bis 1990, ab 1991 Zahlen für Deutschland.
Daten: Siehe Anhang A1, eigene Berechnungen.

Für das Jahr 1986 deutet die Wachstumsrate der verdeckten Arbeitslosigkeit darauf hin, daß Maßnahmen der Bundesanstalt für Arbeit dazu verwendet wurden um die registrierte Arbeitslosigkeit im Wahlkampfjahr zu senken. In den Jahren vor und nach der Wahl waren die Teilnehmerzahlen an Maßnahmen der Bundesanstalt für Arbeit geringer. Der Verlauf der registrierten Arbeitslosigkeit deutet auf einen erfolgreichen Einsatz der arbeitsmarktpolitischen Maßnahmen hin, weil die registrierte Arbeitslosigkeit im Wahljahr geringer ist als in den Jahren vor und nach der Wahl. Die Konstellation ist 1990 und 1998 ähnlich, nur wurden die Maßnahmen nach der Wahl erst im 2. Jahr zurückgefahren.

Im folgenden wird in Tabelle 7.5 der Verlauf der verdeckten Arbeitslosigkeit in den einzelnen Phasen einer Legislaturperiode anhand der Mittelwerte betrachtet:

	N	Wachstumsrate des K^1	
		Mittelwert	Standardabweichung
Wahljahr	8	0,1073	0,1950
Wahl + 1	8	0,1889	0,3205
Wahl + 2	9	0,1987	0,3346
Wahl + 3	5	0,0329	0,1528
Total	30	0,1441	0,2684

Tabelle 7.5:   Der 1. Korrekturfaktor im Wahlzyklus.

Der Mittelwert für den 1. Korrekturfaktor ist für Wahljahre geringer als für die darauf folgenden Nichtwahljahre. Um zu einer Entlastung des Arbeitsmarkts aus wahltaktischen Gründen beizutragen, müßte der 1. Korrekturfaktor im Wahljahr größer sein. Da die Unterschiede zwischen den Mittelwerten außerdem entsprechend des nicht-parametrischen Test von Kolmogorov-Smirnov nicht signifikant sind, können für den 1. Korrekturfaktor keine politischen Konjunkturzyklen nachgewiesen werden. Zudem weist die verdeckte Arbeitslosigkeit in allen Phasen einer Legislaturperiode große Standardabweichungen auf, die die fehlende Nachweisbarkeit einer Gesetzmäßigkeit bestätigen. Eine Aufschlüsselung des 1. Korrekturfaktors in seine Komponenten zeigt auch für einzelne Maßnahmen, wie z. B. Arbeitsbeschaffungsmaßnahmen keine signifikanten Unterschiede zwischen Wahljahren und Nichtwahljahren.[357]

7.3.3.2. Ruhende Arbeitslosigkeit

Die **ruhende Arbeitslosigkeit** eignet sich nur zur **Grobsteuerung** der Arbeitsmarktentwicklung, da sie vor allem von den wirtschaftlichen Rahmenbedingungen und von der Witterung abhängig ist. Die Beanspruchung von Kurzarbeitergeld und Winterausfallgeld kann von der Regierung nicht direkt beeinflußt werden, sondern nur langfristig über den gesetzlichen Regelrahmen.[358] Die Entwicklung der Wachstumsrate der ruhenden Arbeitslosigkeit ist in Abbildung

---

[357] Siehe dazu Anhang A5.
[358] Ein Beispiel dafür ist der Übergang vom Schlechtwettergeld zum Winterausfallgeld und der damit verbundene Rückgang der Inanspruchnahme. Siehe dazu Kapitel 5.3.3.

Arbeitsmarktpolitik als wahlpolitisches Instrument? 167

7.10 im Vergleich zur Wachstumsrate der registrierten Arbeitslosigkeit dargestellt:

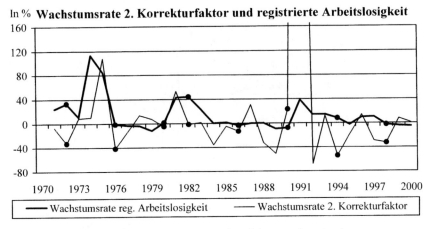

Abbildung 7.10: Wachstumsrate 2. Korrekturfaktor und registrierte Arbeitslosigkeit.

● Wahlkampfjahre
Zahlen für Westdeutschland bis 1990, ab 1991 Zahlen für Deutschland.
Daten: Siehe Anhang A1, eigene Berechnungen.

Der 2. Korrekturfaktor führt nur dann zu einer Entlastung des Arbeitsmarkts im Wahlkampfjahr, wenn er in diesem Jahr höher ist als in den anderen Jahren einer Legislaturperiode. Dieses Phänomen ist nur vor der Wahl 1990 zu beobachten und wird 1991 durch den Strukturbruch infolge der Wiedervereinigung Deutschlands verzerrt. Vielmehr zeigt sich bei der Gegenüberstellung der Mittelwerte in Tabelle 7.6 genau das gegenteilige Verhalten an: Die Inanspruchnahme von Kurzarbeitergeld und Schlechtwettergeld ist in den Wahljahren niedriger als in den Nichtwahljahren. Da die Unterschiede auch hier nicht signifikant sind, lassen sich im Fall der ruhenden Arbeitslosigkeit ebenfalls keine Konjunkturzyklen nachweisen. Auch die hohe Fluktuation der Werte, die sich in den großen Standardabweichungen widerspiegelt, läßt nicht auf die Existenz von Gesetzmäßigkeiten im Sinne eines politischen Konjunkturzyklus bei der ruhenden Arbeitslosigkeit schließen.

		Wachstumsrate des K2	
	N	Mittelwert	Standardabweichung
Wahljahr	8	-0,1944	0,2565
Wahl + 1	8	1,6931	4,6691
Wahl + 2	9	-0,0824	0,2644
Wahl + 3	5	0,0957	0,6088
Total	30	0,3909	2,4485

Tabelle 7.6: Der 2. Korrekturfaktor im Wahlzyklus.

Die Beobachtung, daß die ruhende Arbeitslosigkeit in Wahljahren tendenziell niedriger ist als in Nichtwahljahren spricht für eine andere Form von Konjunkturzyklen, da eine Abnahme der Kurzarbeit vor der Wahl an ein Anspringen der Konjunktur geknüpft sein kann. Mit dem nicht-parametrischen Test von Kolmogorov-Smirnov lassen sich jedoch bei der gesonderten Betrachtung der Kurzarbeit keine signifikanten Unterschiede nachweisen, so daß auch die Wachstumsrate der Kurzarbeit keine Schwankungen im Sinne eines politischen Konjunkturzyklus aufweist.[359]

7.3.3.3. Unsichtbare Arbeitslosigkeit

Im folgenden soll diskutiert werden, in wieweit der Umfang der **Stillen Reserve** durch politische Maßnahmen beeinflußt werden kann, so daß die Arbeitslosigkeit in Wahljahren möglichst gering ausfällt. Ein direkter Einfluß über arbeitsmarktpolitische Maßnahmen ist nicht möglich, da die betroffenen Personen keinen Kontakt zum Arbeitsamt suchen. Doch gerade dieses Verhalten birgt Möglichkeiten zur Beeinflussung, indem von politischer Seite keine zusätzlichen Anreize geschaffen werden, die dazu führen, daß sich Personen der Stillen Reserve arbeitslos melden. Möglichkeiten zur Beeinflussung der unsichtbaren Arbeitslosigkeit können z. B. in der Einrichtung von Kindertagesstätten, Kindergärten und Ganztagsschulen gesehen werden. Der Zugang zu Bildungseinrichtungen und die Einführung von Studiengebühren beeinflussen das Verhalten der jünge-

---

[359] Siehe dazu Anhang A6.

ren Stillen Reserve und die Gesetzgebung zum Renteneintritt das Verhalten der älteren Stillen Reserve.

Insgesamt ist die Stille Reserve nur langfristig zu beeinflussen, so daß sie allenfalls ein Instrument zur **Grobsteuerung** des Arbeitsmarkts darstellt. In ihrem Verhalten ist die Stille Reserve von sich aus politikunterstützend, da sie sich prozyklisch zur Arbeitsmarktentwicklung verhält. Dieser Zusammenhang ist in Abbildung 7.11 dargestellt. Durch die Stille Reserve wird der Arbeitsmarkt in der Rezession verstärkt entlastet.[360]

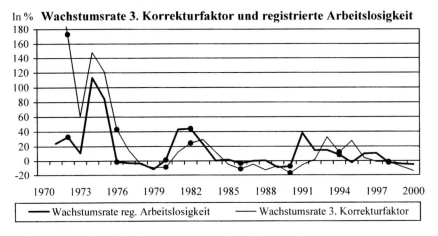

Abbildung 7.11: Wachstumsrate 3. Korrekturfaktor und registrierte Arbeitslosigkeit.

● Wahlkampfjahre
Zahlen für Westdeutschland bis 1990, ab 1991 Zahlen für Deutschland.
Daten: Siehe Anhang A1, eigene Berechnungen.

Die Überprüfung der Mittelwerte der unsichtbaren Arbeitslosigkeit für die vier Phasen einer Legislaturperiode ergibt keine signifikanten Unterschiede. Die großen Standardabweichungen deuten ebenfalls nicht darauf hin, daß politische Konjunkturzyklen bestehen. Damit kann auch für die Stille Reserve nicht nachgewiesen werden, daß sie politische Konjunkturzyklen aufweist.

---

[360] Siehe dazu Kapitel 5.4.1.

	N	Wachstumsrate des K^3	
		Mittelwert	Standardabweichung
Wahljahr	8	0,2737	0,6246
Wahl + 1	8	0,1367	0,2254
Wahl + 2	9	0,4594	0,9854
Wahl + 3	5	0,2725	0,5516
Total	30	0,2927	0,6571

Tabelle 7.7:   Der 3. Korrekturfaktor im Wahlzyklus.

Erwähnenswert ist an dieser Stelle die Tatsache, daß der enge Zusammenhang zwischen der offiziellen Arbeitslosigkeit und der Stillen Reserve i. e. S. dazu benutzt werden kann, um die Stille Reserve mittels Regressionsanalyse zu prognostizieren.

Im Vorfeld der Untersuchung bestätigt der ADF-Test für die Stille Reserve (K^3) die Annahme der Stationarität der Zeitreihe:[361]

Variable	Niveau			Differenz			Ergebnis
	Modell	$t(\hat{\gamma})$	K	Modell	$t(\hat{\gamma})$	K	
K^3_t	B	-2,98*	1	A	-3,53***	2	I(0)

Tabelle 7.8:   Augmented-Dickey-Fuller-Test auf Integration (2).

* / ** / *** Signifikant auf dem 10% / 5% / 1% Niveau.
Quelle und Notation siehe Tabelle 7.1.

In einem einfachen Regressionsansatz kann die Stille Reserve aus Vergangenheitswerten und über die Veränderung der verzögerten offiziellen Arbeitslosenquote ermittelt werden:

$$K^3_t = \alpha + \beta \cdot (ALQ_{t-1} - ALQ_{t-2}) + \chi \cdot K^3_{t-1} + u_t$$

wobei: K^3 3. Korrekturfaktor
        α, β, χ Regressionskoeffizienten
        ALQ   Arbeitslosenquote
        u   Störgröße

---

[361] Zur Stationarität der Arbeitslosenquote siehe S. 152.

Arbeitsmarktpolitik als wahlpolitisches Instrument?

Da nur verzögerte Größen in die Regression eingehen, eignet sich dieser Ansatz gut für die Schätzung innerhalb eines Prognosemodells. Die Schätzergebnisse sind in Tabelle 6.9 zusammengefaßt:

Abhängige Variable: K^3_t	Bestimmtheitsmaß: 0,96	DW: 1,92 SEE: 95.756	Ljung-Box-Q: 7,7 (0,36)
Variable	Schätzwert	Standardabweichung	t-Wert
Konstante	114.411	44.401	2,5768
$ALQ_{t-1} - ALQ_{t-2}$	145.063	21.278	6,8174
K^3_{t-1}	0,8800	0,0376	23,4317

Tabelle 6.9:   Schätzergebnisse für die Stille Reserve i. e. S.

Die Schätzfunktion ergibt sich wie folgt:

$$\hat{K}^3_t = 114.411 + 145.063 \cdot (ALQ_{t-1} - ALQ_{t-2}) + 0{,}8800 \cdot \hat{K}^3_{t-1}$$

Bei einem Bestimmtheitsmaß von 0,96 ergibt sich eine gute Schätzanpassung. Autokorrelation erster Ordnung ist nicht zu beobachten. Der positive Koeffizient der Differenz der verzögerten Arbeitslosenquoten bestätigt außerdem die Hypothese, daß die Stille Reserve auf dem Arbeitsmarkt eine Pufferfunktion übernimmt, indem sie sich prozyklisch zur Arbeitsmarktentwicklung verhält. Das Schätzanpassungsdiagramm ist abschließend in Abbildung 6.12 dargestellt:

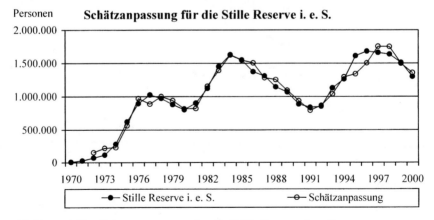

Abbildung 6.12: Schätzanpassung für die Stille Reserve i. e. S.

7.4. Beurteilung der Ergebnisse

Aufgrund der in dieser Arbeit ermittelten Ergebnisse kann nicht davon ausgegangen werden, daß in Deutschland für den Zeitraum von 1970 bis zum Jahr 2000 politische Konjunkturzyklen durch die Anwendung des Trade-off der Phillips-Kurve bestehen. Die empirische Überprüfung der verschiedenen Formen der nicht ausgewiesenen Arbeitslosigkeit hat außerdem keine Beweise dafür geliefert, daß die Regierung, außer in historischen Einzelfällen, statt dessen die Arbeitsmarktpolitik dazu benutzt, um die Arbeitslosigkeit in Wahljahren zu senken.

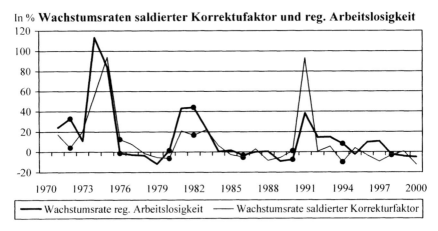

Abbildung 7.13: Wachstumsrate saldierter Korrekturfaktor und registrierte Arbeitslosigkeit.

● Wahlkampfjahre
Zahlen für Westdeutschland bis 1990, ab 1991 Zahlen für Deutschland.
Daten: Siehe Anhang A1, eigene Berechnungen.

Die kritische Überprüfung der Ergebnisse mit Abbildung 7.13 veranschaulicht, warum sich die Entwicklung der Arbeitslosigkeit im ökonomischen Sinn in den Wahljahren nicht wesentlich von der Entwicklung der registrierten Arbeitslosigkeit unterscheidet: Die Wachstumsrate des saldierten Korrekturfaktors verhält sich prozyklisch zur Wachstumsrate der registrierten Arbeitslosigkeit. Bei einem Vorliegen von politischen Konjunkturzyklen durch arbeitsmarktpolitische Maßnahmen müßte der saldierte Korrekturfaktor zumindest in den Wahljahren stärker anwachsen als die offizielle Arbeitslosigkeit, wenn es zu einer Entlastung des Arbeitsmarkts kommen soll.

Aus der Sicht der Neuen Politischen Ökonomie ist nicht davon auszugehen, daß eine Regierung nicht alle ihr zur Verfügung stehenden politischen Möglichkeiten ausschöpfen wird, um die Wiederwahl zu sichern.[362] Es stellt sich daher die Frage, warum keine empirischen Beweise für politische Konjunkturzyklen im Sinne des Modells von Nordhaus auf dem deutschen Arbeitsmarkt gefunden werden konnten:

Das Modell opportunistischer Konjunkturzyklen von W. D. NORDHAUS geht davon aus, daß Politiker wichtige makroökonomische Größen steuern können. Diese Annahme verlangt, daß die Regierung die notwendigen Informationen besitzt und die relevanten Größen trotz auftretender Wirkungsverzögerungen exakt steuern kann. Davon ist in einer offenen Volkswirtschaft nicht auszugehen, da der Einfluß der Weltwirtschaft als exogene Größe die nationale Konjunktur stark beeinflußt. Daher kann die Regierung das Niveau der Beschäftigung nicht genau steuern.[363] Außerdem ist zu bezweifeln, daß sich die Wähler, die politische Opposition und die Medien so naiv verhalten, wie es im Modell von Nordhaus unterstellt wird, so daß die Manipulationsversuche der Regierung nicht erkannt werden.[364]

Des weiteren ist das politisch-ökonomische System in Deutschland so aufgebaut, daß sowohl der Bundestag als auch der Bundesrat an der Gesetzgebung beteiligt sind. Das Prinzip des Föderalismus zeigt sich in der BRD in der Existenz des Bundesrats, der die Vertretung der Länder auf Bundesebene wahrnimmt.[365] Das Wahlsystem in Deutschland ist so gestaltet, daß die unregelmäßige Verteilung der Landtagswahlen über eine Legislaturperiode hinweg dafür Sorge trägt, daß eine Regierung keine politischen Konjunkturzyklen im Sinne des Nordhaus Modells erzeugen kann, weil eine Phase hoher Arbeitslosigkeit nach der Bundestagswahl gleichbedeutend ist mit einer Phase hoher Arbeitslosigkeit vor einer Landtagswahl.[366] Landtagswahlen sind aber für die Regierung

---

[362] Vgl. SIEG, G. [2000], S. 4 und 28.
[363] Vgl. SCHARES, CH. [1998], S. 17.
[364] Vgl. SCHEUERLE, A. [1999], S. 34 ff.
[365] Vgl. RUDZIO, W. [2000], S. 315 ff.
[366] Vgl. FREY, B. S. [1976], S. 102.

sehr wichtig, weil sie als Stimmungsbarometer gelten und die Mehrheitsverhältnisse im Bundesrat, der 2. Kammer, wichtig für die Handlungsfähigkeit sind.[367] Die Umsetzung der Gesetze erfolgt durch die Verwaltung und nicht durch die Regierung. Da Bürokraten nicht auf eine Wiederwahl angewiesen sind, kann hier eine Ursache für das Fehlen von politischen Konjunkturzyklen liegen. Denn die Verwaltung und dazu gehört auch die Bundesanstalt für Arbeit, bestimmt das Tempo, in dem wahlpolitisch motivierte Beschlüsse umgesetzt werden.[368]

Ein weiterer Entscheidungsträger neben der Regierung ist die Zentralbank. Die Deutsche Bundesbank kann als unabhängige Zentralbank das Ziel der Preisniveaustabilität höher gewichten als die Ziele der Regierung. In diesem Fall steht der Trade-off der Phillips-Kurve der Regierung nicht als Instrument zur Verfügung, um das Ziel der Wiederwahl zu erreichen.[369]

Ob sich Konjunkturzyklen mit mehr stichtagsbezogenen Daten besser nachweisen lassen als mit Jahresdaten ist strittig. H. BERGER. und U. WOITEK [1997] kommen mit Monatsdaten zu keinem anderen Ergebnis. Vielmehr ist zu vermuten, daß sich ein vorhandener Effekt auch mit Jahresdaten beobachten läßt. Schwerwiegender ist die Tatsache, daß durch das Phänomen der Hysterese bzw. Persistenz politische Konjunkturzyklen so stark überlagert werden können, daß sie nicht mehr nachweisbar sind. Der sprunghafte Anstieg der Arbeitslosigkeit, verbunden mit ihrem langsamen Abfallen erzeugt eine Trendkomponente,[370] die möglicherweise durch die Betrachtung von Wachstumsraten nicht vollständig beseitigt werden kann. Dieses Phänomen führt außerdem dazu, daß arbeitsmarktpolitische Maßnahmen generell nur kurzfristig zu einer Entlastung des Arbeitsmarkts beitragen.[371]

Da die Wiedervereinigung Deutschlands in den Beobachtungszeitraum fällt, können die in den ersten Jahren nach der Wiedervereinigung beobachtbaren arbeitsmarktpolitischen Anstrengungen auf dem ostdeutschen Arbeitsmarkt zu einer Verzerrungen der Arbeitsmarktlage führen. Daher wurde diese Untersuchung auch für Zeitreihen durchgeführt, in denen die Jahre 1991 und 1992 als

---

[367] Vgl. BLANKART, CH. B. [1991], S. 108 f.
[368] Vgl. BLANKART, CH. B. [1991], S. 107 f.
[369] Vgl. BLANKART, CH. B. [1991], S. 108.
[370] Vgl. FREY, B. S. [1976], S. 101.
[371] Vgl. LÜDEKE, D. u. a. [1993].

Ausreißer gestrichen wurden. Doch auch für diesen Fall lassen sich keine politischen Konjunkturzyklen auf dem deutschen Arbeitsmarkt nachweisen.

8. Zusammenfassung und Ausblick

Im Rahmen dieser Arbeit wurde die Diskussion aufgegriffen, ob die deutschen Arbeitslosenzahlen „richtig" sind. Durch eine Untersuchung der praktizierten Konzepte zur Bestimmung des Angebotsüberhangs auf dem Arbeitsmarkt wurde gezeigt, daß die amtlichen Daten korrekt und nach objektiven Kriterien ermittelt werden. Dennoch vermitteln sie aus ökonomischer Sicht kein vollständiges Bild von der Lage auf dem deutschen Arbeitsmarkt. Da die Arbeitslosigkeit ein wichtiger Indikator für Politik, Wirtschaft und Gesellschaft ist, stellt sich die Frage nach den Ursachen und der Dimension der Abweichungen.

Den **ersten Schwerpunkt** dieser Arbeit bildete daher die Ermittlung der ökonomisch relevanten Arbeitslosigkeit. Aufbauend auf theoretischen Konzepten zum Arbeitsangebot und einer Analyse der gängigen Meßkonzepte zur Arbeitslosigkeit wurde der Begriff der „**Arbeitslosigkeit im ökonomischen Sinn**" definiert: *„Zu den Arbeitslosen im ökonomischen Sinn zählen alle Personen im erwerbsfähigen Alter, die keine Arbeit haben, zu gegebenen Marktbedingungen arbeiten wollen oder müssen, und können, um ihren Lebensunterhalt zu verdienen oder um ihren Lebensstandard zu erhöhen."*[372] Als Basis für die praktische Umsetzung dieser Definition diente die amtlich ermittelte offizielle Arbeitslosigkeit, die im Zentrum der öffentlichen Diskussionen zum Thema Arbeitsmarkt steht und deren Daten genau, aktuell und frei verfügbar sind. Über die Hauptkritikpunkte am Konzept der Karteistatistik, die gleichzeitig die Ursachen der Abweichung darstellen, wurde die Definition methodisch umgesetzt: Zum einen führt das Meldeverfahren dazu, daß nicht alle Arbeitsuchenden in der Karteistatistik der Bundesanstalt für Arbeit registriert werden. Des weiteren fehlt überhaupt eine einheitliche, allgemeingültige Definition für den Begriff der „Arbeitslosigkeit", der in der Ökonomie *„einer der schwammigsten Begriffe überhaupt"*[373] ist. Eine klare Abgrenzung des Begriffs der Arbeitslosigkeit erfolgt zwar durch den Gesetzgeber im Sozialgesetzbuch, doch bietet sich Spielraum

---
[372] S. 45.
[373] Vgl. KRÄMER, W. [1994], S. 117.

für Änderungen in der Abgrenzung, der in der Vergangenheit von politischer Seite mehrfach genutzt wurde.

Die verdeckte, die ruhende, die unsichtbare und die unechte Arbeitslosigkeit wurden im Rahmen dieser Arbeit einzeln diskutiert, quantifiziert und zu Korrekturfaktoren zusammengefaßt, um über die registrierte Arbeitslosigkeit die Arbeitslosigkeit im ökonomischen Sinn zu berechnen. Die unechte Arbeitslosigkeit konnte nicht quantifiziert werden weil sie auf Mißbrauch im Einzelfall beruht, der empirisch nicht zu erfassen ist. Als Ergebnis wurde in dieser Arbeit eine **ökonomisch relevante Arbeitslosigkeit** ermittelt, die im Mittel **fast doppelt so hoch ist wie die offizielle Arbeitslosigkeit**. Für das Jahr 2000 weist die Bundesanstalt für Arbeit 3,9 Millionen Arbeitslose aus, denen in dieser Arbeit aus ökonomischer Sicht 6,3 Millionen Personen ohne Arbeit gegenübergestellt wurden. Ihren maximalen Anteil erreicht die nicht offiziell ausgewiesene Arbeitslosigkeit, die sich aus der Summe der verdeckten, der ruhenden und der unsichtbaren Arbeitslosigkeit ergibt, nach der Wiedervereinigung im Jahr 1991 mit 56% aller im ökonomischen Sinn arbeitslosen Personen. Das absolute Maximum liegt im Jahr 1997 bei 7,2 Millionen Arbeitslosen im ökonomischen Sinn, von denen nur 4,4 Millionen Arbeitslose offiziell ausgewiesen wurden. Damit bestehen zwischen der offiziellen Arbeitslosigkeit und der aus ökonomischer Sicht relevanten Arbeitslosigkeit ein **erheblicher Unterschied**.

Aufbauend auf der Diskrepanz zwischen der offiziellen und der ökonomisch relevanten Arbeitslosigkeit ergab sich der **zweite Schwerpunkt** dieser Arbeit. Da sich demokratische Regierungen am Erfolg ihrer Politik messen lassen müssen, wird die Arbeitslosigkeit aus der Sicht der **Neuen Politischen Ökonomie** zu einem Spielball im Kampf um den politischen Machterhalt. Neben der Erzeugung **politischer Konjunkturzyklen** wird die Regierung alle Möglichkeiten nutzen, um ihre opportunistischen und ideologischen Ziele zu erreichen. Damit ergeben sich weitreichende Folgen für das politisch-ökonomische System: Neben dem Trade-off der Phillips-Kurve, wie ihn W. D. NORDHAUS in seinem Modell politischer Konjunkturzyklen beschreibt, bietet das gängige Konzept zur Ermittlung der offiziellen Arbeitslosigkeit zusätzlichen Spielraum für die Regierung, durch die Dosierung der arbeitsmarktpolitischen Maßnahmen und über die Gesetzgebung Einfluß auf die Arbeitslosigkeit zu nehmen.

W. D. NORDHAUS [1975] unterstellt in seinem Modell, daß Politiker vor der Wahl den **Trade-off** der **Phillips-Kurve** nutzen, um auf dem Arbeitsmarkt eine Situation zu erzeugen, die die Wähler vom Erfolg ihrer Politik überzeugt. In dieser Arbeit konnte der negative Zusammenhang zwischen der Inflationsrate und der Arbeitslosenquote sowohl für die offiziellen Daten als auch für die Quote der Arbeitslosigkeit im ökonomischen Sinn nachgewiesen werden. Ein stärkerer Zusammenhang für die mehr an der ökonomischen Theorie orientierte Arbeitslosigkeit im ökonomischen Sinn ergab sich nicht. Der Verlauf der Phillips-Kurve ist mit der amtlichen Arbeitslosenquote lediglich steiler.

Politische Konjunkturzyklen, wie sie W. D. NORDHAUS in seinem Modell beschreibt, konnten bei der anschließenden Betrachtung weder für die Inflationsrate noch für die Wachstumsraten der offiziellen bzw. der ökonomisch relevanten Arbeitslosigkeit nachgewiesen werden. Die These, daß das Fehlen von politischen Konjunkturzyklen, die auf dem Trade-off der Phillips-Kurve basieren, darauf beruht, daß die Arbeitsmarktpolitik als alternatives Instrument zur Verfügung steht, wurde über die Differenz zwischen der offiziellen Arbeitslosigkeit und der in dieser Arbeit ermittelten Arbeitslosigkeit im ökonomischen Sinn überprüft. Doch lassen sich für die verschiedenen Formen der verdeckten, der ruhenden und der unsichtbaren Arbeitslosigkeit keine signifikanten Unterschiede in den Wachstumsraten der einzelnen Phasen einer Legislaturperiode nachweisen. Damit konnten für die in dieser Arbeit ermittelten Daten und mit den angewendeten Verfahren **keine Hinweise** dafür gefunden werden, daß auf dem deutschen Arbeitsmarkt **politische Konjunkturzyklen** vorliegen. Seine Legitimation findet dieses Ergebnis in der Übereinstimmung mit anderen Untersuchungen und in der Vielzahl von Gründen, die dafür sprechen, daß das politisch-ökonomische System in Deutschland so gestaltet ist, daß politische Konjunkturzyklen, wie sie im Modell von D. W. NORDHAUS unterstellt werden, nur schwer erzeugt werden können.

Eine Betrachtung des politisch-ökonomischen Systems aus der Sicht der Theorie politischer Konjunkturzyklen ist auch in Zukunft für die Entwicklung einer Demokratie wichtig, da sie zu einem besseren Verständnis der Zusammenhänge und Hintergründe beiträgt. **Neue Erkenntnisse** können sich ergeben, wenn wesentlich komplexere Theorien zu politischen Konjunkturzyklen in die Untersuchung einbezogen werden, die weitere Komponenten, wie z. B. die Bürokratie in das Modell integrieren. Die Aufgabe der Annahme naiver Wirtschaftssubjekte und die Berücksichtigung ideologischer Ziele sind weitere Möglichkeiten, um die Zusammenhänge des politisch-ökonomischen Systems aufzudecken. Erst wenn es keinen Unterschied mehr macht, ob eine Person „[s]*tatistisch oder wirklich arbeitslos*"[374] ist, kann auf eine weitere Erforschung der Unterbeschäftigung aus ökonomischer Sicht und insbesondere der Stillen Reserve verzichtet werden. Bis dahin läßt sich das Problem der Arbeitslosigkeit sicherlich nicht dadurch lösen, daß die Arbeitsmarktzahlen korrigiert werden.[375]

---

[374] KRÄMER, W. [1994], S. 10.
[375] Vgl. HÖLZLE, J. [1988], S. 59.

Anhang

A1. Charakterisierung des Datenmaterials

	Zeitraum	Art	Datenquelle
Korrekturfaktor 1: Verdeckte Arbeitslosigkeit			
Arbeitsbeschaffungsmaßnahmen	1970 - 2000	JD	BUNDESANSTALT FÜR ARBEIT [1990], [1994], [1999], AUTORENGEMEINSCHAFT [2001]
Strukturanpassungsmaßnahmen	1993 - 2000	JD	AUTORENGEMEINSCHAFT [2001]
Förderung der beruflichen Weiterbildung	1970 - 2000	JD	BUNDESANSTALT FÜR ARBEIT [1980] AUTORENGEMEINSCHAFT [1982], [1994], [2001]
Sprachlehrgänge	1977 - 2000	JD	BUNDESANSTALT FÜR ARBEIT [1980] AUTORENGEMEINSCHAFT [1994], [2001]
Berufliche Rehabilitation	1970 - 2000	JD	BUNDESANSTALT FÜR ARBEIT [1980] AUTORENGEMEINSCHAFT [1994], [2001]
Vorruhestandsgeld	1985 - 1995	JD	AUTORENGEMEINSCHAFT [1994], [2001]
Altersübergangsgeld	1990 - 1999	JD	AUTORENGEMEINSCHAFT [1994], [2001]
JUMP	1999 - 2000	JD	BUNDESANSTALT FÜR ARBEIT [homepage]
§ 126 SGB III	1981 - 2000	JD	eigene Schätzung, AUTORENGEMEINSCHAFT [2001]
§ 428 SGB III	1986 - 2000	JD	AUTORENGEMEINSCHAFT [1994], [2001]
Korrekturfaktor 2: Ruhende Arbeitslosigkeit			
Ausfallvolumen Kurzarbeit	1970 - 2000	JD	KOHLER, H. und L. REYHER [1988], KLAUDER, W. [1990], BACH, H.-U. [2001]
Ausfallvolumen Schlechtwettergeld	1970 - 2000	JD	KOHLER, H. und L. REYHER [1988], KLAUDER, W. [1990], BACH, H.-U. [2001]
Altersteilzeitarbeit	1997 - 2000	JD	AUTORENGEMEINSCHAFT [2001]
Korrekturfaktor 3: Unsichtbare Arbeitslosigkeit			
Stille Reserve	1970 - 2000	JD	BRINKMANN, CH. u. a. [1987], AUTORENGEMEINSCHAFT, [1994], [2001]
Sonstige Größen			
Inflationsrate	1970 - 2000	JD	IW [2001], [2000] u. a.
Arbeitslosenquote	1970 - 2000	JD	BUNDESANSTALT FÜR ARBEIT [1990], [1995], [2001]

Tabelle A1:   Datenbasis.
JD = Jahresdurchschnitt

A2. Berechnung der tariflichen Jahresarbeitszeit

$$\text{Tarifliche Arbeitszeit} = [\text{Potentielle Arbeitstage p. a.} - \text{Jahresurlaubstage}] \cdot \frac{1}{5} \text{Wochenarbeitsstunden}$$

Jahr	Potentielle Arbeitstage im Jahr	Tariflicher Jahresurlaub	Wochenarbeitszeit	Urlaubsbereinigte tarifliche Jahresarbeitszeit
	in Tagen	in Tagen	in Stunden	in Stunden
1991	248,5	30,1	38,69	1.690,0
1992	252,1	30,5	38,51	1.706,8
1993	252,4	30,9	38,31	1.697,1
1994	251,1	30,9	38,15	1.680,1
1995	250,1	31,0	38,04	1.666,9
1996	250,4	31,1	37,89	1.661,9
1997	249,8	30,8	37,87	1.658,7
1998	252,0	30,8	37,85	1.674,5
1999	253,4	30,8	37,84	1.684,6
2000	250,1	30,8	37,84	1.659,7

Tabelle A2: Durchschnittliche urlaubsbereinigte tarifliche Jahresarbeitszeit eines Arbeitnehmers.

Daten: BACH, H.-U. [2001], S. 6, eigene Berechnung.

A3. Berechnung der Anteilsätze zum Winterausfallgeld

a.) Zahlen für Deutschland

Jahr	Ausfallvolumen durch			Anteile Schlecht-wetter	Mittlerer Anteil Schlecht-wetter
	Schlecht-wetter [Std.]	Tarifausein-andersetzung und akzeptier-te Teilzeit [Std.]	Gesamt [Std.]		
	Vol^W	Vol^{T+aT}	Vol^{W+T+aT}		
1996	86.220.000	70.440.000	156.660.000	0,55	0,51
1997	59.980.000	69.890.000	129.870.000	0,46	

Tabelle A3a: Berechnung der Anteilsätze zum Winterausfallgeld / Schlechtwettergeld

Daten: AUTORENGEMEINSCHAFT [1998], S. 48 f, eigene Berechnungen.

b.) Zahlen für Westdeutschland

Jahr	Ausfallvolumen durch			Anteile Schlechtwetter	Mittlerer Anteil Schlechtwetter
	Schlechtwetter [Std.]	Tarifausein-andersetzung und akzeptier-te Teilzeit [Std.]	Gesamt [Std.]		
	Vol^W	Vol^{T+aT}	Vol^{W+T+aT}		
1996	69.840.000	70.420.000	140.260.000	0,50	0,47
1997	53.490.000	69.890.000	123.380.000	0,43	

Tabelle A3b: Berechnung der Anteilsätze zum Winterausfallgeld.

Daten: AUTORENGEMEINSCHAFT [1998], S. 48 f, eigene Berechnungen.

A4. Bundestagswahlen in Deutschland

Wahltermin	Wahlkampfjahr	Bundeskanzler	Regierungsparteien	Ideologie
28.09.1969	1969	Brandt	SPD und FDP	links
19.11.1972*	1972	Brandt / Schmidt	SPD und FDP	links
03.10.1976	1976	Schmidt	SPD und FDP	links
05.10.1980	1980	Schmidt	SPD und FDP	links
06.03.1983*	1982**	Kohl	CDU, CSU und FDP	rechts
25.01.1987	1986**	Kohl	CDU, CSU und FDP	rechts
02.12.1990	1990	Kohl	CDU, CSU und FDP	rechts
16.12.1994	1994	Kohl	CDU, CSU und FDP	rechts
27.09.1998	1998	Schröder	SPD und GRÜNE	links

Tabelle A4: Wahltermine zum Deutschen Bundestag.

* Vorgezogene Bundestagswahlen
** Das Wahlkampfjahr ist das Vorjahr zum Wahljahr, wenn die Wahl am Jahresanfang erfolgt.
Quelle: Vgl. RUDZIO, W. [2000], S. 234 und STATISTISCHES BUNDESAMT [2000].

A5. Komponenten des 1. Korrekturfaktors und Wahlen

	Korrekturfaktor 1: verdeckte Arbeitslosigkeit			
		N	Mittelwert	Standardabweichung
Wachstumsrate ABM	Wahljahr	8	0,1369	0,3606
	Wahl + 1	8	0,4011	0,6990
	Wahl + 2	9	0,1555	0,3242
	Wahl + 3	5	0,7230	2,0228
	Total	30	0,3106	0,8889
Wachstumsrate FbW	Wahljahr	8	0,0290	0,2094
	Wahl + 1	8	0,1501	0,3216
	Wahl + 2	9	0,2212	0,3708
	Wahl + 3	5	-0,0255	0,1558
	Total	30	0,1099	0,2934
Wachstumsrate Altersübergangs-regelungen	Wahljahr	4	0,9494	2,0049
	Wahl + 1	4	0,3653	0,8506
	Wahl + 2	4	-0,2252	0,6493
	Wahl + 3	3	-0,1897	0,4239
	Total	15	0,2526	1,1756
Wachstumsrate Regelung § 428 SGB III	Wahljahr	3	0,0233	0,0747
	Wahl + 1	4	0,1155	0,1974
	Wahl + 2	4	0,1671	0,1708
	Wahl + 3	3	0,2941	0,2249
	Total	14	0,1488	0,1825

Tabelle A5:   *Komponenten des 1. Korrekturfaktors im Wahlzyklus.*
Fehlende Komponenten verfügen über keine ausreichende Anzahl an Beobachtungen.

A6. Komponenten des 2. Korrekturfaktors und Wahlen

Korrekturfaktor 2: ruhende Arbeitslosigkeit				
		N	Mittelwert	Standardabweichung
Wachstumsrate Kurzarbeit	Wahljahr	8	-0,1196	0,4449
	Wahl + 1	8	3,7313	10,4757
	Wahl + 2	9	1,4468	3,1124
	Wahl + 3	5	0,1567	1,0957
	Total	30	1,4233	5,6372
Wachstumsrate Winterausfallgeld	Wahljahr	8	-0,0867	0,3871
	Wahl + 1	8	0,1776	0,2382
	Wahl + 2	9	-0,1137	0,3172
	Wahl + 3	5	0,0062	0,4271
	Total	30	-0,0088	0,3428

Tabelle A6: *Komponenten des 2. Korrekturfaktors im Wahlzyklus.*

Fehlende Komponenten verfügen über keine ausreichende Anzahl an Beobachtungen.

A7. Datenbank

Jahr	AL^{reg}	K^1	K^2	K^3	$AL^{i.ö.S.}$
1970	149.000	37.000	186.000	7.000	379.000
1971	185.000	72.000	172.000	26.000	455.000
1972	246.000	96.000	115.000	71.000	528.000
1973	273.000	103.000	125.000	114.000	615.000
1974	582.000	119.000	138.000	283.000	1.122.000
1975	1.074.000	144.000	287.000	626.000	2.131.000
1976	1.060.000	127.000	167.000	896.000	2.250.000
1977	1.030.000	113.000	144.000	1.024.000	2.311.000
1978	993.000	127.000	163.000	972.000	2.255.000
1979	876.000	142.000	176.000	880.000	2.074.000
1980	889.000	158.000	167.000	803.000	2.017.000
1981	1.272.000	204.000	256.000	903.000	2.635.000
1982	1.833.000	215.000	252.000	1.123.000	3.423.000
1983	2.258.000	230.000	256.000	1.453.000	4.197.000
1984	2.266.000	263.000	165.000	1.630.000	4.324.000
1985	2.304.000	297.000	157.000	1.550.000	4.308.000
1986	2.228.000	385.000	136.000	1.375.000	4.124.000
1987	2.229.000	461.000	178.000	1.311.000	4.179.000
1988	2.242.000	520.000	121.000	1.145.000	4.028.000
1989	2.038.000	560.000	59.000	1.067.000	3.724.000
1990	1.883.000	537.000	73.000	887.000	3.380.000
1991	2.602.000	1.413.000	1.041.000	838.000 [a]	5.894.000
1992	2.978.000	2.122.000	335.000	852.000	6.287.000
1993	3.419.000	1.982.000	377.000	1.129.000	6.907.000
1994	3.698.000	1.704.000	172.000	1.263.000	6.837.000
1995	3.612.000	1.511.000	140.000	1.613.000	6.876.000
1996	3.965.000	1.317.000	160.000	1.681.000	7.123.000
1997	4.385.000	1.085.000	113.000	1.661.000	7.244.000
1998	4.279.000	1.057.000	76.000	1.637.000	7.049.000
1999	4.100.000	1.191.000	82.000	1.512.000	6.885.000
2000	3.889.000	1.054.000	83.000	1.301.000	6.327.000

Tabelle A7: Datenbank.

[a] Wert für Westdeutschland.
Zahlen für Westdeutschland bis 1990, ab 1991 Zahlen für Deutschland.
Daten: Siehe Anhang A1, eigene Berechnungen.

Literaturverzeichnis

ADAMY, WILHELM [1998 a]: Arbeitslosigkeit und Unterbeschäftigung. Die Arbeitsplatzlücke ist größer als ausgewiesen. In: Soziale Sicherheit, Vol. 47, S. 378 – 381.

ADAMY, WILHELM [1998 b]: Sozialhilfe und Erwerbstätigkeit. Gibt es eine Arbeitslosigkeitsfalle in der Sozialhilfe? In: Soziale Sicherheit, Vol. 47, S. 29 – 36.

ADAMY, WILHELM [1998 c]: Abbau der Arbeitsförderung. Neuer Eingriff in den BA-Haushalt fördert Arbeitslosigkeit. In: Soziale Sicherheit, Vol. 47, S. 88 – 91.

ALESINA, ALBERTO [1987]: Macroeconomic Policy in a Two-Party System as a Repeated Game, in: Quarterly Journal of Economics, Vol. 102, S. 651 – 678.

ALLAFI, SABINE [1999]: Erste Ergebnisse des Mikrozensus 1998, in: Wirtschaft und Statistik, S. 163 – 170.

ASSENMACHER, WALTER [1998]: Konjunkturtheorie, 8., vollst. überarb. Aufl., München, Wien.

ATG (Altersteilzeitgesetz): Online im Internet. URL: *http://www.redmark.de/*

AUTORENGEMEINSCHAFT [1982]: Der Arbeitsmarkt in der Bundesrepublik Deutschland im Jahr 1982, in: MittAB, S. 1 – 8.

AUTORENGEMEINSCHAFT [1992]: Der Arbeitsmarkt 1992 und 1993 in der Bundesrepublik Deutschland, in: MittAB, S. 457 – 482.

AUTORENGEMEINSCHAFT [1994]: Der Arbeitsmarkt 1994 und 1995 in der Bundesrepublik Deutschland, in: MittAB, S. 269 – 299.

AUTORENGEMEINSCHAFT [1996]: Der Arbeitsmarkt 1995 und 1996 in der Bundesrepublik Deutschland, in: MittAB, S. 5 – 35.

AUTORENGEMEINSCHAFT [1997]: Der Arbeitsmarkt 1996 und 1997 in der Bundesrepublik Deutschland, in: MittAB, S. 5 – 36.

AUTORENGEMEINSCHAFT [1998]: Der Arbeitsmarkt in der Bundesrepublik Deutschland in den Jahren 1997 und 1998, in: MittAB, S. 5 – 57.

AUTORENGEMEINSCHAFT [1999]: Der Arbeitsmarkt in der Bundesrepublik Deutschland in den Jahren 1998 und 1999, in: MittAB, S. 5 – 40.

AUTORENGEMEINSCHAFT [2000]: Der Arbeitsmarkt in der Bundesrepublik Deutschland in den Jahren 1999 und 2000, in: MittAB, S. 5 – 38.

AUTORENGEMEINSCHAFT [2001]: Der Arbeitsmarkt in der Bundesrepublik Deutschland in den Jahren 2000 und 2001, in: MittAB, S. 5 – 27.

BACH, HANS-UWE [2001]: Arbeitszeit und Arbeitsvolumen – Teil I. Arbeitsvolumen steigt wieder dank mehr Beschäftigung, IAB Kurzbericht, Nr. 3, Nürnberg.

BACH, HANS-UWE und EUGEN SPITZNAGEL [1992]: Arbeitsmarktpolitische Maßnahmen – Entlastungswirkungen und Budgeteffekt, in: BRINKMANN, CHRISTIAN und KARIN SCHOBER (Hrsg.): Erwerbsarbeit und Arbeitslosigkeit im Zeichen des Strukturwandels, BeitrAB 163, Nürnberg, S. 207 – 227.

BECKER, KURT E. [1998]: Einleitung: Geht und die Arbeit aus? In: BECKER, KURT E. und HANS PETER SCHREINER (Hrsg.): Geht uns die Arbeit aus? Beschäftigungsperspektiven in der Gesellschaft von morgen, Frankfurt a. M., New York, S. 13 – 22.

BELKE, ANSGAR [1996]: Politische Konjunkturzyklen in Theorie und Empirie: Eine kritische Analyse der Zeitreihendynamik in Partisan-Ansätzen, Tübingen.

BERGER, HELGE und ULRICH WOITEK [1997]: Searching for political business cycles in Germany, in: Public Choice, Vol. 91, S. 179 – 197.

BERTHOLD, NORBERT und RAINER FEHN [1994]: Verursachen Wahlen einen Politsichen Konjunkturzyklus? WiSt, S. 166 – 175.

BEVERIDGE, WILLIAM H. [1944]: Full employment in a free society, London.

BLANKART, CHARLES B. [1991]: Öffentliche Finanzen in der Demokratie: Eine Einführung in die Finanzwissenschaft, München.

BLASCHKE, DIETER und PAUL KÖNIG [1989]: Berufliche Bildung jugendlicher Rehabilitanden, in: MittAB, S. 483 – 506.

BLÜMLE, GEROLD und WOLFGANG PATZIG [1999]: Grundzüge der Makroökonomie, 4., überarb. und aktualisierte Aufl., Freiburg i. Br. u. a..

BMA (Bundesministerium für Arbeit und Sozialordnung) [1999]: Statistisches Taschenbuch 1999. Arbeits- und Sozialstatistik.
URL: *http://www.bma.bund.de/*

BMA (Bundesministerium für Arbeit und Sozialordnung) [29.02.2000]: Tarifbericht 1999: Altersteilzeit im Aufwind – Beschäftigungsbrücke zwischen Jung und Alt, BMA-Pressestelle, Berlin.
URL: *http://www.bma.bund.de/*

BMA (Bundesministerium für Arbeit und Sozialordnung) [19.04.2000]: Richtlinien zur Durchführung des Sofortprogramms zum Abbau der Jugendarbeitslosigkeit – Ausbildung, Qualifizierung und Beschäftigung Jugendlicher (Sofortprogramm-Richtlinien – SPR), vom 1. Dezember 1999, in der Fassung der ersten Änderung von 19. April 2000.
URL: *http://www.bma.bund.de/*

BMA (Bundesministerium für Arbeit und Sozialordnung) [27.07.2000]: Aktuelle Zahlen zum Sofortprogramm zum Abbau der Jugendarbeitslosigkeit (Juni 2000). URL: *http://www.bma.bund.de/*

BMA (Bundesministerium für Arbeit und Sozialordnung) [30.11.2000]: Gesetz zur Verbesserung der Zusammenarbeit von Arbeitsämtern und Trägern der Sozialhilfe tritt in Kraft, BMA-Pressestelle, Berlin.
URL: *http://www.bma.bund.de/*

BMA (Bundesministerium für Arbeit und Sozialordnung) [06.12.2000]: Asylbewerber und geduldete Ausländer dürfen künftig nach einem Jahr arbeiten. Kabinett stimmt Änderung der Arbeitsgenehmigungsverordnung zu. BMA-Pressestelle, Berlin. URL: *http://www.bma.bund.de/*

BMA (Bundesministerium für Arbeit und Sozialordnung) [21.12.2000]: Das ändert sich zum 1. Januar 2001. BMA-Pressestelle, Berlin.
URL: *http://www.bma.bund.de/*

BMA (Bundesministerium für Arbeit und Sozialordnung) [05.07.2001]: Zur Arbeitsmarktentwicklung im Monat Juni 2001 erklärt Bundesarbeitsminister Walter Riester: Erfreulicher Anstieg der Erwerbstätigen. BMA-Pressestelle, Berlin. URL: *http://www.bma.bund.de/*

BOSS, ALFRED und ASTRID ROSENSCHON [1998]: Subventionen in Deutschland. Institut für Weltwirtschaft Kiel, Kieler Diskussionsbeiträge 320, Kiel.

BREGGER, JOHN E. und STEVEN E. HAUGEN [1995]: BLS introduces new range of alternative unemployment measures, in: Monthly Labor Review, Nr. 10, S. 19 – 26.

BREUER, WILHELM und DIETRICH ENGELS [1999]: Grundinformationen und Daten zur Sozialhilfe, im Auftrag des Bundesministeriums für Arbeit und Sozialordnung, Köln. URL: *http://www.bma.bund.de/*

BRINKMANN, CHRISTIAN und HANS KOHLER [1989]: Teilzeitarbeit und Arbeitsvolumen, in: MittAB, S. 472 – 482.

BRINKMANN, CHRISTIAN und LUTZ REYHER [1985]: Erwerbspersonenpotential und Stille Reserve, in: MittAB, S. 4 – 10.

BRINKMANN, CHRISTIAN; WOLFGANG KLAUDER; LUTZ REYHER und MANFRED THON [1987]: Methodische und inhaltliche Aspekte der Stillen Reserve, in: MittAB, S. 387 – 409.

BSHG (Bundessozialhilfegesetz): URL: *http://www.bma.bund.de/*

BUNDESANSTALT FÜR ARBEIT [1980]: Sondernummer der Amtlichen Nachrichten der Bundesanstalt für Arbeit (ANBA), Arbeitsstatistik 1979, Jahreszahlen, Vol. 28, Nürnberg.

BUNDESANSTALT FÜR ARBEIT [1990]: Sondernummer der Amtlichen Nachrichten der Bundesanstalt für Arbeit (ANBA), Arbeitsstatistik 1989, Jahreszahlen, Vol. 38, Nürnberg.

BUNDESANSTALT FÜR ARBEIT [1995]: Sondernummer der Amtlichen Nachrichten der Bundesanstalt für Arbeit (ANBA), Arbeitsstatistik 1994, Jahreszahlen, Vol. 43, Nürnberg.

BUNDESANSTALT FÜR ARBEIT [1999]: Sondernummer der Amtlichen Nachrichten der Bundesanstalt für Arbeit (ANBA), Arbeitsstatistik 1998, Jahreszahlen, Vol. 47, Nürnberg.

BUNDESANSTALT FÜR ARBEIT [1999-3]: Amtliche Nachrichten der Bundesanstalt für Arbeit (ANBA). Vol. 47, Nr. 3, Nürnberg.

BUNDESANSTALT FÜR ARBEIT [2001]: Arbeitsmarkt in Zahlen. Aktuelle Daten. Jahreszahlen 2000 und Zeitreihen, Nürnberg.
URL: *http://www.arbeitsamt.de/*

BUNDESANSTALT FÜR ARBEIT [homepage]. URL: *http://www.arbeitsamt.de/*

CASSEL, DIETER [1999]: Inflation, in: Bender, Dieter u. a.: Vahlens Kompendium der Wirtschaftstheorie und Wirtschaftspolitik, München.

Cgb (Christlicher Gewerkschaftsbund Deutschland) [2000]: Sozialrecht aktuell – Neue Regeln für Altersteilzeit. URL: *http://www.cgb-duisburg.de/*

CRAMER, ULRICH [1990]: Konzeptionelle Probleme der Arbeitsmarktstatistik aus der Sicht der Arbeitsmarktforschung, in: Allgemeines Statistisches Archiv, Vol. 74, S. 1 – 18.

CRAMER, ULRICH; WERNER KARR und HELMUT RUDOLPH [1986]: Über den richtigen Umgang mit der Arbeitslosen-Statistik, in: MittAB, S. 409 – 421.

DEUTSCHE BUNDESBANK [2001]: Saisonbereinigte Wirtschaftszahlen März 2001, Statistisches Beiheft zum Monatsbericht 4, Frankfurt a. M..

DIETRICH, HANS [2001]: JUMP, das Jugendsofortprogramm. Unterschiede in den Förderungsjahrgängen 1999 und 2000 und Verbleib der Teilnehmer nach Maßnahmeende. IAB Werkstattbericht, Nr. 3, Nürnberg.

ECKEY, HANS-FRIEDRICH; REINHOLD KOSFELD und CHRISTIAN DREGER [1995]: Ökonometrie: Grundlagen - Methoden – Beispiele, Wiesbaden.

ECKEY, HANS-FRIEDRICH; REINHOLD KOSFELD und CHRISTIAN DREGER [2000]: Statistik: Grundlagen - Methoden – Beispiele, 2., überarb. Aufl., Wiesbaden.

EGLE, FRANZ [1984]: Arbeitsmarktindikatoren, in: BUTTLER, GÜNTER (Hrsg.): Arbeitsmarktanalyse, Göttingen, S. 53 – 67.

EGLE, FRANZ [1988]: Problemgruppen am Arbeitsmarkt: Umfang, Risiken, Maßnahmen, in: Orientierungen zur Wirtschafts- und Gesellschaftspolitik, Vol. 38, Nr. 4, S. 19 – 26.

EGLE, FRANZ und WERNER KARR [1977]: Statistische Probleme einer systematischen Beobachtung der Arbeitslosigkeit. In: MittAB, S. 363 – 369.

EGLE, FRANZ; ANGELIKA ERNST und PETER SCHUR [1976]: Verdeckte Arbeitslosigkeit - Probleme der Messung in der Bundesrepublik -, Göttingen.

EICHENHOFER, EBERHARD [1997]: Sozialrecht, 2. Aufl., Tübingen.

ELLGUTH, PETER; BARBARA KOLLER und Redaktion [2000]: Frühverrentung. Arbeitsmarktentlastung durch Altersteilzeit. In: IAB Materialien, Nr. 1, S. 4 – 5.

ENDERS, WALTER [1995]: Applied Econometric Time Series, New York u. a..

ENGELEN–KEFER, URSULA; JÜRGEN KÜHL; PETER PESCHEL und HANS ULLMANN [1995]: Beschäftigungspolitik: Wege zur Vollbeschäftigung im Europäischen Binnenmarkt, 3., völlig neu bearb. Aufl., Köln.

ENGLE, ROBERT F. und CLIVE W. J. GRANGER [1987]: Co-Integration and Error-Correction: Representation, Estimation and Testing, in: Econometrica, Vol. 55, S. 251 – 276.

ENKE, HARALD und HELMUT MANEVAL [1967]: Die Einflüsse des Beschäftigungsgrades und der Preisentwicklung auf die Lohnentwicklung in der Bundesrepublik Deutschland, in: Jahrbücher für Nationalökonomie und Statistik, Vol. 180, S. 485 – 506.

ESENWEIN-ROTHE, INGEBORG [1977]: Die Arbeitsmarktstatistik im Lichte der Fehlertheorie, in: Allgemeines Statistisches Archiv, S. 128 – 157.

ESTRELLA CAROLINE THERESE [1995]: An Application of CUSP Catastrohe Modelling to the Estimation of the Phillips Relation (Phillips-Curve), University of Notre Dame.

EUROSTAT [2001]: Jahrbuch. URL: *http://www.europa.eu.int/comm/eurostat/*

FLECHSENHAR, HANS-ROLF [1979]: Kurzarbeit – Strukturen und Beschäftigungswirkung, in: MittAB, S. 362 – 372.

FLECK, SUSAN und CONSTANCE SORRENTINO [1994]: Employment and unemployment in Mexico's labor force, in: Monthly Labor Review, November, S. 3 – 31.

FRANZ, WOLFGANG [1993]: Der Arbeitsmarkt: eine ökonomische Analyse. Mannheim u. a..

FRANZ, WOLFGANG [1999]: Arbeitsmarktökonomik. 4., überarb. Aufl., Berlin u. a..

FREIBURGHAUS, DIETER [1980]: Internationaler Vergleich der Arbeitslosigkeit – Ein mehrdimensionales Problem, in: HOFFMANN-NOWOTNY, HANS-JOACHIM (Hrsg.): Soziale Indikatoren im internationalen Vergleich, Frankfurt a. M., New York, S. 77 – 96.

FREY, BRUNO S. [1976]: Theorie und Empirie Politischer Konjunkturzyklen, in: Zeitschrift für Nationalökonomie, Vol. 36, S. 95 – 120.

FREY, BRUNO S. und GEBHARD KIRCHGÄSSNER [1994]: Demokratische Wirtschaftspolitik. Theorie und Anwendung, 2., völlig neu bearb. Aufl., München.

FRISCH, RAGNAR und FREDERICK V. WAUGH [1933]: Partial Time Regressions as Compared with Individual Trends, in: Econometrica, Vol. 1, S. 387 – 401.

FUCHS, JOHANN [1998 a]: Umfang und Struktur der Stillen Reserve in den neuen Bundesländern, in: MittAB, S. 58 – 78.

FUCHS, JOHANN [1998 b]: Das Konzept der Stillen Reserve des Instituts für Arbeitsmarkt- und Berufsforschung, in: SCHUPP, JÜRGEN u. a. (Hrsg.): Arbeitsmarktstatistik zwischen Realität und Fiktion, Berlin, S. 235 – 254.

GATTINGER, JOSEF [1980]: Bemerkungen zur „Stillen Reserve" und zur Vorausschätzung der Erwerbsquote, in: MERTENS, DIETER und WOLFGANG KLAUDER (Hrsg.): Probleme der Messung und Vorausschätzung des Erwerbspersonenpotentials: Beiträge zum Arbeitstreffen am 17. und 18. Mai 1979 in Nürnberg, BeitrAB 44, Nürnberg, S. 23 – 27.

GOLDSTEIN, M. [1974]: Der Trade-off zwischen Inflation und Arbeitslosigkeit: Ein Überblick über ökonometrische Studien, in: NOWOTNY, EWALD (Hrsg.): Löhne, Preise, Beschäftigung: Die Phillips-Kurve und ihre Alternativen, Frankfurt a. M., S. 273 – 282.

GRANGER, CLIVE W. J. und PAUL NEWBOLD [1974]: Spurious Regression in Econometrics, in: Journal of Econometrics, Vol. 2, S. 111 – 120.

GREINER, ULRICH [1996]: Erste Ergebnisse des Mikrozensus April 1995, in: Wirtschaft und Statistik, S. 304 – 312.

GROSS, JÜRGEN; PETER ROSENBERG und THILO SARRAZIN [1980]: Zum Problem der Schätzung des Erwerbspersonenpotentials und der „Stillen Reserve", in: MERTENS, DIETER und WOLFGANG KLAUDER (Hrsg.): Probleme der Messung und Vorausschätzung des Erwerbspersonenpotentials: Beiträge zum Arbeitstreffen am 17. und 18. Mai 1979 in Nürnberg, BeitrAB 44, Nürnberg, S. 28 – 33.

HAUSER, SIEGFRIED [1983]: Makroökonomische Zusammenhänge und Überprüfbarkeit für Teilbereiche, in: ENKE, HARALD u. a. (Hrsg.): Struktur und Dynamik der Wirtschaft: Beiträge zum 60. Geburtstag von Karl Brandt, Freiburg i. Br..

HAUSTEIN, THOMAS und Mitarbeiterinnen [2000]: Ergebnisse der Sozialhilfe- und Asylbewerberleistungsstatistik 1998, in: Wirtschaft und Statistik, S. 443 – 455.

HAYNES, STEPHEN E. und JOE STONE [1988]: Does the Political Business Cycle Dominate U. S. Unemployment and Inflation? Some New Evidence, in: WILLETT, THOMAS D. (Hrsg.): Political Business Cycles: The Political Economy of Money, Inflation, and Unemployment. Durham, London.

HIBBS, DOUGLAS A. [1977]: Political Parties and Macroeconomic Policy, in: The American Political Science Review, Vol. 71, S. 1467 – 1487.

HOLST, ELKE [1998]: Zur Bedeutung, Erfassung und Dynamik der Stillen Reserve – Ein alternatives Konzept auf Basis des Sozio-oekonomischen Panels, in: SCHUPP, JÜRGEN u. a. (Hrsg.): Arbeitsmarktstatistik zwischen Realität und Fiktion, Berlin, S. 211 – 233.

HOLST, ELKE [2000]: Die Stille Reserve am Arbeitsmarkt. Größen – Zusammensetzung – Verhalten, Berlin.

HÖLZLE, JOSEF [1988]: Anspruch und Wirklichkeit der amtlichen Arbeitsmarktstatistik, in: LEBEN, BURKHARD (Hrsg.): Arbeitslosigkeit und Arbeitsmarktstatistik – sind unsere Arbeitslosenzahlen falsch? München, S. 51 – 60.

IAB (Institut für Arbeitsmarkt- und Berufsforschung) [homepage]: URL: *http://www.iab.de/*

IW [02.01.1997]: Arbeitsmarkt Deutschland. Zwischen Bangen und Hoffen. iwd-online, Vol. 23, Nr. 1, S. 8. URL: *http://www.iw-Koeln.de/*

IW [09.04.1998]: Arbeitsmarkt: Arbeitslosigkeit – eine Frage der Statistik, in: iwd-online, Vol. 24, Nr. 15, S. 3. URL: *http://www.iw-Koeln.de/*

IW [04.02.1999]: Teilzeitarbeit. Kein Wundermittel gegen Arbeitslosigkeit, in: iwd-online, Vol. 25, Nr. 5, S. 4 – 5. URL: *http://www.iw-Koeln.de/*

IW [08.04.1999]: Arbeitsmarktstatistik: Nicht die ganze Wahrheit, in: iwd-online, Vol. 25, Nr. 14, S. 6 – 7. URL: *http://www.iw-Koeln.de/*

IW [13.05.1999]: Arbeitsmarktstatistik: Die Qual der Zahl, in: iwd-online, Vol. 25, Nr. 19, S. 3. URL: *http://www.iw-Koeln.de/*

IW [22.02.2001]: Erwerbsminderungsrenten: Am Leistungsvermögen orientiert, in: iwd-online, Vol. 27, Nr. 8, S. 3. URL: *http://www.iw-Koeln.de/*

IW [1998]: Arbeitsplatz Deutschland. Ende der Arbeit oder Arbeit ohne Ende? Institut der deutschen Wirtschaft Köln, Köln.

IW [2000], [vorhergehende Jahrgänge]: Zahlen zur wirtschaftlichen Entwicklung der Bundesrepublik Deutschland, Institut der deutschen Wirtschaft Köln, Köln.

IW [2001]: Deutschland in Zahlen, Institut der deutschen Wirtschaft Köln, Köln.

JArbSchG (Jugendarbeitsschutzgesetz): URL: *http://www.bma.bund.de/*

KLAUDER, WOLFGANG [1990]: Zielsetzung, Methodik und Ergebnisse der empirischen Arbeitsmarktforschung des IAB, in: Allg. Statist. Archiv, Vol. 74, 1990, S. 41 – 70.

KLAUDER, WOLFGANG und GERHARD KÜHLEWIND [1980]: Überblick über das Erwerbspersonenpotentialkonzept des IAB – Bedeutung, Messung, Projektion – in: MERTENS, DIETER und WOLFGANG KLAUDER (Hrsg.): Probleme der Messung und Vorausschätzung des Erwerbspersonenpotentials: Beiträge zum Arbeitstreffen am 17. und 18. Mai 1979 in Nürnberg, BeitrAB 44, Nürnberg, S. 8 – 22.

KLEMMER, PAUL [1988]: Probleme der statistischen Erfassung des Arbeitsmarktes in der Bundesrepublik Deutschland, in: LEBEN, BURKHARD (Hrsg.): Arbeitslosigkeit und Arbeitsmarktstatistik – sind unsere Arbeitslosenzahlen falsch? München, S. 81 – 89.

KLÖS, HANS-PETER [1989]: Im Blickpunkt: Der Einfluß unterschiedlicher Erhebungskonzepte auf die Arbeitslosenstatistik, in: iw-trends, Nr. 3, S. B-1 – B-14.

KLÖS, HANS-PETER [1998]: Arbeitsmarkt Düsseldorf – Expertise und Ansatzpunkte für eine kommunale Beschäftigungspolitik, Industrie- und Handelskammer Düsseldorf, IHK Spezial, Düsseldorf.

KLÖS, HANS-PETER [1999]: Analyse: Die deutsche Arbeitsmarktstatistik, Aussagekraft und ihre Grenzen, in: iw-trends, Nr. 1, S. 53 – 76.

KLÖS, HANS-PETER [2000]: Der gespaltene Arbeitsmarkt, in: Wirtschaft und Unterricht, Institut der deutschen Wirtschaft Köln in Zusammenarbeit mit der Bundesarbeitsgemeinschaft Schule Wirtschaft, Vol. 26, Nr. 4.

KOHLER, HANS und LUTZ REYHER [1988]: Arbeitszeit und Arbeitsvolumen in der Bundesrepublik Deutschland 1960 – 1986. Datenlage – Struktur – Entwicklung. BeitrAB 123, Nürnberg.

KOPPER, HILMAR [1994]: Einführung. In: ALFRED-HERRHAUSEN-GESELLSCHAFT FÜR INTERNATIONALEN DIALOG: Jahreskolloquium: Arbeit der Zukunft, Zukunft der Arbeit, Stuttgart, S. 1 – 5.

KRÄMER, WALTER [1994]: So lügt man mit Statistik, 5. Aufl., Frankfurt a. M., New York.

KÜLP, BERNHARD [1996]: Die Bedeutung des Zentralisierungsgrades der Tarifverhandlungen für den Beschäftigungsgrad, in: KÜLP, BERNHARD (Hrsg.): Arbeitsmarkt und Arbeitslosigkeit, Freiburg i. Br., S. 153 – 172.

KÜNG, HANS [1994]: Arbeit und Lebenssinn angesichts von Wertewandel und Orientierungskrise. In: ALFRED-HERRHAUSEN-GESELLSCHAFT FÜR INTERNATIONALEN DIALOG: Jahreskolloquium: Arbeit der Zukunft, Zukunft der Arbeit, Stuttgart, S. 7 – 27.

LANDMANN, OLIVER und JÜRGEN JERGER [1999]: Beschäftigungstheorie, Berlin u. a..

LEBEN, BURKHARD (Hrsg.) [1998]: Arbeitslosigkeit und Arbeitsmarktstatistik – sind unsere Arbeitslosenzahlen falsch? München.

LÜDEKE, DIETRICH [1964]: Schätzprobleme in der Ökonometrie. Identifikation und punktuelle Parameter- und Prognoseschätzung bei interdependenten Systemen, Würzburg.

LÜDEKE, DIETRICH; WOLFGANG HUMMEL; MATTHIAS KALTENBACHER; KUANG-HUA LIN; OLIVER SCHWARZ und MARTIN WÜRTH [1993]: Die 4-Tage-Woche – ein trojanisches Pferd? Forschungsbeiträge des Instituts für Allgemeine Wirtschaftsforschung, Abteilung für Statistik und Ökonometrie, Albert-Ludwigs-Universität Freiburg, Nr. 3.

MACRAE, DUNCAN C. [1977]: A political model of the business cycle, in: Journal of Political Economy, Vol. 85, S. 239 – 263.

MATA-GREENWOOD, ADRIANA [o. J.]: Incorporating gender issues in labour statistics, Working papers, International Labour Office, Bureau of Statistics, Genf. URL: *http://www.ilo.org/stat/*

MAYER, HANS-LUDWIG [1979]: Zur Abgrenzung und Struktur der Erwerbslosigkeit. Ergebnis des Mikrozensus. In: Wirtschaft und Statistik, S. 22 – 31.

MAYER, HANS-LUDWIG [1990]: Entwicklung und Struktur der Erwerbslosigkeit. Ergebnisse des Mikrozensus und der EG-Arbeitskräftestichprobe. In: Wirtschaft und Statistik, S. 16 – 30.

MERTENS, DIETER und JÜRGEN KÜHL [1988]: Arbeitsmarkt. I: Arbeitsmarktpolitik, in: Handwörterbuch der Wirtschaftswissenschaften (HdWW), Stuttgart u. a., S. 279 - 292.

NIESEL, KLAUS (Hrsg.) [1995]: Arbeitsförderungsgesetz: Kommentar, München.

NIESS, FRANK [1982]: Geschichte der Arbeitslosigkeit: Ökonomische Ursachen und politische Kämpfe: ein Kapitel deutscher Sozialgeschichte. Mit einem Nachtrag zur Arbeitslosigkeit der Gegenwart. 2., ergänzte Aufl., Köln.

NORDHAUS, WILLIAM D. [1975]: The Political Business Cycle, in: The Review of Economic Studies, Vol. 42, S. 169 – 190.

O. V. [28.07.2000]: Jagoda: Wir können nicht alle mit 60 in Rente, in: Frankfurter Allgemeine Zeitung.

O. V. [09.01.2001]: Issen entfacht Debatte um Arbeitsunwilligkeit, in: Die Welt.

O. V. [13.05.2001]: Fallen ältere Arbeitslose aus der Statistik? In: Welt am Sonntag.

OECD (Organisation for Economic Co-operation and Development) [2001]: Standardised Unemployment Rates. URL: *http://www.oecd.org/*

PATZIG, WOLFGANG [1990]: Stagflation und Phillips-Kurve: Eine völlig neue Interpretation des alten Trade off zwischen Inflation und Arbeitslosigkeit, Freiburg i. Br..

PERSSON, TORSTEN und GUIDO TABELLINI [1990]: Macroeconomic policy, credibility and politics, Chur.

PHILLIPS, ARTHUR W. [1958]: The Relation between Unemployment and the Rate of Change of Money Wage Rates in the United Kingdom, 1861 – 1957, in: Economica, S. 283 – 299.

PIAZOLO, MARC und MARTIN WÜRTH [1992]: Schätzeigenschaften der OLS-Schätzfunktion in Regressionen mit integrierten Variablen, Forschungsbeiträge des Instituts für Allgemeine Wirtschaftsforschung, Abteilung für Statistik und Ökonometrie, Albert-Ludwigs-Universität Freiburg, Nr. 1.

PIERENKEMPER, TONI [1980]: Wirtschaftssoziologie: eine problemorientierte Einführung mit einem Kompendium wirtschaftssoziologischer Fachbegriffe, Köln.

REYHER, LUTZ und HANS-UWE BACH [1980]: „Arbeitskräfte-Gesamtrechnung". Bestände und Bewegungen am Arbeitsmarkt, in: MittAB, S. 498 – 513.

RIESE, MARTIN [1986]: Die Messung der Arbeitslosigkeit, Berlin.

ROGOFF, KENNETH. Und ANNE SIBERT [1988]: Elections and Macroeconomic Policy Cycles, in: Review of Economic Studies, Vol. 55, S. 1 – 16.

ROSENBLADT, BERNHARD VON [1991]: Arbeitslose in einer prosperierenden Wirtschaft. Empirische Befunde zu „neuer Armut" und „Arbeitsunwilligkeit" unter den Arbeitslosen. In: MittAB, S. 146 – 156.

ROTHSCHILD, KURT W. [1978]: Arbeitslose: Gibt's die? In: Kyklos, Vol. 31, S. 21 – 35.

RUDZIO, WOLFGANG [2000]: Das politische System der Bundesrepublik Deutschland, 5., überarb. Aufl., Opladen.

SACHS, LOTHAR [1997]: Angewandte Statistik: Anwendung statistischer Methoden, 8., völlig neu bearb. und erw. Aufl., Berlin u. a..

SACHVERSTÄNDIGENRAT (Sachverständigenrat zur Begutachtung der gesamtwirtschaftlichen Entwicklung) [1997]: Wachstum, Beschäftigung, Währungsunion – Orientierungen für die Zukunft. Jahresgutachten 1997/98, Stuttgart.

SACHVERSTÄNDIGENRAT (Sachverständigenrat zur Begutachtung der gesamtwirtschaftlichen Entwicklung) [2000]: Chancen auf einen höheren Wachstumspfad. Jahresgutachten 2000/01, Stuttgart.

SCHAICH, EBERHARD und PETER ZIMMERMANN [1985]: Anspruch und Wirklichkeit der statistischen Erfassung der Arbeitslosigkeit in der Bundesrepublik, in: Mitteilungen des Rheinisch-Westfälischen Instituts für Wirtschaftsforschung, Vol. 36, S. 109 – 123.

SCHAICH, EBERHARD und PETER ZIMMERMANN [1986]: Zur Erfassung der Arbeitslosigkeit: Kritik derzeit praktizierter Verfahrensweisen und Erweiterungsvorschläge, in: Jahrbuch für Nationalökonomie und Statistik, Vol. 201/5, S. 498 – 517.

SCHARES, CHRISTOF [1998]: Anforderungen der Wirtschaftspolitik an die Arbeitsmarktstatistik – Erfahrungen aus der wirtschaftspolitischen Beratung, in: SCHUPP, JÜRGEN u. a. (Hrsg.): Arbeitsmarktstatistik zwischen Realität und Fiktion, Berlin, S. 17 – 29.

SCHAUB, GÜNTER [2000]: Arbeitsrechts-Handbuch: Systematische Darstellung und Nachschlagewerk für die Praxis, 9., überarb. Aufl., München.

SCHERF, HARALD [1988]: Phillips-Kurve (Inflation und Arbeitslosigkeit), in: Handwörterbuch der Wirtschaftswissenschaften (HdWW), Stuttgart u. a., S. 78 – 84.

SCHEUERLE, ANDREAS J. [1999]: Politisch erzeugte Konjunkturzyklen, Tübingen.

SCHMAL, ANDREAS [1993]: Problemgruppen oder Reserven für den Arbeitsmarkt? Ältere Arbeitnehmer, ausländische Jugendliche, Berufsrückkehrerinnen und arbeitslose Akademiker. Frankfurt a. M., New York.

SCHÖNFELDER, MATTHIAS [1999]: Schwarzarbeit und Schattenwirtschaft im Baugewerbe: Herausforderung für den Europäischen Markt oder Kampfansage an Gesetzgeber und Tarifsysteme? Münchner Universitätsschriften: Reihe der Juristischen Fakultät, Bd. 144, München.

SCHULTZ, BIRGIT [1996]: Verdrängungseffekte und Wettbewerbsverzerrungen durch Beschäftigungsprogramme am Beispiel des Garten- und Landschaftsbaus in Ostdeutschland, in: Wirtschaft im Wandel, Nr. 3, S. 12 – 19.

SEEWALD, HERMANN [1997]: Sozialhilfeempfänger und Empfänger von Leistungen nach dem Asylbewerberleistungsgesetz 1995, in: Wirtschaft und Statistik, S. 720 – 726.

SEEWALD, HERMANN [1998]: Ergebnisse der Sozialhilfe- und Asylbewerberleistungsstatistik 1996, in: Wirtschaft und Statistik, S. 509 – 519.

SEEWALD, HERMANN [1999]: Ergebnisse der Sozialhilfe- und Asylbewerberleistungsstatistik 1997, in: Wirtschaft und Statistik, S. 96 – 110.

SESSELMEIER, WERNER [1997]: Einkommenstransfers als Instrument der Beschäftigungspolitik: Negative Einkommensteuer und Lohnsubventionen im Lichte moderner Arbeitsmarkttheorien und der neuen Institutionenökonomik. Sozioökonomische Schriften, Bd. 12, Frankfurt a. M. u. a..

SESSELMEIER, WERNER und GREGOR BLAUERMEL [1998]: Arbeitsmarkttheorien. Ein Überblick. Zweite, überarb. und erw. Aufl., Heidelberg.

SESSELMEIER, WERNER; ROLAND KLOPFLEISCH und MARTIN SETZER [1996]: Mehr Beschäftigung durch eine negative Einkommensteuer: Zur beschäftigungspolitischen Effektivität und Effizienz eines integrierten Steuer- und Transfersystems. Sozioökonomische Schriften, Bd. 10, Frankfurt a. M. u. a..

SGB (Sozialgesetzbuch): Bundesversicherungsanstalt für Angestellte (Hrsg.), 28. Aufl., Berlin 1999.

SIEG, GERNOT [2000]: Konjunkturpolitik in der Demokratie, München, Wien.

SORRENTINO, CONSTANCE [1995]: International unemployment indicators, 1983 – 93, in: Monthly Labor Review, Nr. 8, S. 31 – 50.

SPITZNAGEL, EUGEN [1979]: Arbeitsmarktwirkungen, Beschäftigungsstrukturen und Zielgruppenorientierung von Allgemeinen Maßnahmen zur Arbeitsbeschaffung (ABM), in: MittAB, S. 198 – 216.

SPITZNAGEL, EUGEN [1992]: Allgemeine Maßnahmen zur Arbeitsbeschaffung (ABM) in den neuen Bundesländern, in: MittAB, S. 277 – 288.

StabG (Stabilitätsgesetz): URL: *http://www.lexxpress.de/*

STATISTISCHES BUNDESAMT [1996]: Fachserie 18: Volkswirtschaftliche Gesamtrechnung. Reihe 1.3: Hauptbericht. 1995, Wiesbaden.

STATISTISCHES BUNDESAMT [1999 a]: Fachserie 1: Bevölkerung und Erwerbstätigkeit. Reihe 4.1.1: Stand und Entwicklung der Erwerbstätigkeit 1998, (Ergebnisse des Mikrozensus), Wiesbaden.

STATISTISCHES BUNDESAMT [1999 b]: Statistisches Jahrbuch 1999, Wiesbaden.

STATISTISCHES BUNDESAMT [2000]: Der Bundeswahlleiter. Das ABC der Bundestagswahl. URL: *http://www.statistik-bund.de/*

STATISTISCHES BUNDESAMT [2001]: Fachserie 18: Volkswirtschaftliche Gesamtrechnung. Reihe 1.1: Erste Ergebnisse der Inlandsproduktsberechnung 2000, Wiesbaden.

STOBERNACK, MICHAEL [1986]: Umfang und Struktur der stillen Reserve auf dem Arbeitsmarkt. Eine Schätzung auf der Grundlage des Sozioökonomischen Panels, in: Konjunkturpolitik, Vol. 32, S. 195 – 217.

STOBERNACK, MICHAEL [1991]: Die stille Reserve und ihre Bindung an den Arbeitsmarkt, in: BeitrAB 144, S. 149 – 159.

TABERT, LIOBA [1997]: Verdeckte Arbeitslosigkeit in West- und Ostdeutschland: Die Bedeutung der Stillen Reserve. In: Wirtschaft im Wandel, Vol. 8, Nr. 1, S. 3 – 8.

TICHY, GUNTHER [1999]: Konjunkturpolitik. Quantitative Stabilisierungspolitik bei Unsicherheit, 4., neu bearb. Aufl., Berlin u. a..

TOBIN, JAMES [1965]: On Improving the Economic Status of the Negro. In: Daedalus. Journal of the American Academy of Arts and Sciences. Vol. 94, S. 878 – 898.

TOBIN, JAMES; JOSEPH A. PECHMAN und PETER M. MIESZKOWSKI [1967]: Is a Negative Income Tax Practical? In: The Yale Law Journal, Vol. 77, Nr. 1, S. 1-27.

UCHATIUS, WOLFGANG [1999]: Jede Woche Kurzurlaub, in: Die Zeit, Nr. 39.

VELLING, JOHANNES [1994]: Wie hoch ist die Arbeitslosigkeit in Deutschland wirklich? In: ZEW Newsletter, Nr. 2, S. 10 – 14.

WACHTLER, GÜNTHER [1982]: Die gesellschaftliche Organisation von Arbeit (Kapitel 1), in: LITTEK, W. u. a. (Hrsg.): Einführung in die Arbeits- und Industriesoziologie, Frankfurt, New York, S. 14 – 25.

WAGNER, THOMAS und ELKE J. JAHN [1997]: Neue Arbeitsmarkttheorien, Düsseldorf.

WÜRZBURG, HORST [1988]: Arbeitslosigkeit und Wirtschaftstheorie, Spardorf.

YPSILANTIS, JAMES N. [1983]: Thirteenth International Conference of Labour Statisticians (Geneva, 18 – 29 October 1982), in: Bulletin of Labour Statistics, Nr. 3, S. IX – XVI.

ZAHN, PETER [1973]: Die Phillips-Relation für Deutschland. Eine lohn- und inflationstheoretische Untersuchung, Berlin, New York.

ZYPRIES, BRIGITTE [2001]: Politik und Statistik, in: Allgemeines Statistisches Archiv, Vol. 85, S. 141 - 150.

Aus unserem Verlagsprogramm:

Wirtschaftspolitik in Forschung und Praxis

Thilo Rubart
Altersvorsorge: Zur "Rationalität" individueller Entscheidungen
Neue Erklärungsansätze zur Beantwortung offener Fragen im Spar- und Vorsorgeverhalten sowie zur Durchsetzbarkeit sozialpolitischer Reformen im Hinblick auf das Ziel der Vollbeschäftigung in Deutschland
Hamburg 2002 / 394 Seiten / ISBN 3-8300-0733-7

Torsten Gräbel
Theoretische und empirische Analysen zum Geldangebot in der Bundesrepublik Deutschland
Hamburg 2002 / 150 Seiten / ISBN 3-8300-0676-4

Susanne Heidel
Globalisierung, Europäische Integration und nationale Wirtschaftspolitik
Möglichkeiten und Grenzen nationaler Wirtschaftspolitik im Hinblick auf das Ziel der Vollbeschäftigung in Deutschland
Hamburg 2002 / 298 Seiten / ISBN 3-8300-0651-9

VERLAG DR. KOVAČ
FACHVERLAG FÜR WISSENSCHAFTLICHE LITERATUR
Postfach 50 08 47 · 22708 Hamburg · www.verlagdrkovac.de · vdk@debitel.net

Einfach Wohlfahrtsmarken helfen!